河北大运河物质文化遗产保护性开发研究

张浩然 杜浩 著

武汉大学出版社

图书在版编目(CIP)数据

河北大运河物质文化遗产保护性开发研究/张浩然,杜浩著.—武汉:武汉大学出版社,2022.11
ISBN 978-7-307-23201-3

Ⅰ.河… Ⅱ.①张… ②杜… Ⅲ.大运河—非物质文化遗产—保护—研究—河北 Ⅳ.K928.42

中国版本图书馆 CIP 数据核字(2022)第 132808 号

责任编辑:胡国民   责任校对:李孟潇   版式设计:马 佳

出版发行:武汉大学出版社 (430072 武昌 珞珈山)
    (电子邮箱:cbs22@ whu.edu.cn 网址:www.wdp.com.cn)
印刷:武汉邮科印务有限公司
开本:720×1000 1/16 印张:18.5 字数:262 千字 插页:2
版次:2022 年 11 月第 1 版   2022 年 11 月第 1 次印刷
ISBN 978-7-307-23201-3   定价:62.00 元

序　言

　　中国大运河因广阔的时空跨度、巨大的漕运作用、深远的历史影响而成为中国乃至世界历史文明的摇篮。它的开凿是我国农业文明时期人工运河智慧结晶的重要产物，代表了我国古代水利工程的杰出成就。它的开通实现了南北两方物种资源的调配，促进了东部地区经济的繁荣和发展，稳定了国家的政治经济格局。它的完成加快了各地文化的沟通和交流，推动了中华文化多元一体的形成。大运河见证了中华民族两千多年的稳定发展。全国政协委员、中国文化遗产研究院原院长张廷皓在《珍视中国大运河遗产的丰富价值》中对大运河做出高度评价，认为大运河是综合水科学、水利技术、自然条件，以及社会经济、政治、文化等要素的集成性工程。中国大运河的兴衰史，就是一部这些要素综合的历史，什么时候政权强大、主客观要素完备且配置合理，大运河就兴盛；反之，大运河就衰败。

　　1994 年，以"运河遗产"为主题的世界遗产大会在加拿大安大略省召开，对"运河遗产"类别进行了定义；1996 年，《国际运河遗产研究报告》高度评价了中国大运河文化遗产价值；2005 年，郑孝燮、罗哲文、朱炳仁三位专家，呼吁加快大运河在申报物质文化和非物质文化两大遗产的进程，拉开了中国大运河申遗帷幕；2006 年，全国"两会"58 位政协委员联合提交提案，呼吁启动对大运河的抢救性保护，并申报世界文化遗产；同年 6 月，大运河被公布为第六批全国重点文物保护单位，12 月被列入《中国世界文化遗产预备名单》，大运河申报世界文化遗产工作正式启动；2013 年，联合国教科文组织世界遗产中心的国际专家正式完成对中国大运河全线 132 个遗产点和 43 段河道的现场评估；2014 年，第 38 届世界遗产大会通过投票表决的方式，决定将中国大运河列入《世界遗产名录》；2017年，习近平总书记在考察大运河的过程中指出，大运河是祖先留给我们的宝贵遗产，要古为今用，深入挖掘以大运河为核心的历史文化资源，统筹保护好、传承好、利用好；2019年，中共中央办公厅、国务院办公厅印发了《大运河文化保护传承利用规划纲要》，突出强调要深入挖掘和丰富大运河文化内涵，充分展现大运河遗存承载的文化，活化大运河流淌伴生的文化，弘扬大运河历史凝练的文化。从此，大运河文化保护、传承与发展上升到了国家战略高度。

大运河河北段北串京津、南联鲁豫，流经河北省沧州、衡水、邢台、廊坊、邯郸5市及雄安新区，是中国大运河极其重要的组成部分。从东汉末年曹操开凿白沟开始，历经各朝代变迁和积淀，形成了数量众多、形态迥异的物质文化遗产，覆盖政治、经济、文化、军事等多个领域，具有极高的历史学术价值、文化认同价值、经济产业价值和生态协同价值。如沧州段位于河北省沧州市中部，南北贯穿沧州市域，为海河流域漳卫南运河系的下游河道南运河的一部分，保持了历史河道的原真形态，是京杭运河沿线生态历史价值、环境生态价值最突出的典范；衡水段位于衡水市东部与沧州、德州交界处，是海河流域漳卫南运河系的一部分。大运河河北段中有"两点一段"共3处被定为世界文化遗产点(段)，包括景县华家口夯土险工、沧州市东光县连镇谢家坝和南运河沧州—衡水—德州段94千米遗产段。在申遗期间，"运河三老"之一、古建筑学家罗哲文对河北段大运河的遗产价值评价道："大运河河北段遗址线路清晰，体系完整，拥有较为完整的人工河道和堤防体系，代表了我国北方大运河遗产的特色，是我国大运河体系中不可或缺的重要文化遗产。"①

《河北大运河物质文化遗产保护性开发研究》是一部研究河北大运河物质文化遗产保护性开发的专著，依托河北省发改委与河北大学共建的河北

---

① 《近百年首次全线通水 千载大运河 生生不息》，河北日报报业集团河北新闻网百家号，2022年5月1日。

省大运河文化产业研究院团队于 2021 年进行的大运河河北段物质文化遗产调研数据，该次调研选取大运河河北段沿线五市一区的 55 个文化遗存点，进行了视频、图片、文字的收集整理工作，涵盖河北省大运河沿线所有运河段，包括北运河、南运河、卫运河、卫河、永济渠和大清河流域河段、白洋淀等重要节点，结合查阅资料、访谈、座谈、专家论坛等形式，对河北大运河文化遗产的现状进行全面梳理，获得扎实的一手数据资料。全书可分为两个部分，上半部分 5 章内容主要是对大运河河北段 75 流经核心区域的物质文化遗产现状进行梳理和统计；下半部分 5 章内容主要对河北省大运河物质文化保护性开发的路径进行综合分析，提出河北省大运河物质文化保护性开发策略。

目　　录

第一章　流动千年的文脉——中国大运河

中国大运河南起余杭(今杭州)，北至涿郡(今北京)，自春秋时期吴国开凿邗沟，隋炀帝开凿永济渠，到元朝京杭大运河成形，距今已有2500多年的历史，作为世界上规模最大、开凿时间最早、线路最长的人工运河，其开凿贯通饱含着中国古代劳动人民创造智慧的结晶，展示了我国古代水利航运技术的卓越成就，为历史上经济发展、文化融合、民族团结和社会进步作出了重要贡献，是人类历史上留下的宝贵的文化遗产财富。如今，京杭大运河经过保护和修整，于2006年成为全国重点文物保护单位，2014年被列入世界遗产名录。

大运河河北段位于河北省东部平原，从北向南依次流经廊坊、沧州、衡水、邢台、邯郸5市的17个县(市、区)，白洋淀——大清河水系主河道流经雄安新区与廊坊的4个县(市、区)，共21个县(市、区)，北串京津、南联鲁豫，地理区位优势突出。河北段由北运河、南运河、卫运河、卫河及永济渠遗址组成，主河道总长530余千米，分属隋唐大运河和京杭大运河两大支系。运河核心区域流经河北省5市21县，沿岸文化遗存丰富、历史文化底蕴深厚、景观风貌特色鲜明，是燕赵文化和中华优秀传统文化的重要载体，也是中国大运河极其重要的组成部分。

第一节　中央相关政策精神

一、党中央、国家高度重视中国大运河相关保护传承工作

2017年2月24日，习近平在考察北京大运河森林公园期间指出：

"'保护大运河是运河沿线所有地区的共同责任',要古为今用,深入挖掘以大运河为核心的历史文化资源。"①随后,2017 年 6 月 4 日,习近平总书记在《打造展示中华文明的金名片——关于建设大运河文化带的若干思考》上批示,"大运河是祖先留给我们的宝贵遗产,是流动的文化,要统筹保护好、传承好、利用好",使大运河保护开发工作在运河沿线区域迅速展开。2019 年 2 月 1 日,中共中央办公厅、国务院办公厅印发了《大运河文化保护传承利用规划纲要》,突出强调要深入挖掘和丰富大运河文化内涵,充分展现大运河遗存承载的文化,活化大运河流淌伴生的文化,弘扬大运河历史凝练的文化,从强化文化遗产保护传承、推进河道水系治理管护、加强生态环境保护修复、推动文化和旅游融合发展、促进城乡区域统筹协调、创新保护传承利用机制 6 个方面着手,提出文化遗产保护展示、河道水系资源条件改善、绿色生态廊道建设、文化旅游融合提升 4 项工程,以及精品线路和统一品牌、运河文化高地繁荣兴盛 2 项行动。②《大运河文化保护传承利用规划纲要》坚持科学规划、突出保护,古为今用、强化传承,优化布局、合理利用的基本原则,打造大运河灿烂文化带、绿色生态带、缤纷旅游带。

大运河是世界上唯一一个为确保粮食运输安全,以达到稳固政权、维持帝国统一的目的,由国家投资开凿和管理的巨大工程体系,发展至今,仍保有部分水利、航运、灌溉等功能,"活态"是大运河遗产最显著的特征,③ 也是保持运河生命力的根本路径。习近平总书记对运河遗产保护传承利用的重要批示指示精神及《大运河文化保护传承利用规划纲要》的颁布,是促进运河遗产活态传承和保护,发挥运河展示利用价值,促进运河沿岸生态廊道建设,推动沿线文旅融合发展的重要方向引导(见表1-1)。

---

① 蒋芳、包昱涵:《大运河是祖先留给我们的宝贵遗产》,新华社 2022 年 7 月 19 日电。

② 新华社:《中共中央办公厅国务院办公厅印发〈大运河文化保护传承利用规划纲要〉》,http://www.gov.cn/xinwen/2019-05/09/content_5390046.htm。

③ 姜师立:《大运河活态遗产保护与利用探析》,《中国名城》2016 年第 9 期。

表 1-1   国家及相关部委出台大运河发展相关政策

名称	发布时间	发布单位	主要内容
《大运河文化保护传承利用规划纲要》	2019.2.1	中共中央办公厅、国务院办公厅	按照"河为线，城为珠，线串珠，珠带面"的思路，构建一条主轴带动整体发展、五大片区重塑大运河实体、六大高地凸显文化引领、多点联动形成发展合力的空间格局框架
《长城、长征、大运河国家文化公园建设方案》	2019.7.24	中共中央办公厅、国务院办公厅	国家文化公园建设遵循保护优先、强化传承、文化引领、彰显特色、总体设计，统筹规划、积极稳妥，改革创新、因地制宜，分类指导；集中实施一批标志性工程，推进保护传承工程、研究发掘工程、环境配套工程、文旅融合工程及数字再现工程
《打造展示中华文明的金名片——关于建设大运河文化带的若干思考》	2017.5.26	中共中央办公厅	大运河是祖先留给我们的宝贵遗产，是流动的文化，要统筹保护好、传承好、利用好
《大运河遗产保护管理办法》	2012.7.27	文化部	大运河遗产，包括隋唐运河、京杭大运河、浙东运河的水工遗存，各类伴生历史遗存、历史街区村镇，以及相关联的环境景观等，对大运河遗产保护实行统一规划、分级负责、分段管理
《京杭运河通航管理办法（试行）》	2017.5.12	交通运输部	对在京杭运河从事航行、停泊、作业以及其他与水上交通安全有关的活动，提出特别规定和规范要求

续表

名称	发布时间	发布单位	主要内容
《大运河河道水系治理管护规划》	2020.6.10	水利部、交通运输部、国家发展改革委员会	改善河道水系资源条件、完善防洪排涝保障功能、促进岸线保护和服务提升、加强水生态保护与修复、推进航运绿色发展、完善河道水系管护机制
《大运河文化遗产保护传承规划》	2020.7.1	国家文物局、文化和旅游部、国家发展改革委员会	落实"共抓大保护、不搞大开发"总体要求，提出构建水工遗存等重要大运河文物为主体、以沿线地区承载城乡记忆和人民群众乡愁记忆的各类物质载体为支撑的大运河国家记忆体系，强调将大运河文化遗产的保护与大运河沿线特色景观风貌的保护相结合
《大运河生态环境保护修复专项规划》	2020.8.3	生态环境部、自然资源部、国家发展改革委员会、林草局	强化生态空间保护与用途管制、建设绿色生态廊道、保护修复自然生态系统、强化流域水污染防治、积极防范环境污染风险、推进环境治理现代化建设
《大运河文化和旅游融合发展规划》	2020.9.27	文化和旅游部、国家发展和改革委员会	坚持保护优先和合理利用并举、坚持与大运河国家文化公园建设相衔接、坚持以文化和旅游融合为主线，以融合发展为导向，促进文化和旅游资源叠加、优势互补
《大运河文化保护传承利用2021年工作要点》	2021.3.1	国家发展和改革委员会	从加快规划编制实施、完善多元投入机制、加强文化遗产保护、改善生态环境质量、运河航运转型提升、推动文旅融合发展、挖掘文化价值内涵、开展宣传教育推广、推进重点建设区建设、发挥协调机制作用10个方面，部署了35项2021年大运河文化保护传承利用重点工作

续表

名称	发布时间	发布单位	主要内容
《大运河文化保护传承利用"十四五"实施方案》	2021.7.19	国家发展和改革委员会	明确了强化文化遗产保护传承、开展生态环境保护修复、推进运河航运转型、促进文化旅游融合发展4个方面47项具体任务

二、国家重大文化工程——大运河国家文化公园建设

2019年7月24日，习近平主持中央全面深化改革委员会第九次会议，正式审议通过《长城、大运河、长征国家文化公园建设方案》（以下简称《方案》），充分体现了国家对运河文化保护传承利用的高度重视。从中也可见出，建设长城、大运河、长征国家文化公园，对于坚定文化自信，彰显中华优秀传统文化的持久影响力、革命文化的强大感召力具有重要意义。[①]《方案》强调，要以习近平新时代中国特色社会主义思想为指导，全面贯彻党的十九大精神，以长城、大运河、长征沿线一系列主题明确、内涵清晰、影响突出的文物和文化资源为主干，生动呈现中华文化的独特创造、价值理念和鲜明特色，科学保护、世代传承、合理利用，积极拓展思路、创新方法、完善机制，到2023年年底基本完成建设任务，使长城、大运河、长征沿线文物和文化资源保护传承利用协调推进局面初步形成，权责明确、运营高效、监督规范的管理模式粗具雏形，形成一批可复制推广的成果经验，为全面推进国家文化公园建设创造了良好条件。《方案》明确，大运河国家文化公园，包括京杭大运河、隋唐大运河、浙东运河3个部分，通惠河、北运河、南运河、会通河、中（运）河、淮扬运河、江南运河、浙东运河、永济渠（卫河）、通济渠（汴河）10个河段，涉及北京、天津、河

---

① 王健、王明德、孙煜：《大运河国家文化公园建设的理论与实践》，《江南大学学报（人文社会科学版）》2019年第18卷第5期。

北、江苏、浙江、安徽、山东、河南8个省市。要坚持保护优先、强化传承，文化引领、彰显特色，总体设计、统筹规划，积极稳妥、改革创新，因地制宜、分类指导，根据文物和文化资源的整体布局、禀赋差异及周边人居环境、自然条件、配套设施等情况，重点建设管控保护、主题展示、文旅融合、传统利用4类主体功能区。

2018年8月，中宣部曾下达《关于开展长城、大运河和长征三大国家文化公园试点建设的实施意见(征求意见稿)》，建议江苏省先行建设大运河国家文化公园试点。江苏省为此专门成立领导小组，2018年开始编制《大运河国家文化公园(江苏段)建设规划》，在顶层设计层面对江苏运河国家文化公园建设进行战略规划。此外，江苏省还成立"大运河国家文化公园(江苏段)国际设计工作坊"，邀请国内外跨领域、跨学科专家共同参与，在学术层面探索大运河国家文化公园的规划方法和实施路径，达成制度的创新性、价值的整体性、文化的在地性、保护的科学性、传承的共融性、利用的共享性六条建设共识。2022年2月，河北省国家文化公园建设工作领导小组正式印发《大运河国家文化公园(河北段)建设保护规划》，标志着大运河国家文化公园(河北段)的规划阶段正式结束，进入实际大规模建设。《大运河国家文化公园(河北段)建设保护规划》以大运河河北段沿线5市1区21个县(市区)一系列主题明确、内涵清晰、影响突出的文物和文化资源为基础，通过建设管控保护、主题展示、文旅融合、传统利用四大功能分区，重点打造大运河非遗展示园、连镇谢家坝、大名府故城、雄安新区白洋淀四大国家级核心展示园，布局规划9个省级核心展示园，集中塑造5条集中展示带，精心筛选28个特色展示点。到2025年，特色鲜明、功能完备的大运河国家文化公园体系将建设完成，为助力新时代全面建设经济强省、美丽河北，为新时代展示中国形象、弘扬中华文明、彰显文化自信作出河北贡献。同时，着力实施保护传承、研究发掘、环境配套、文旅融合、数字再现五项重点基础工程，努力将大运河河北段打造成为满足人民日益增长美好生活需要的美丽运河、魅力运河、多彩运河。

建设国家文化公园，是深入贯彻落实习近平总书记关于发掘好、利用好丰富文物和文化资源，让文物说话、让历史说话、让文化说话，推动中华优秀传统文化创造性转化创新性发展、传承革命文化、发展先进文化等一系列重要指示精神的重要举措，是《国民经济和社会发展第十三个五年规划纲要》《国家"十三五"时期文化发展改革规划纲要》确定的国家重大文化工程。中宣部、国家发改委、文化和旅游部等国家文化公园建设工作领导小组各组成单位和有关地方高度重视，密切沟通协调，克服新冠肺炎疫情影响，有序推进各项工作。长城、大运河、长征国家文化公园建设保护规划的印发，为沿线省份完善分省份建设保护规划，推进国家文化公园建设提供了科学指引。

加快运河国家文化公园建设，对于推动我国运河遗产创造性转化和创新性发展，具有重要现实意义。首先，大运河横跨我国中东部地区六个省级行政单位，各地之间缺乏统一协调的保护管理机制，管理难度大，原有各自为政的管理模式已不适应运河保护现实需要，因此急需借鉴国际上发展成熟的国家公园模式，创新管理体制，建设运河国家文化公园试点，并逐渐在运河沿线城市推广。其次，运河国家文化公园的建成，将成为运河沿线码头、水闸、堤坝、沉船遗址、驿站等物质文化遗产的集中展示载体，对运河文化资源的挖掘整体和利用具有重要价值。此外，建设国家文化公园有利于运河沿岸生态恢复和绿色廊道建设，带动相关旅游产业发展，使文化、生态、旅游三者有机结合，将文化资源转化为经济和社会效益，推动运河遗产活态传承发展。

三、融合发展

2020 年 11 月 13 日，习近平总书记在扬州运河三湾生态文化公园调研考察时强调，"要把大运河文化遗产保护同生态环境保护提升、沿线名城名镇保护修复、文化旅游融合发展、运河航运转型提升统一起来，为大运河沿线区域经济社会发展、人民生活改善创造有利条件"。① 为贯彻总书记

文旅融合发展指示，2021年3月5日河北省文化和旅游厅印发了《河北省大运河文化保护传承利用实施规划——文化和旅游融合发展专项规划》《河北省大运河文化和旅游融合发展实施方案》，在对大运河沿线文化遗产充分调研的基础上，梳理了河北省大运河文化遗产资源构成，对其价值及特色进行提炼，明确提出推进大运河文化遗产和旅游融合发展、推动大运河文化和旅游产品融合提质、推动大运河文旅与相关领域融合发展、提升大运河文旅产业融合发展水平、促进大运河文旅公共服务融合发展、培育大运河文旅融合系列品牌和精品线路、推进大运河国家文化公园建设、促进区域协同发展八大重点任务，对增强文化遗产的传承活力和阐发文化遗产的当代价值提出具体要求，力争使大运河河北段成为中国大运河文化和旅游融合发展精品段。

大运河河北段沿岸历史文化遗存丰富，涉及古遗址、古建筑、铸造/雕刻、古村镇、古墓葬等多种类型的物质文化遗产，还有沧州武术、吴桥杂技、运河船工号子、运河传统架鼓、御河老酒酿造技艺等带有运河特色的非物质文化遗产，由此也衍生发展出畿辅文化、商贸文化、尚武文化、杂技文化等大批特色优秀传统文化，深度挖掘河北大运河文化遗产内涵，突出特色、打造品牌、提升竞争力，是大运河文旅融合的必由之路。

第二节　中国大运河发展概述

一、大运河总体概况

京杭大运河是我国的一项伟大工程，是祖先留给我们的宝贵的物质财富和精神财富，是活着的、流淌着的精神家园。大运河全长1794千米，是世界上开凿最早、长度最长的人工河道。大运河肇始于春秋晚期，形成于隋代，发展于唐宋，最终在元代成为沟通海河、黄河、淮河、长江、钱塘江五大水系、纵贯南北的水上交通要道，对古代经济发展、政权统一、文化进步有着极其重要的历史价值。如今经过两千多年政权的更迭，经济的发展与演变，大运河依然是连接中国南北的主要交通线，并且发挥着重要的交通、水利、灌溉、输送等作用，沿线省市依然依靠大运河完成相关交流与运输职责，对我国经济的繁荣以及社会的安定有着重要的保障作用。大运河对我国南北之间的沟通作用不可估量，也助推了沿线区域的工农业经济发展。京杭运河作为历朝历代的漕运要道，沟通了南北方经济文化交流。清朝末期，伴随着海运兴起、津浦铁路通车，大运河的功能不断被削弱。黄河改道后，山东境内水源不足，河道断流，逐渐断航，淤成平地，运河逐渐荒废。新中国成立后对部分河段重塑拓宽，新建码头和船闸，大运河开始焕发新的生机。

同时，大运河在世界发展史上也占据着非常重要的地位，世界遗产委员明确了大运河在世界史上举足轻重的地位，将其确定为世界上通航里程最长的、修建时间最古老的人工水道，同时也是工业革命来临前，农业经济时代规模最大、涉及范围最广的土木工程。京杭大运河比苏伊士运河长16倍，比巴拿马运河长20倍，是世界上最长的人工运河。京杭大运河作为最古老的运河之一，与长城、坎儿井并称我国古代的三大工程奇迹享誉全世界。但是由于漕运的没落、战争的洗礼，运河已经年久失修，现在，运河全年通航里程仅为877千米，其主要位于黄河以南包括山东、河南、江苏和浙江的地区。京杭大运河作为连接南北的重要干线，连接城市众多，为了使"黄金水道"产生"黄金"效益，沿线鲁、苏、浙三省对其进行整治和扩建，如今的运河已经逐渐恢复运输功能，成为中国仅次于长江的第二条"黄金水道"。由此，流淌千年的古老运河焕发了新的青春与活力，新增港口的吞吐能力达到1350万吨，相当于一条"京沪铁路"的吞吐量。2019年10月3日，京杭大运河通州城市段11.4千米河道正式实现旅游通航。2021年6月26日，京杭大运河北京段40千米河道在断航几十年后重新实现旅游通航，创造了中国大运河多项新的历史，是新时代中国大运河复兴的重要标志。

二、大运河的建设历史

京杭大运河始凿于公元前 486 年。春秋战国时期开凿运河基本是为各国征服他国的军事行动服务。当时吴国为了争霸中原决定向北讨伐齐国，为了满足战争物资的及时储备，同时满足战争源源不断地补给问题，于是命人在当今江苏扬州周边开凿了一条河道。这条河道把长江和淮水连接起来，史称邗沟，这就是大运河的雏形。秦汉之后，铁制工具被广泛推广并使用，社会生产力水平提高，当时的活动区域开始向平原地区扩展，为满足农业灌溉、粮食补给、军事运输需要，越来越多的统治者认识到开凿运河的重要性。至 204 年曹操开凿了运河白沟段，206 年为东征乌桓又开凿平房渠与泉州渠，使白沟、平房渠、泉州渠连接起来。自此，河北地区形成了纵贯南北的水路运输线，运河及运河文化由此衍生。后来，运河在邗沟的基础上向南北方向扩张、发展延长。

到了隋朝时期，中国 400 年左右的分裂割据局面结束，为大运河大规模开凿建设创造了客观条件，同时隋开运河不仅仅有经济方面的动机，也有政治方面的动机。魏晋南北朝时期是门阀世族大发展的时期，其形成的地方力量相当强大。隋统一后，原有的门阀世族仍依恃其强大的势力，企图与中央政权抗衡，这一尖锐矛盾在江南地区一直存在，使得隋政权面临严重威胁，隋统治者要实施对南方的有效统治，贯通南北运河势在必行。同时，北部边境少数民族政权对隋亦是大患，隋王朝派出大量军队驻扎边境，这些军队仅靠屯田是不够的，必须依靠江淮和中原粮饷供应。但是在此过程中，由于原始交通工具的制约，主要是其运输过程中需要大量的人力、畜力，这些人力、畜力在长途过程中会消耗大量的钱粮，这对于国家财政来说是得不偿失的，所以开凿运河，利用水利进行长途运输稳固南方的统治成为解决问题的关键。由此，隋朝动用了两百多万人，开凿了京淮段至长江以南的运河，以洛阳为中心点，南方以杭州为起点，流通至涿郡即北京，全长约 2700 千米，纵向贯穿在我国东南沿海地区和华北平原，沟通了黄河、淮河、长江、钱塘江、海河共五大水系，成为连接南北交通的主线路。这为以后国家的经济文化空前繁荣作出了巨大贡献，尽管隋炀帝为亡国之君操之过急引起民愤，但他对大运河建设发展的历史贡献是不容抹杀的。

到元朝，元定都大都，即现在的北京。为了把粮食从南方运到北方，元丞相伯颜和郭守敬先后开凿了济州河、会通河、通惠河三处河段，将大运河弯曲部分取直疏浚，不再绕道河南。这就将隋朝时期以洛阳为中心的横向运河段，修筑成以北京为中心沟通杭州的纵向运河，连接了淮北和山东，流入华北平原，抵达大都。此后，该段在隋朝大运河基础之上修建的元代运河，奠定了之后京杭大运河的基本流向和长度，全长1794千米，相比之前减少了900多千米的里程。

清朝初期，运河漕运依然发达兴旺，但之后因黄河迁徙汇入大清河，在张秋以南与运河交叉，大运河被黄河冲断，清代后期漕运逐渐被海运取代，大运河逐渐退出国家经济大舞台，功能逐渐被削弱。新中国成立后，由于保护观念不强，加之粗放式的管理体制，导致大运河多处断流，河道被占用，诸多文化遗产也收到损毁及破坏。

大运河肇始于春秋，完成于隋代，繁荣于唐宋，取直于元代，疏通于明清，断航于清末。纵观大运河的历史与发展，我们可以将其分为三个时代。

第一个时代——军事时代，此时的大运河是王国的运河为军事而生。往往被用来运输军事物资及战争补给，这一时期大运河还未成型，以邗沟、鸿沟、白沟、平虏渠、泉州渠为典型代表。

第二个时代——漕运时代，此时的运河是商业的运河，同时也是运河最繁忙的阶段。隋朝修建大运河已经极具规模，并形成了一条完整的运输干线。朝廷通过运河来加强中央集权统治、便利南北物资流通及文化交流。元代运河取直，通航里程缩短，成为沟通南北的经济大动脉；此时的运河承担起南粮北运的重要功能，成为帝国的重要经济命脉。据记载，在漕运最发达的阶段，大运河天津—通州段，每年约有2万艘漕船在此运粮，官兵输送可达12万人次，商船可达3万艘。该水道码头飞速发展拓张，甚至成为"天津卫"。通州古诗云，"一支塔影认通州"，燃灯塔矗立在大运河的北端，是京门通州的标志性建筑。北运河和南运河在天津会师，又在这里被海河一齐送入渤海。

第三个时代——文化时代，就是目前我们所处的时代，如今的大运河是世界的运河。积淀千年的运河文化，现代价值的核心与灵魂就是文化价值。2019年2月1日，中办、国办印发《大运河文化保护传承利用规划纲要》，要求大运河沿线的行政管理单位及时编制适用当地的大运河管理规划。大运河河北段应在对大运河文化遗产充分保护的基础上，挖掘其潜在的文化价值，以文化为核心，对大运河进行保护性开发，灵活利用大运河价值，发展大运河文化；更要保护传承下去，以此作为该项工作的出发点和落脚点，明确其"继古开今的璀璨文化带、山水秀丽的绿色生态带、享誉中外的缤纷旅游带"的功能定位，打造"美丽运河"，助推运河沿线城市能够实现高质量发展。

第三节　中国大运河高质量发展机遇

中国大运河成功入选《世界遗产名录》，但这并不是大运河保护与发展的终点，而是一个新的开始，后申遗时代的号角已然吹响，运河遗产的传承利用也拥有政策支持、技术支撑、产业融合发展、世界协同发展等多重发展机遇。

一、盛世治水——国家政策支持

早在2005年，国家文物局便牵头启动了《京杭大运河保护与申遗考察》项目，伴随着2014年大运河申遗成功，国家高度重视大运河文化遗产保护利用传承工作。2017年2月和2017年6月，习近平总书记在考察大运河的过程中做出了两次重要批示，使保护好、传承好、利用好大运河成为运河发展的重要方向指引。2019年2月，中共中央办公厅、国务院办公厅印发《大运河文化保护传承利用规划纲要》，该规划从国家层面为新时代大运河文化保护传承利用描绘了宏伟蓝图，为统筹运河沿线区域经济社会发展，促进运河文化保护传承利用提供战略指引。2019 年 7 月 24 日《长城、长征、大运河国家文化公园建设方案》审议通过，标志着运河国家文化公园建设拉开新篇章，而各省、市级的大运河建设方案也都进行了发布，可以说大运河沿线随着大运河国家文化公园建设而盘活。上述国家层面规划的运河遗产发展政策，为运河文化的保护传承利用和指明方向，也使大运河遗产在未来迎来更大发展机遇。

二、数字赋能——现代技术复活千年文脉

随着数字中国建设时代的到来，我国 5G、人工智能、VR、数字全息影像、大数据等现代科技快速发展，为新时代运河文化遗产的保护和展示利用带来新的时代发展机遇。如对于运河沿岸一些破坏殆尽，难以进行复原的文化遗产，可使用数字成像技术给予复原展示，拉近文化遗产与游客之间的距离，让游客第一视角直观感受运河历史文化的魅力，发挥历史遗产对游客文化、艺术熏陶的教育价值。尤其是 VR、AR、全息投影等沉浸式技术的发展，也为大运河文化遗产传承提供了重要的技术支持。文化遗产传承与 VR 虚拟现实技术的结合，可实现文化遗产利用场景化，通过时间、空间两个维度为用户构建虚拟和现实相交叠的具身场景，让用户在沉浸式虚拟世界里领略当年运河遗产的魅力。

此外，大数据技术的发展，为运河带来全新的数字化遗产保护方式，可实现在不同关键的运河段落和标志性遗产点建立数字化监测与观察站点的目标，从而建立起大运河保护的统一标准，实现实时监控并提供相应的管理决策，避免过去在不同地区、段落或城市对文化遗产保护力度或方式、方法不一致等情况。而智能算法技术的发展，对运河遗产的保护与利用也具有极大的应用价值，主要体现在通过用户画像，为可能对大运河感兴趣的受众提供精准的内容推送，还能够利用大数据深度学习，对大运河文化遗产背后的历史故事、意象、风俗等进行深刻剖析，有助于更深入地

挖掘文化遗产资源。①

三、文旅融合——新兴产业机遇

中国大运河是一条积淀千年的文化之河，随着经济社会的发展，漕运逐渐被陆运空运等取代，大运河的旅游价值逐渐增强，也成为旅游之河。从国家战略来看，大运河的文化内涵应该被挖掘出来。随着大运河成功被列为世界文化遗产，国家将大运河列入国家文化公园建设，大运河及其沿线省市迎来了全新的文旅产业发展机遇。

建设大运河文化旅游带，是贯彻落实习近平总书记关于文化建设、旅游发展的重要论述和批示指示精神的重要发展战略。具体策略可分为：挖掘大运河文化遗产，保护性开发，活化利用文化；结合当地文化特色，因地制宜，发展特色文化项目；构筑丰富多彩的大运河文化带，各个文化之间通过大运河为主线进行融会贯通，形成统一的大运河文化体系；将大运河文化遗产保护同生态环境保护与沿线名城古镇修复相融合、文旅发展与运河转型协调统一起来，以文化地标为导向，打造特色名村古镇，助推运河沿线城市化进程与古老的运河文化相协调。此外，建设大运河文化旅游带，还要遵循市场的客观规律，实现文化产业、旅游业的有机融合，发挥市场主体的积极性、主动性和创造性。

将大运河丰富多彩的文化资源和旅游要素进行有机整合，在打造文旅融合新路径的同时，一定要注意游客感受。只有人民群众广泛参与，大运河文化带的建设才有意义，所以在建设过程中，要贴近百姓生活，将文化与旅游项目有机融合；坚持以人民为中心，提高人民文化获得感和休闲满意度，满足居民对美好生活的新追求。只有人民群众广泛的参与，感知其中的文化内涵，才能让大运河的文化和艺术传播得更远，从而丰富其文化内涵，实现大运河文化的可持续挖掘传播，提高城市人文发展水平。

① 张志平、商建辉：《人工智能时代大运河文化遗产的保护、传承与利用》，《文化学刊》2019年第10期。

同时，发展大运河文旅产业要贯彻可持续发展理念，坚持保护为主、利用为辅的原则。大运河是祖先留给我们的宝贵财富，一定要保护好、传承好、利用好。首先需要建立统一有效的保护管理协同机制，打破以往"单体""单段"的保护理念，探索线性文化遗产实施路径与保护机制，改变运河沿线城市各自为政、缺乏统一规划协调治理的局面。运河作为线性遗产，沿岸各段既要串珠成链，又要和而不同，以此来体现大运河沿线物质文化遗产的"原真性"和"地域性"特色。① 其次，紧抓生态安全红线，划定运河文化遗产保护区范围，对相关濒危文物要进行全方位封闭保护。在对运河遗产的开发利用上，要充分发挥市场的主动性，发展人民喜闻乐见的文旅项目，尊重文化差异，分层开发，既要开发高大上的文化产品，也要拓展小而美的发展思路，顾及全体游客的游览需求。

四、他山之石——国际运河协同保护发展

大运河不仅是中国的，也是世界的，大运河的发展要有全球视野，以国际标准和更加开放的姿态加入国际运河协同保护发展的大格局中，向全球讲好中国大运河的历史故事和当代意义，吸引各界人士领略运河风采，同时也要尊重认同他国运河的地位及意义，求同存异，交流学习。正如扬州大学外国语学院院长、中国大运河研究院世界运河研究中心主任王金铨所指出的："与其他 5 条世界遗产运河相比，中国大运河是一条时空跨度最大、技术含量最高、内容最为丰富多彩的大型活态文化遗产，但作为一条新近列入《世界遗产名录》的运河，大运河在其后申遗时代的管理和维护等方面，必须按照联合国教科文组织的相关法规履行义务和责任。"②世界上其他 5 条世遗运河在保护利用、文化传承、国际经验与启示等方面的总结概括，为中国大运河的保护利用、发展提升提供了重要学术依据和实践参考，其保护利用案例和立法保护措施，也为中国大运河的规范治理与有

---

① 周国艳、潘子一、时雯：《大运河保护和传承利用的相关研究回顾与现实困境》，《中国名城》2020 年第 3 期。

② 王金铨：《世界遗产运河的保护与传承》，《新华日报》，2020 年 9 月 29 日。

效建设提供了法律规范和法律参照。

在运河文化发展放眼全球的同时，还要注重借鉴国际有关文化线路、遗产廊道、国家公园建设等相关产业融合、文化传承的发展经验，更好地为中国运河文化发展赋能。如美国伊利运河国家遗产廊道已积累了近30年的保护管理经验，在自然资源保护、历史与文化资源保护、慢行游憩系统完善、解说系统构建、市场与营销策略、管理体系6个方面已积累了较为全面的保护管理办法。① 加拿大里多运河建成东达大西洋，西面则通往北美五大湖区，在当时来说，具有重要的运输作用。现今，运河已不能容纳大型船只通过，但运河上依然有十座大桥横跨东西两岸，贯穿整个市区。河西称上城，居民多为英裔；河东称下城，居民多为法裔。当年河上的水闸、水坝等石砌工程，现在成为历史性文物。先进的里多运河已经成为渥太华重要的旅游资源，春、夏、秋三季均可乘船游览观光，而到了每年冬季则会在运河冰面上举办冬季狂欢节。里多河边几处公园中，屹立着严冬赐予人们的各式艺术品——除了独具匠心、玲珑剔透的冰雕外，还有巨大的、憨厚雄浑的雪雕，游客既可以欣赏冬季胜景，又可以在冰面上参加冬季运动，实现了运河资源的多元运用。2022年恰逢我国举行冬奥会，其对我国大运河冬季文旅发展有着十分重要的借鉴意义。又如法国著名的米迪运河，其承担了连接地中海和大西洋间的水运功能，运河工程涵盖船闸、沟渠、桥梁和隧道等328个大小不等的建筑，创造了世界现代史上最为辉煌灿烂的土木工程建筑奇迹，在设计上也独具匠心，是将运河与周边环境融为一体的典范。米迪运河蜿蜒流淌360千米，各类船只通过运河在地中海和大西洋间穿行，米迪运河流过的法国南部优美的自然景色中，散布着众多中世纪的小镇，罗马时期、中世纪和文艺复兴时期的教堂，远古洞穴遗址，古老的葡萄酒庄园，小巧精致的特色博物馆。沿着运河游览，在任

---

① 奚雪松、陈琳：《美国伊利运河国家遗产廊道的保护与可持续利用方法及其启示》，《国际城市规划》2013年第28卷第4期。

何一处停下，游客都可以发现和品位独特的文化和乡土气息。所以，中国大运河发展应当借鉴国际发达国家的先进经验，对其保护和利用经验的借鉴为发展我国以大运河为代表的线性文化遗产具有重要的意义。

第二章　大运河河北段发展概述

第一节　大运河河北段开凿历史

大运河河北段分为北运河、南运河、卫河、卫运河、白洋淀、大清河、永济渠七大湖泊流域，按其流经区域、流域来源和所属年代，整体如表 2-1 所示。

表 2-1　　　　　　　　　大运河河北段流域开凿历史

序号	流域名称	流经省内地域	流域来源	年代
1	北运河	廊坊市香河县	永济渠	隋朝
2	南运河	景县、故城、吴桥、阜城、南皮、东光、沧县、沧州市区、泊头市、青县等县市	平虏渠	东汉建安十一年(206)
3	卫河	魏县、大名、馆陶	黄河故道	汉代
4	卫运河	馆陶、临西、清河、故城	古代清河、屯氏河、白沟、永济渠演变而来	汉代
5	白洋淀	雄安新区安新县	河北平原北部古盆地	第四纪
6	大清河	雄安新区容城县	拒马河源	商周时期
7	永济渠	邢台市临西县		隋朝

一、北运河

北运河在河北省内流经廊坊市香河县，上游原称温榆河，后在统州北管与通惠河相交汇后改称北运河，经北京市通州城区杨家洼流入廊坊市香河县境，沿香河县流入天津市武清区、北辰区、红桥区，在天津的三岔口与南来的南运河汇合后流入海河，全长 21.7 千米，历史上是进入京城的重要道路和南粮北调的主要途径。

东汉末年，曹操修建多处沟渠，奠定北方水系基础。建安七年、建安九年、建安十一年分别修建和开凿睢阳渠、白沟、泉州渠、平虏渠。这些沟渠一方面使北方水运道路畅通，另一方面促进当时社会的发展和进步，为后期隋唐进一步开凿大运河打下了坚实基础。

隋元两代京杭大运河定型，605—610 年，隋朝挖潞水连通了河北地区的运河，到达终点涿郡。1122—1153 年，宋金两朝先后利用潞水多次转运粮食；1165 年，为方便从通州转运粮物到京师，金世宗完颜雍令人挖金口河，改变卢沟河方向，使其东流进入潞水；1193 年，建都中都，开辟了通州到中都的运河，称闸河；1205 年，又改凿御河北段，改变了原永济渠的漕运路线，不再从今天天津静海区独流镇西北行永济渠旧道，而是向北经过天津的三岔河口，然后通过潞河北上通州和京师。元朝时，元世祖忽必烈派习知水利的都水监郭守敬整治河道，郭守敬从香河城西的孙家务开沟，经过天津河西务、向南注入海河；同时郭守敬开凿会通河和通惠河，扩大漕运的范围。

因北运河上流河流多，经常有水患发生，所以明、清两代主要是从修筑堤防、开挖减河和引水济运当方面对北运河进行开发治理。明正统元年，北运河决口，六万人堵口筑堤。嘉靖十二年，北运河枯竭，朝廷下令挖香河郭辛庄新河，用白河水补充北运河。到清康熙雍正年间，为了减轻北运河分泄的压力，挖筐儿港减和青龙湾减二河。同时，出于保护河道、减灾灾祸、强国富农的目的，清朝建立制度全面、规定详细、法令完整的漕运制度。首先在中央设置管理运河的都水司，其次在北运河沿线设置不同职责的部门，如税收商贸、修造船只、疏通河堤等。乾隆四年，命人打通北运河河道，用土修筑若干河堤。乾隆三十三年，又疏浚王家务减河，再次缓解北运河泄洪的压力。乾隆三十七年，为方便泄洪，修筑青龙湾坝口。道光二十八年，北运河香河境内，枳根城溃堤百丈。乡人李坊涉水赴县求助，上千名民工，迅速合拢培筑新堤成功，解决下游水患。到清朝后期，北运河不再承担漕运的职能，变成了行洪河道，兼供下游天津用水。

二、南运河

南运河属海河流域漳卫南运河系，是隋唐南北大运河和元代京杭大运河的重要组成部分，最早是在三国时期曹操开挖白沟的基础上形成的。隋唐称永济渠，宋、金、元称御河，明、清称卫河。

据《青县志》记载，县境内的南运河历史悠久，开凿于三国时期。204年，曹操率领大军渡过黄河，为疏通粮道，命人在今河南淇县浚县一带的淇水入黄河处修筑枋堰，遏淇水入白沟。但因黄河改变了自己原始的流向，导致白沟无法满足当时曹操的军事航运需求，于是用枋木筑堰、开渠引淇的方式，让淇水进入白沟而不流入黄河。这一结果导致白沟离开黄河水系，进入到新水系——海河水系，形成最原始的南运河。206年，曹操出于北征的需要，命董昭在河北一带修建平虏渠，平虏渠南起青县，北止于泒水，全长50千米左右。平虏渠修建使海河平原上的河道结构发生了极大改变，让原本不相交滹沱河与泒河汇集在一起，史称清河。据《水经·沽水》载："清河者，派（泒）河尾也。"滹沱河与泒河的汇合，成功让海河平原上的两大水系汇聚在一起，加快了海河水系的发展。

东汉末年开凿的白沟、平虏渠让河北地区的自然河流相互连通，打通了南北地区的运输道路。但北朝战争频发，统治者分身乏术，无法对河道进行管制，航运条件遭到破坏，隋朝时，仅有部分河道尚可通航，长干线大面积的航运已经变成奢望，远不及当年。而隋炀帝出于收复辽东土地、遏制高丽扩张的目的，于608年命军民数百万开凿永济渠。永济渠利用东汉所开凿的清水和淇水的水源，增加原有漕运的流通量，大大提高运输能力。

宋金元时期，永济渠被称为御河，《元和郡县图志》中说："隋氏作之虽苦，后代实受其利焉。"隋代开凿的永济渠降低了唐代交通成本，但是好景不长，"安史之乱"的爆发不仅让唐朝国力锐减，还破坏了华北平原的水运网。直到北宋时期航运才恢复如初，此时隋朝的永济渠改名御河。北宋王朝在御河身上花了很大的精力，如对局部河流进行改道，维持通航直到北宋的灭亡。后金朝从上京迁都到燕京，御河又恢复航运的功能，沟通南北两地。元代时御河自大名路魏县界，经玩城县泉源乡于村渡，南北约十里，东北流至宝家渡，下接馆陶县界三口，御河上至交河县下入清池县界又永济河，自南皮县入清州。

明清时期，永济渠被称为卫河，两朝积极为运河提供水源，并加强对运河河堤的修筑和保护，同时因黄河在运河之上，如果黄河决口，必定殃及运河。所以明清两朝采用"遏黄保运"的措施避免运河受到冲淤之害。明成祖朱棣迁都北京后，对运河的依赖大大增强。为保证航线畅通，明代运河经历若干次治理，如明英宗初年就提出"疏卫河以通舟"。另外，为了使卫河水流充足，清朝不仅治理并拓展了卫河流域面积，还在卫河设置官闸和民闸，来控制运河的流通量。如乾隆三年，"河督白钟山言：卫河水势，惟在相机启闭……嗣雨水调匀，白泉各渠闸照，旧官民分用。傥值水浅涩，即暂闭民渠民闸以利漕运，或河水充畅，漕艘早过，官渠官闸亦酌量下板以灌民田"（《清史稿·河渠志·二·运河》）。这一史实清楚表明了明清两代严格的运河管理制度。

三、卫河

卫河是漳卫南运河的重要组成部分，是漳卫河上游两大水源之一；与漳河、太行山，丹、沁、黄河、金堤河、马颊河相邻，流经北部四省，河北段流经大名县和魏县，全长61千米左右。卫河在不同的朝代有不同的称呼，汉称白沟，隋称永济渠，宋曰御河，明称卫漕，清代因该河发源于春秋卫地，终止于天津卫，因首末两端卫字而名之曰"卫河"并沿用到现在。

春秋战国时卫河还未出现，是由于汉堤修建（"汉堤"也称太行堤，古阳堤，是当时起自武涉县，经获嘉、新乡、延津、汲县、浚县到滑县的古黄河北大堤），阻断了太行山丹，淇水之间诸路山水和平原沥水直接入黄的通道，迫使水流汇聚从而形成当时的卫河。现在的卫河干流是经过后天人工开凿形成的。204年，曹操为北征袁绍兴建白沟水运工程。213年，曹操又开凿漕渠，让漳水进入白沟之中，形成以白沟、清河和河北诸水为基础的水运网，为隋朝开凿永济渠创造良好条件。608年，隋炀帝命军民数百万人开凿永济渠。永济渠连接黄河和海河流域，南通黄河，顺黄河可达洛阳，入渭水能抵长安，向北可达涿郡。当时永济渠大体走向就是今卫河、卫运河、南运河行径。初唐时期，大运河畅通。775年，"安史之乱"爆发，漕运路绝。北宋后，永济渠改称御河。明代以来，由于黄河北侵，漳河南迁，泥沙淤积，御河改名卫漕，多次由北向南迁移。在清代由卫漕正式改名卫河，一直沿用至今。

四、卫运河

卫运河，是指于馆陶县徐万仓汇合后至四女寺枢纽河段，在山东、河北两省交界处。卫运河在水系上属海河流域漳卫南运河，由古代清河、屯氏河、白沟、永济渠演变而来。据《畿辅安澜志》记载，"卫河，古清、淇二水所导也"，汉为白沟，隋唐两代是永济渠的一部分，宋称御河，元明清称卫河，近代以后称卫运河。

古时被称为清水，据《水经注校》记载：清水出河内武县这北黑山，东北过获嘉县北，又过汲县北，又东入于河，又东北过于馆陶县北，又东北过清渊县，清渊县就是临清，西汉初置，属魏郡。故城在今山东冠县东北部的清水。从《中国历史地图集》上观察，在战国时清河从临西往上就平行于周定王五年的河水，从西南方向像东北方向流动。《临清县志》中说："清河郡、清河县及清渊、清泉、临清之名亦由此。"汉代为屯氏河，《辞海》记载，"屯氏河，黄河下游故道之一"。曹魏称白沟，《辞海》记载："原为大河（即黄河）故道，在今河南浚县西，由宛水分部分淇水为源，东北流下接内黄以下古河。"204 年，曹操在淇水入黄河处下大枋木为堰，使淇水不再流入白沟。此后上起枋堰，下至河北威县以南的清河，皆被称为白沟，成为北方的重要漕运道路，极大促进了经济的发展。

隋唐时期，卫运河是永济渠的一段，从新乡至卫辉原清水那段。宋元被称为御河。《辞海》(1999 年版)载："宋元时代所谓'御河'专指今河南、河北境内的卫河，即隋所开永济渠的一部分。"元代又开凿了承担主要通航的会通河，慢慢减少对卫河的使用，卫河漕运衰落，公元 1300 年，卫河出现枯竭，朝廷引漳河水补充。直到明成祖朱棣定都北京，卫河再次承担漕运职能。

五、白洋淀

白洋淀初现于第三纪晚期，于第四纪生成，由于受水文气候变化、海陆进退交替、人类开发利用等综合因素影响，古白洋淀经历了时而扩张、时而收缩的演进过程。唐朝以前，白洋淀受人类活动影响较小，《新唐书》记载，"鄚州有九十九淀"，说明当时水淀相连，成片分布，风景怡人。到了宋代，因当地地处宋辽边境，曾在这里大建塘泺作为军事防线，使白洋淀范围一度扩大。后又因当地百姓过度进行屯垦开发、运河改道、植被破坏等行为，使白洋淀地区水土流失加重、流域泥沙增多、淤积堵塞严重，有些淀泊甚至已经泥沙淤积为平地，因此到明朝白洋淀曾一度面临缺水干涸的问题。到明正德年间，徐、漕、萍、一亩、方顺、唐、滋、沙九河入淀，由此形成白洋淀现今的规模。

因白洋淀地处战国燕赵、宋辽交界地带，又作为海河流域蓄滞洪区，起着保护天津和周边市县安全的作用，地理位置十分重要，且当地又多洪涝灾害，历代统治者都较为重视白洋淀水域开发治理工作。《任丘县志·山川》记载，最早在唐开元年间就开始了对白洋淀水域的治理。到了宋代，因边界军事战争的需要，开始调动民兵在白洋淀大规模进行修堤筑埝，开塘泊蓄水工程，据《宋史·河渠》载，宋太宗淳化四年(993)三月，征调河北诸州一万八千人在边界开塘泊蓄水。到宋真宗时期，又进一步开修塘泺，修建起一条东起沧州，西至保定的塘泊防线抵御外敌入侵。从清朝开始，统治者又加强了对白洋淀沿岸堤防的治理，康熙年间，直隶巡抚曾"发币万金"用于沿线筑堤工程。现代以来，特别是 20 世纪后叶至 21 世纪初，因经济快速发展，污染物排放、气候变化、人类活动等因素影响，白洋淀又面临大幅缩减的问题，据记载，1983 年到 1988 年白洋淀曾出现连续五年的干涸，因 1988 年一场大型降雨，白洋淀才得以重新蓄水。直到 90 年代之后，通过人工调控水量，白洋淀才慢慢恢复稳定蓄水。经过多年水质治理，到 2022 年，雄安新区白洋淀淀区整体水质提升至Ⅲ类以上标准。

在白洋淀行政区域管辖划分上，2017 年之前，白洋淀分属保定市和沧州市两个市区管辖，保定市安新县管辖白洋淀西部水域，总面积达 312 平方千米，占整体的 85%；后雄县管辖东北部水域，总面积为 18.3 平方千米；此外还有北部由容城县、南部高阳县管辖的一少部分，仅保定市管辖的白洋淀水域面积就占整体的 90% 以上；剩余部分由沧州市任丘市管辖，为白洋淀东部水域，面积 64.8 平方千米。2017 年 4 月 1 日，中央政府规划雄安新区建设，白洋淀就此属雄安新区管辖，如今白洋淀已成为雄安新区发展的重要生态水体。

六、大清河

大清河是中国海河流域支流之一，因为自身水质比相邻的永定河、滹沱河两河更加清澈，所以当时被称为大清河。早期地质活动为大清河流域的地形打下基础，宋代以后大量修建沟渠工程，通过人力使大清河的水系的环境再次改变。清朝时期，出于社会发展的需要，对大清河进行了全方位的改造和利用，上游河道修建堤防，保卫了堤内土地的安全，也极大地发展了水路航运。

西汉时期，海河水系还没形成，黄河主宰整个地区的水系，从太行山流出的所有河流均属于黄河水系，大清河水系以及现在白洋淀的水源都来自黄河故道。东汉时期，黄河南移，不再流经白洋淀，因此白洋淀出现沽水情况。曹操想一统北方，为军运畅通，白沟水渠应运而生。但白沟水渠出现后，导致淇水脱离黄河归入海河水系。公元206年，曹操又开凿平虏渠、利漕渠、鲁口渠等多处渠道。它们的出现一方面沟通了东西南北的漕运，保证了河道的流通量，方便军运；另一方面，奠定了海河水系形成的基础，大清河的轮廓也初步形成。

北宋时期的大清河的水系格局与之前有所不同。为防御辽军，朝廷采纳宋屯田使何承矩提出的"导水实其陂泽，筑堤贮水为屯田"的建议。先让永定河、滹沱河、派水、寇水等诸水注入白洋淀，再建阡陌、挖沟、开河，浚沟洫，使河淀相通，形成了一道自边吴淀至泥沽海口，让白洋淀的水域面积达到顶峰。此时滹沱河水系与大清河水系密不可分，几乎没有界限，它俩在天津同黄河相汇，最终入海。

元明时期，帝王在北京定都，兴建土木，使流域下垫面减小，导致大清河上游地区坡地表面的肥沃土壤被水冲走，严重堵塞白洋淀及大清河下游，致使水灾泛滥。统治者为了国家稳定，百姓生活富足，对大清河出现的问题进行了全方位的处理和解决。一方面防患于未然，保证两岸百姓安全，修筑若干河堤防治洪水；另一方面当地官员有效利用堤内土地，带领农民发展特色农业，提高生活水平，维持社会稳定。清康熙时期，大清河水系内河网层层，河道的连通性较强。到雍正、乾隆年间，为了洪水年能够抵御洪水，缺水年保证灌溉与航运，把上游河道堤防加高和连接起来，还进行了河道和淀泊的挖掘与疏浚，基本上奠定了大清河流域的水系。

七、永济渠

永济渠开凿于隋大业四年（608），是在利用了白渠、沁水、清水、淇水等原有河道的基础上修建的，也是隋炀帝继开凿通济渠、邗沟之后，开通的又一重要运河。据《隋书·炀帝纪上》记载："诏发河北诸郡男女百余万，开永济渠，引沁水南达于河，北通涿郡。"永济渠全长1900多里，是一条又宽又深的运河。自永济渠开凿后，隋炀帝发兵高丽，曾自江都乘龙舟沿运河北上，直抵涿郡，全程4000多里，用时50多天，极大缩短了军事准备路程时间，提高了军事作战效率。在交通运输方面，永济渠还成为从河北地区向朝廷运送粮食的主要渠道，也是对北方用兵时，输送士兵与战备物资的重要运输线。此后历代帝王屡有修浚，水流走向和河流名称也常有变化，宋代永济渠改称御河，漕运发展迅速，至元代，忽必烈对大运河中段裁弯取直，不再从临西县中部纵穿，改走聊城——临清入今卫运河河段，由此发展形成今天的京杭大运河。

永济渠主要分为南北两段，南段自沁河口向北，经今河南、河北、山东等地域，抵今天津市境内与沽河会合。北段从今天津折去西北，经天津武清、河北安次等地，抵达涿郡，如今在北京市境内。永济渠南段开凿于在沁水左岸，引沁水东北流会清水至今浚县西入白沟，在永济渠开凿的最初几年时间，还有着"南达于河，北通涿郡"的壮观场面。但由于沁水多泥沙淤积，而清水又流量有限，使永济渠南段经常堵塞断航，航运价值不高。至唐代，永济渠南段已与废弃，但沁水最大支流丹水还与清水相连，由此，丹水支流小丹河成为永济渠的重要水源。

第二节 大运河河北段流域现状

一、流域主要河段

(一)廊坊段

根据中共中央办公厅、国务院办公厅2019年2月印发的《大运河文化保护传承利用规划纲要》和河北省已编制完成并上报待批的《河北省大运河文化带保护传承利用实施规划》，大运河(廊坊段)范围被确定为两部分。

一部分是北运河香河段(起点为京冀界、终点冀津界，全部在香河县境内)。古称沽水、白河、潞河，现经北京通州杨家洼村南、桥上村南进入廊坊市香河县境，从香河小友垡村进入天津武清区河西务镇水牛村。香河内河道全长21.7千米，流域面积237.52平方千米，河道平均宽度2125米，左岸堤长23.81千米，右堤长28.28千米，设计流量1330立方米/秒，防洪标准 20 年一遇。北运河香河段现有三条减河(引河),即青龙湾减河(王家务引河)、凤港减河、牛牧屯引河,三座桥梁,即王家摆桥、安运桥、双街桥。

另一部分是大清河赵王新河段。由白洋淀入文安、霸州境内,流经赵王新渠、东淀后,经海河干流入海,全长 60 千米,具体为雄安新区苟各庄镇北部东里长村流入文安的兴隆宫镇的店子村北。最后从文安县的滩里镇的富管营村村南和安里屯村北之间流入天津境内静海区抬头镇胜利村村南。2021 年 6 月 26 日,京杭大运河北运河廊坊段全线通航,通航仪式在河北廊坊香河县举行。

(二)沧州段

大运河沧州段南北贯穿沧州市域,全长 215 千米,始于吴桥县第六屯村南,止于青县李又屯村村北,流经吴桥(34.8 千米)、东光(36.98 千米)、泊头(36.3 千米)、沧县(36.6 千米)、南皮(23.74 千米)、新华区(2.7 千米)、运河区(31 千米)、青县(45.76)等 8 个区域。

沧州段河道上口宽度在 54~60 米,水面平均宽度在 32 米。水位平稳,枯水期和丰水期暂未出现。变化比较明显的黄河路以南的河段的水位在 5.3 米左右,变化较少的永济路和黄河路之间的河段的水位在 4.5~4.6 米。运河沿线的水利设施主要是北部的船闸、北陈屯水闸和南部的王希鲁橡胶坝。北陈屯闸设计输水位在 7.9~8 米,南部王希鲁橡胶坝蓄水位在 7 米左右,坝高 3.2 米。每次引黄工程完成后,就会用河槽储蓄的水改善现有水质,汛前会排放大量水,使河床的水位降低。

目前沧州市按照设想,构建了一条整体带动部分的发展道路,对沧州大运河及周边每寸土地进行统一规划。这在一定程度上保留了古代的原始形态,如在黄河路以南和永济路以北保留自然堤岸,部分河堤内还有人耕种和居住,而城区东西两岸的河堤不再是自然堤岸,是后期人工修建而成的,主要承担沧州市的交通运输功能。

(三)衡水段

大运河衡水段处于衡水与沧州交界处,全长 180 千米左右,由卫运河和南运河组成,属于海河流域漳卫南运河系的一部分。该段始于故城县南部辛堤村,流经故城(75.2 千米)、景县(73.2 千米)、阜城(30.65 千米)三县,重要河段处于阜城霞口镇、景县安陵镇,码头镇等地,止于阜城张华村。东侧是沧州的东光和吴桥,西侧是衡水的阜城和景县。

目前衡水段运河河床平缓,河道弯曲,河床呈蜿蜒式断面,仅具备泄洪、输水和灌溉等功能,不具备航行功能。衡水市正在进一步推进运河生态治理工程,水利局以"传承大运河文化,努力打造无乱河道"为目标,建立健全河长组织体系、加强执法监管,持续推进河湖"清四乱"常态化规范化,努力打造"无乱河道"。持续组织开展卫-南运河"清四乱"攻坚行动,特别是把清理"乱占""乱建"作为重中之重,开展专项行动、联合整治和综合执法,采取排队通报、台账销号等措施,强力推进整治工作。2019 年至今,共清理"四乱"问题 139 处,大运河故城段也因此荣获"河北省秀美河湖"荣誉称号。

目前,大运河流经衡水市,沿线设立了市县乡村四级河长,共设市级河长 1 名、县级河长 4 名、乡级河长 14 名、村级河长 137 名。该市督促各级河长履职尽责,统筹协调上下游、左右岸综合施治,全力做好卫-南运河管理保护等各项工作,形成了一级带一级、层层抓落实的立体化格局。

(四)邢台段

中国大运河邢台段位于邢台市东部边界,是海河流域漳卫南运河系卫运河的上游。全长 58.1 千米,临西段长 39.21 千米,清河段长 18.89 千米,河道宽度在 600~1200 米,现河段基本是历史上京杭大运河运河河道位置,由临西县尖冢镇流入临西境内,并由孟庄流出,入邢台市清河县境,至清河县渡口驿村北出境,然后流入衡水。流经临西县 32 个村庄、清河县 15 个村庄，沿线分别有古建筑、古窑址、古墓葬、古碑刻等物质文化遗产。目前邢台段运河无法通航，主要承担行洪、排涝和灌溉等功能。

2021 年 6 月，邢台市委办、市政府办印发了《邢台市大运河文化保护传承利用实施规划》，以大运河流经的临西县、清河县为重点区域，结合当地历史文化价值特色及村镇分布特点，构建"一轴、一廊、两核"的大运河邢台段总体发展格局，助力运河沿线区域乡村振兴，辐射带动东部区域发展。该实施规划指出，大运河邢台段作为沟通南北的重要通道，历史上承担了南粮北运、商旅交通、军资调配等功能，目前在防洪排涝、生态景观、农业灌溉等方面仍发挥着重要作用。因人为破坏较少，较为完整地保持了漕运时期河道的规模与形态，体现了人工与自然结合的景观特征。

(五) 邯郸段

大运河邯郸段流经邯郸魏县、大名县、馆陶等地，由卫河和卫运河组成，全长 141.8 千米，流域面积 701.5 平方千米，是中国大运河中较为重要的部分，拥有大量与运河有关的丰富文化遗产，如物质文化遗产涉及古代建筑、历史庙宇、古桥、老街、河道等方面，具有极高的研究价值；另有非物质文化遗产如戏曲、瓷器、茶叶等传统文化和技艺。

根据邯郸市市水资源情况和国家实施的"南水北调"中线工程、河北省"引黄入冀"西线工程一期工程调剂给的供水总量，邯郸市自 2008 年就启动了东部生态水网综合开发规划的编制与实施。紧紧围绕加快推进区域经济中心建设，促进城乡面貌大变样等经济社会发展目标，按照因地制宜、统筹发展、全面规划、分步实施、讲求实效的原则，强化规划先导作用，利用公共资源整合，对东部生态水网进行全面完善综合开发，提升生态水网综合利用效果和对经济社会发展的贡献率。依托东部生态水网，在邯郸城区、东部县城镇区，地下漏斗贫水区、苦咸水区，生态农业和经济技术开发区等重点区域，提升完善水网、路网、绿网，带动开发高效农业带、景观旅游带(包括东部各县城镇景观水面建设)(简称"三网两带")，将东部生态水网打造成既有灌溉、供水、防洪，又有生态景观、文化旅游等功能的综合性工程。

二、河道水系现状

(一)北运河

北运河河北段流经廊坊市香河县，长约21.7千米，河面宽度与河底宽度分别为40~170米、30~160米，水深2~4米。年平均降雨650毫米左右，75%集中在7—8月，且常形成暴雨中心。春冬雨少、风多，土壤严重失墒，年际降雨变化幅度大，造成春旱秋涝、旱涝交替，河道丰枯流量相差悬殊。北运河是海河北系重要的行洪排涝河道，在牛牧屯引河后与潮白河相汇，右岸有支流凤港减河汇入，下游设置土门楼枢纽，土门楼泄洪闸以下为青龙湾减河，土门楼节制闸(木厂闸)以下仍为北运河干流。京冀界至木厂闸段大约15千米，木厂闸至冀津界段大约6.7千米。河道共建有4座桥梁和2座闸坝，分别为王家摆桥、安运桥、土门楼农用桥、双街桥和曹店橡胶坝、木厂闸。

北运河主要接纳来自北京市的生产生活污水，污水排放量较大，是北京市最主要的排水河道。由监测结果可知，2013—2017年期间大运河廊坊段各断面年度水质劣于《地表水环境质量标准》(GB3838—2002)Ⅴ类水质，污染源主要包括底泥污染、城镇生活污染、农村生活污染及畜禽养殖污染、初期雨水污染、农田面源污染。自2015年起，廊坊市强力推进北运河综合整治工作，多次组织开展环保专项行动，制定了《北运河水质达标方案》。

(二)南运河

南运河是海河流域漳卫南运河水系最下端，属于海河水系中较长的河流。起源于四女寺枢纽，流经鲁、冀两地的若干县市，止于天津市静海区独流镇的十一堡节制闸，全长300多千米，其中河北省境内长度为242千米。河道最窄 45 米，最宽 1660 米，平均 216 米。

流域多年平均降水量一般在 500~800 毫米，在海河流域诸河中是降水较多的地区。多年平均降水量的分布存在明显的地带性差异，山区一般在 600~700 毫米，平原区一般在 550~600 毫米。受季风环流的影响，雨季大多从 6 月中下旬开始至 8 月下旬结束。夏季占全年降水量的 70%~80%；春季占 8%~16%；秋季占 13%~23%；冬季占 2%左右。

根据河流断面监测数据显示，南运河只在天津引水期间有水，水质能够达到地表水Ⅲ类标准，其他时间均处于断流状态。2012 年至今，天津未引水，南运河始终处于断流状态。再者，现代生产生活方式的改变让南运河受到污染和破坏。首先部分河段干涸，市区水源枯竭，村庄、农田断流。南运河流域多年水资源量为 53.66 亿立方米，人均水资源占有量仅是全国的 13.4%。其次，存在水污染的问题，沧州运河区建有大量化工厂和机械厂，任意排放的工业垃圾和废水严重污染运河，而被严重污染的水资源会直接和间接对人体造成伤害。再次，部分河道缩减、河堤坍塌、防洪抗洪能力减弱，流经村庄的河堤出现年久失修的情况。最后，运河附属的水利设施不完善，如北陈屯枢纽节制下沉 2.5 米，丧失原有功能；红庙村金闸门、郑口挑水坝年久失修，难以为继。

(三) 卫运河

卫运河，是指于馆陶县徐万仓汇合后至四女寺枢纽河段，全长 157 千米，流域面积 34362 平方千米，水系上属于海河流域漳卫南运河。卫运河是鲁、冀两地边界河道，以河道中心线为界，西侧属于河北，东侧属于山东，流经河北省馆陶、临西、清河、故城 4 县，流经区域河堤内无村庄。卫运河最窄的地方有 100 米，最宽可到 2500 米，平均 1300 米。一般年份有水。

根据《交通体系建设专项规划》，共实现 9 个段落Ⅵ级旅游通航，卫运河故城段约 43 千米、卫运河油坊码头—渡口驿段约 5 千米、卫运河河西镇—四支渠段约 5 千米、卫运河馆陶县全段约 40 千米。2020 年 6 月 5 日，水利部卫运河的终点印发《大运河河道水系治理管户专项规划》，明确了卫运河通水通航目标任务，要求卫运河（馆陶徐万仓至临清段）实现旅游通航，并明确了卫运河枯水期通过上游水库调蓄汛期水量满足用水需求。2021 年 3 月 11 日，水利部印发了 2021 年河湖生态补水方案，明确提出计划利用引黄入冀补淀工程，通过穿漳下泄水闸经漳河向卫河、卫运河补水0.1 亿立方米。

（四）卫河

卫河发源于山西太行山脉，流经冀、豫两地，和漳河在馆陶县徐万仓汇流后称为卫运河。流域面积达到 5142 平方千米，干流长 321 千米，河北省境内长 61.3 千米，流经魏县、大名。卫河魏县段始于北善村，终于北辛庄村，流经 12 村，全长 15.9 千米；卫河大名段起始于大北张村，终于营镇乡北周庄村，全长 45.4 千米，经过镇村 68 个，河堤内无村庄。

卫河河道两堤之间最宽 2200 米，最窄 450 米，平均宽度 1350 米。一般年份卫河河道最大行洪流量 2000 立方米/秒，河槽最宽 200 米，最窄 24米，平均 74.8 米。水深最深 9 米，最浅 7 米，平均 8 米，枯水期水量水深为零。卫河左边有若干条支流，它们虽然流速不同，但是都有相同的发源地——太行山东部。运河上方地势险峻，水流十分急促；下方的水流速度相比上方虽减缓，但是防洪能力较差。《河道水系治理管护专项规划》提出巩固和落实不同河段防洪标准，卫河河道设计行洪标准为 50 年一遇，设计行洪流量为 2500 立方米/秒。

20 世纪六七十年代，百余座水库在卫河流域修建完成，它们总库容达到 12 亿立方米。从 80 年代初期到现在，相关部门开始逐渐对一部分水库进行加固，如陈家水库、双全水库等。这一举措有效保护了水库下游城市和交通设施的安全。

（五）大清河

大清河历史上是大清河流域北支骨干行洪河道，新盖房分洪道开挖后，大清河新盖房枢纽至任庄子段主要承担灌溉输水任务；大清河在任庄子与赵王新河汇合后进入东淀，在天津第六堡入子牙河，后沿子牙河向北经过西青区入天津市区海河干流。河北省境内河长 18 千米（任庄子—冀津界），现状行洪能力 450 立方米/秒左右。

大清河被分成南北两个水系，上游和中上游的河道近似扇子形状。拒马河和白沟两水系构成了大清河的北支水系，拒马河的存在对于大清河水系形态的变化意义非凡，它是大清河水系的所有支流中最庞大也是最重要的。在落宝滩地区，拒马河被分成为北拒马河、南拒马河。北拒马河和东茨村纳小清河、琉璃河共同组成大清河干流。南拒马河与北拒马河交汇情况大同小异，与中易水、北易水在北河店出汇合，再和白沟河到白沟镇相汇。北支水系水源虽有白沟引河补给，只平时作为输水的通道，不会参与整个洪水宣泄的过程。南支水系被称为赵王河水系，主要由唐河等 8 个支流组成，最后它们全都在白洋淀汇集，最后在枣林庄枢纽完成下泄。

目前，大清河上游有很多水库，它们总库容高达 36 亿立方米。这些水库主要承担防洪、供水等职能。中游有白洋淀、小清河等蓄水防洪区。现状主要以灌溉为主，据新盖房水文站实测资料统计，2000 年以来总径流量仅 0.35 亿立方米。仅部分河段有水，全线水量不足。

三、沿线城市社会经济发展概况

大运河河北段流经 6 个市区，分别是位于河北省中部偏东的廊坊、雄安新区、东南部的沧州和衡水、中南部的邢台及最南部的邯郸，流经的县区共计 21 处，截至 2022 年 1 月，统计运河沿线各市区地域面积、人口、下辖地区、地区生产总值等信息，如表 2-2 如示。

表 2-2　　　　　　　　大运河河北段沿线县区基本情况统计

市区	县域	人口/万	地区生产总值/亿元	面积/km²	下辖地区
廊坊市	香河县	44.9	224.8	448	9 镇 3 街道
	霸州市	74.3	408.8	801	9 镇 3 乡 1 街道
雄安新区	安新县	45.4	66.7	738.6	9 镇 4 乡
	雄县	47.9	101.1	677.6	6 镇 3 乡
	容城县	27.3	51.1	314	5 镇 3 乡
沧州市	东光县	34	147.8	730	8 镇 1 乡
	青县	42.1	201	968	7 镇 3 乡
	沧县	62.6	228.1	1533	4 镇 15 乡
	泊头市	57.4	222.3	1008.9	12 乡镇 3 街道
	吴桥县	21.8	84.9	600	5 镇 5 乡
	黄骅市	48.4	259.1	1544.7	8 镇 3 乡 3 街道
	南皮县	34.7	106.9	800	7 镇 2 乡
衡水市	故城县	44.4	128	941	11 镇 2 乡
	景县	29.4	173.8	1188	11 镇 5 乡
	阜城县	29.4	82.7	697	6 镇 4 乡
邢台市	临西县	32.7	80.1	542	7 镇 2 乡
	清河县	42.2	147.7	502	6 镇
邯郸市	大名县	72.6	158	1053	10 镇 10 乡
	馆陶县	30.8	91.5	456	4 镇 4 乡
	临漳县	58.9	164.2	752	5 镇 9 乡

　　从 21 个县市地区的人口数量看，人口超 70 万的地方有霸州市和大名县两处，分别管辖 9 镇 3 乡 1 街道和 10 镇 10 乡，作为人口大县，两地的地区生产总值差距却较为明显，霸州市为 408.8 亿元，为各县市区收入最高的地区，而大名县仅 158 万元；人口分布较少的地区为容城县、景县和

阜城县，三地人口总数均不到 30 万，容城县人口 27.3 万，景县和阜城县人口均为 29.4 万，分别管辖 5 镇 3 乡、11 镇 5 乡和 6 镇 4 乡。人口较少也反映在地方经济发展水平不佳的问题上，容城县和阜城县地区生产总值均不到 100 亿元，景县较两地经济发展较好，地区生产总值达 173.8 亿元。

在地区生产总值统计上，除霸州市地区生产总值 400 亿元+遥遥领先之外，香河县、青县、沧县、泊头市、黄骅市地区生产总值均超过 200 亿元，几个地区均分布在廊坊市和沧州市，说明两市运河沿岸县市经济发展水平较高；其次地区生产总值在 150 亿元以上的有景县、大名县、临漳县三个地区，其中大名县、临漳县均在邯郸市，说明邯郸市运河沿岸县市是继廊坊市和沧州市之后，经济发展水平较好的地区。而地区生产总值在 100 亿元以下的分别有安新县、容城县、吴桥县、阜城县、临西县、馆陶县六个地区，涵盖了除廊坊市之外的五个市区，说明各地区经济发展水平差距依然较大，经济欠发达地区依然较多。而雄安新区三地在与运河沿岸各县市经济发展水平的比较中表现并不亮眼，但因中央政府对雄安新区的发展规划与政策扶持，为当地发展带来机会，经济发展潜力巨大。

根据 2020 年河北省的国民经济和社会发展统计公报，沿线六个市区的经济社会发展呈现如下特点：

(一) 农业条件优越，特色产业如火如荼

沿线五市是河北省内重要的农产品和粮食的生产和种植基地。运河沿线地貌丰富，尤其是气候和土壤条件适合种植较多种类的农作物，具有发展优质农产品和特色农业的特点。近年来，邯郸在粮食面积稳定的基础上，积极改善农业产业结构和比例，优先发展优质杂粮、高油酸花生等特色优势作物，培育特色产品，提高农业效益。2020 年粮食总产量 533.1 万吨，增长 3.0%。邢台已经形成了特色种植、养殖和休闲农业产业为主的特色产业发展特点，如富冈苹果、隆尧大葱、宁晋雪梨、浆水板栗等多个农产品远销全国。2020 年，邢台蔬菜播种面积 55792 公顷，比上年增长 9.8%；蔬菜总产量 302.6 万吨，园林水果产量 106.2 万吨，比上年增长

8.4%。食用坚果产量 5.2 万吨，比上年增长 5.6%。2020 年，衡水市粮食播种面积 1078.0 万亩，比上年增长 0.9%，蔬菜播种面积 96.0 万亩，比上年增长 6.7%；蔬菜总产量 284.3 万吨，增长 2.8%。特色农业发展呈现出区域优势明显，规模逐渐扩大，档次逐年提升和"农户+专业合作社+公司"的发展模式的现代农业新格局。一是着力发展"菜篮子"工程。二是积极利用粮食和秸秆资源丰富的特点，打造畜牧业。三是立足生态宜居的战略地位，改善生态环境壮大区域经济。廊坊地处京津冀协同发展核心腹地，大力实施高标准农田建设，坚持整体把控，事事专人负责，精准落实，推广节水高效农业。像永清县蔬菜种植合作社已经采用自动化节水技术，以种植品的实际情况作为依据，进行自主喷洒，从而精准精确控制大棚和温室温度。固安县果蔬种植合作社采用先进的滴灌模式，极大节约水资源。2020 年，廊坊市粮食总产量 148.1 万吨，比上年增长 0.2%。蔬菜及食用菌播种面积 119.6 万亩，产量 508.4 万吨，比上年增长 1.2%。2020 年，沧州市粮食播种面积 88.5 万公顷，总产量为 457.9 万吨，比上年增长 1.3%，全市园林水果种植面积 5.9 万公顷。沧州市近年来依照"规模化、集约化、融合化"现代化发展思路，首先改良土壤，深入挖掘东部盐碱地潜力，其次借助中国农业大学实验基地的优势，引进试种特色蔬菜瓜果品种，建设"旱碱麦"、高端设施果蔬等特色优势产业集群，进一步推进沧州的农业融合发展。到 2020 年年末，农业产业化龙头企业 298 家，比上年增加 23 家。农业产业化经营率 69.8%，比上年提高 1 个百分点。雄安新区依托雄安城市计算（超算云）中心，建设农业大数据中心，打造"雄安农业云"，大力发展数字农情，利用卫星遥感、航空遥感、地面物联网等手段，动态监测重要农作物的种植类型、种植面积、土壤墒情、作物长势、灾情虫情，及时发布预警信息。

(二) 经济稳定发展，脱贫攻坚成效显著

在全面建成小康社会、脱贫攻坚的背景下，沧州、衡水、邢台、廊坊、邯郸沿线五市的经济发展取得确实成效，贫困问题得到极大改善。尽

管减贫任务十分艰难，但沧州没有放弃，坚定贫困人口、贫困县清零的伟大目标，持续发力，网信沧州显示，沧州的贫困发生率由 2015 年年底的 4%下降至 2019 年年底的 0.046%，沧州市 20 万左右的贫困人口脱贫。2020 年沧州市生产总值（GDP）达 3699.9 亿元，按可比价格计算，比上年增长 4.1%。全市城镇新增就业 11.83 万人，失业人员再就业 2.53 万人，就业困难人员实现就业 1.06 万人。据河北新闻网报道，到 2019 年 5 月，邢台市脱贫攻坚取得硕果，在脱贫攻坚的道路上，邢台市始终坚定走切实有效的脱贫道路，尽最大努力完成脱贫任务。2020 年，邢台生产总值完成 2200.4 亿元，比上年增长 3.7%。民营经济全年完成增加值 1381.5 亿元，比上年增长 4.2%，总量占全市生产总值的比重为 62.8%。实现城镇新增就业 68297 人，城镇下岗失业人员再就业 18218 人，就业困难人员就业 9397 人，城镇登记失业率为 3.2%。"十四五"开局之年，廊坊市的全部财政收入同比增长 28.6%，2020 年度人均纯收入达到 19053.55 万元，较 2019 年度增长 33.18%，贫困县的精神面貌得到改善，经济发展呈现良好势头。2017 年，邯郸市建立多项具有特色的扶贫机制，如基金救助，发放部分基金解决现实困难。提供多种类别岗位，以就业带动脱贫。专人专项扶贫，每一个贫困县都精准到人。据河北日报显示，截至 2019 年，641 户、2254 贫困人口双双清零。据衡水宣传部的数据显示，截至 2021 年，衡水市 21 万贫困人口脱离贫困，1000 个左右贫困村的情况得到改善，9 个贫困县全部出列。可以说沿线五市的经济发展态势良好，贫困问题得到很大程度改善。2020 年，市生产总值实现 1560.2 亿元，比上年增长 4.0%。全年城市居民消费价格比上年上涨 2.4%。全年全市城镇新增就业 4.67 万人，失业人员再就业 0.27 万人，困难人员实现再就业 0.21 万人。年末城镇登记失业率为 3.52%，控制在 4.5%的预期目标以内。

（三）历史遗迹深厚，文旅项目发展蒸蒸日上

明清大运河的繁盛带动了泊头、大名、胜芳等一批运河沿线城市的繁荣，也在无形之中塑造了丰富多彩的地域文化，如沧州的武术文化、杂技

文化等。沧州地处九河之险，是漕运咽喉。为货物保驾护航的镖行也逐渐增多，武术也随之发展。据统计，沧州在明清时代就有武举人、武进士19937人，发源于沧州的拳种高达53种。21世纪以来，武术已经深入沧州的本土文化，全民参与武术文化的热情高涨。运河两岸的码头也让杂技文化在沧州落地生根，逐渐发生成为各具特色的门派种类。周恩来总理亲自命名沧州吴桥为"杂技之乡"。运河存在催生了邯郸沿河城市的形成和发展，如邺城、大名府、馆陶县运河古镇等。邯郸也充分利用大运河的资源，按照历史古迹，以水为线，开发了多条独具特色的文化景观旅游路线。如水利历史人文游，以树立文化园为起点，途经邺城三台（铜雀台、金凤台、冰井台）、平原君赵胜墓等多处历史遗迹。让游客感受到属于邯郸的文化底蕴和人文资源。衡水非常重视以非遗项目为基础的文化产业发展，大力对船工号子、传统架鼓、阜城剪纸等非遗项目进行宣传。同时依托运河沿线的资源，规划运河旅游文化带，深度探寻红色经典文化、运河留存文化，借助文化体验游、健康游等方式，把衡水建设成京津冀文化生态旅游目的地。2010年，中央财政拨款资金30用于保护廊坊市的国家级非物质文化遗产安头屯中幡，目前安头屯中幡有托塔、脑件和老虎大揍嘴等100多个项目，在全国民间花会中独树一帜，吸引了国内众多爱好者参与和欣赏。除此之外，享有独特地理位置的廊坊还高度重视京津冀区域间的运河文化研讨互动，先后主办多次相关活动，如京库冀运河书香节、京津冀非遗联展暨第十届河北省民俗文化节，不断推动京津冀北运河文化旅游带建设向纵深发展。而雄安新区不仅有华北明珠白洋淀，还有华北最大的地热田、石油、天然气等丰富的自然资源，而且有宋朝抗辽名将杨六郎点将台、被誉为地下长城的宋辽古战道、日益兴盛的古玩交易城、历史悠久的仿古黑陶，被列为国家级重点保护的非物质文化遗产雄县古乐、蜚声海内外的鹰爪翻子拳等历史文化资源。

第三章 河北大运河文化带整体建设情况

2017年2月和6月，习总书记对大运河进行深入考察的过程中连续做出两次重要批示，拉开了大运河文化带建设的序幕，也使大运河文化带发展上升为国家发展战略；2019年12月，大运河文化保护、传承与发展上升到了国家战略高度，标志着大运河文化产业带发展进入新时代；2020年，党的十九届五中全会再次强调了建设大运河文化带的重要性，党的十九届五中全会通过的《中共中央关于制定国民经济和社会发展第十四个五年规划和二○三五年远景目标的建议》，提出要"建设长城、大运河、长征、黄河等国家文化公园"。大运河文化带建设，是党中央、国务院作出的一项重大决策部署，是河北省"两翼、两区、三群、六带"发展布局的重要内容。

第一节 河北大运河文化带概述

建设大运河文化带是以习近平同志为核心的党中央作出的重大决策部署，"河北大运河文化带"这一提法的提出实则丰富拓展着我们打量运河城市文化的维度和视角。运河是一条内河，但它并不是内向、封闭的，需要我们在传承的过程中使之"活化"，深入挖掘研究大运河文化内涵，形成统一开放的理论体系和话语框架，使大运河文化传播在新时期得以发展，在对其进行功能性重构的基础上赋予大运河文化遗产当下的意义。

自东汉末年曹操开凿白沟开始，至今发展成为连通着廊坊、雄安、沧州、衡水、邢台、邯郸六大行政区划的巨型区域条带，河北大运河涵盖着历史、地理纵深和时间、空间跨度。但从相当长一段历史时期来看，大运河存在着遗产保护压力大、传承利用质量较低、资源环境形势堪忧、生态空间挤占严重、合作机制缺位失效等问题，势必要形成一个多元融合的有机整体，以应对大运河传承与利用过程中可能出现的种种挑战。

2019 年 2 月，中共中央办公厅、国务院办公厅印发了《大运河文化保护传承利用规划纲要》，明确指出要按照"河为线，城为珠，线串珠，珠带面"的思路，构建一条主轴带动整体发展、五大片区重塑大运河实体、六大高地凸显文化引领、多点联动形成发展合力的空间格局框架。其中的一大特点是突出以文化为引领推动有关地区协调发展，把保护传承利用大运河承载的优秀传统文化作为出发点和立足点，打造璀璨文化带、绿色生态带、缤纷旅游带，推动大运河沿线区域实现绿色发展、协调发展和高质量发展。

河北大运河文化带是就在这样一个时间节点上的顶层设计，河北省内六大行政区划因大运河的贯穿而一线相连，反映到新时期新建设上，是为以大运河承载的燕赵文化为底色，综合开发利用，打造特色鲜明的燕赵文化展示带、古朴自然的原真生态景观带、古今交融的多彩全域旅游带及合作典范的协同发展示范带，使千年运河焕发生机，于新时代下延续文化价值，留存历史记忆。

水波动，文化兴。大运河河北段全长 530 千米，向上链接京津、向下接续鲁豫，流经廊坊、沧州、衡水、邢台、邯郸及雄安新区等地 21 个县（市、区），千百年来，留下丰富了文化遗产和形态万千的民风民俗。

在社会结构、生活方式等发生深刻变化的背景下，不断开辟多产业融合发展的路径，对于保护并增强大运河的生命力，维护并丰富人类文化的多样性具有深远意义。从运河沿线经济发展结构来看，河北省大运河沿线多是农村，农业人口稠密，经济社会发展缓慢，传统农业和工业是河北省运河沿线的主导产业，产业链条较短、附加值较低。而在乡村振兴战略的大背景下，将文化和旅游业作为综合性产业，文旅与其他产业再相融合，不仅可以形成文旅新业态，而且可以提高产业发展水平和综合价值，将产业链延伸向延伸，为经济社会发展注入新的活力。此外，还可带动沿线农村一二三产业走向综合发展的大格局，推动沿线乡村在产业、人才、文化、生态、组织等领域实现全面振兴。

从历史中走来的大运河给予河北深厚的历史文化荟萃，而其自身业也包蕴着足以迸发无限活力的文化因子。大运河自历史中走来，在冀蜿蜒五百多千米，本身就是一座文化遗产的宝库。其来源属性是漕运通道，除此之外还是古代丝、瓷、茶、盐贸易往来的通线。河北与运河相关的商贸外来、民风民俗、侠义武术、历代乡贤名臣及其文化成就等内容极为丰富。而从现实上看，河北省文化遗产聚合效应低，创造性利用和创新性转化方式有限，甚至也并未在经济发展方面进入第一梯队。所以面对大运河这样一个自带文化属性与经济属性的开发潜力无限的文化、自然综合体时，更应把握其价值，在保护、继承的前提下进行合理开发利用。对于人为划分的行政界限，要尽量避免其带来的束缚与掣肘，打破各自建设的封闭思维，以贯通思维打造一条大运河文化带，充分发挥能动性，以整合代替分割，以联动代替单行，打破区域、机构的限制，突破地域管辖视角，形成发展合力。发展河北大运河文化带，可谓势在必行。

第二节　河北大运河文化带发展特征

河北是大运河的重要节点省份，大运河河北段文化带建设与运河沿岸区域的经济社会发展、文化建设和生态建设紧密相连。得益于正确的顶层设计和科学落实，文化带的发展始终向好向善，始终坚持科学的规划引领，呈现出定位清晰、"三带"合一、集聚产业的显著发展特征。

一、定位清晰

大运河河北段内廊坊、雄安、沧州、衡水、邢台、邯郸六个市（区）一线贯之，各地区域定位与发展目标清晰，而各绽光彩，均着眼于其独特的发展优势和发展潜能，充分发挥其区域内的运河资源优势。

(一)廊坊

廊坊市与京津对北运河进行协同治理，到目前颇有成果。香河县运河文化公园建成并对外开放；由香河县政府主导的"北运河香河段生态综合整治项目"尚在建设，下一阶段将加快推进生态驳岸、安运桥核心区景观、滨水景观带等项目建设并随即开始第二阶段的工程建设。除此之外，香河县根据县域发展情况编制了乡村旅游发展规划，发力建设千亩紫薇园、荷花小镇等精品项目并由此串联起一条特色景观旅游线路。香河段的运河的文化之旅、生态观光之旅和美丽乡村之游三者融合，这些正促使北运河的生态文化体验带形成区域旅游新亮点。

值得一提的是，在2021年6月26日，大运河的北运河廊坊段实现了全线旅游通航，表明廊坊运河治理已取得初步成果，同时也给京津冀三地的旅游通航提出了新的阶段命题。

(二)雄安新区

雄安新区之于大运河文化带的建设发展主要在于生态修复层面，以白洋淀相连接，承担起对运河水污染治理与生态景观保护的责任，筑牢大运河文化带生态环境基底。以保护修复运河生态环境为抓手，推动开发与保护平衡、文化与旅游交融，服务打造大运河璀璨文化带、绿色生态带、缤纷旅游带。优化运河沿岸生态环境格局，以北运河、南运河、白洋淀——大清河和有水河段为重点，构建绿色生态廊道，推动大运河水域治理与生态修复。

对于用水、取水问题，雄安主张充分利用本地水源、非常规水源，对大运河沿线地下水的开采进行严格防控，通过跨区域调水补充流域内水量以确保大运河河道的水量正常。对于水污染问题，雄安采取提升城镇污水处理能力的举措，提高大清河、子牙河、黑龙港及运东流域内污染物清污水平，此外，还通过深入开展运河沿线工业污染防治、控制沿线农业面源污染、加强船舶码头污染治理、规范建设入河排污口等方式，深化进行水污染防治管控。对于生物多样性的保护，雄安进行流域内生物多样性档案排查，力求逐步恢复河道、湿地原生物种多样性，联动滦河、北运河、南运河、潮白河、永定河、拒马河、大清河、滏阳河、滹沱河等相连河流，加速构建区域绿色协调发展格局。

(三)沧州

沧州是运河流经的 18 个城市里流程最长的一座城市，253 千米蜿蜒运河在河北流经县市最多，沿线文化积淀丰厚。沧州市将打造"中国大运河文化重要的承载地"作为目标，努力建设生态景观带，使其具有富养、舒适的区域特色。

近年来，沧州市从文物修缮、考古勘探等方面着手，对沿线 176 处文化遗产和 375 个非遗项目进行勘察摸底，建立保护名录，加强对连镇谢家坝、泊头清真寺、吕宅、孙福友故居等重点文保单位的修缮，完成泊头沉船考古挖掘、郛堤城遗址考古勘探、南川楼建设工地新发现沉船抢救性清理。

在生态景观方面，沧州持续加大综合治理力度，加快形成"林水相依、绿廊相连、绿块相嵌、景色优美的绿色长廊"。在此基础上，实施河道治理管护、加强引蓄水管理等工程，运河沿岸"散乱污"企业全部清零，沿线 2814 个村庄全部实现生活污水管控，引黄引江水 1.8 亿立方米，实现运河全线有水。目前，该市全力推进大运河沿线绿化工程，努力构建独属于沧州的大运河绿色长廊。

"武术之乡""杂技之乡"的名号始终叫响在河北沧州。对沧州而言，武术和杂技就是他们运河文化的关键组成部分。大运河漕运发达，南来北往，也是官商走镖之路线，因此沧州镖行云集。明清时期，杂技艺人为求生存沿运河走南闯北，杂技文化也沿着这条河走出沧州，走向全国。侠武商贸的历史风韵也始终串联着沧州运河的古今，在今天运河文化带的建设上也没有失去其内涵。

2021年，沧县以"事在人为"精神为主题，结合水工文化、书法文化、历史文化，以明清皇家园林为基调，按5A级景区标准，建成了大运河水工智慧展御碑苑景区，形成以通波园、巡礼园、流光园、乾隆御碑、巡礼堂、宪示碑、捷地老闸等景点组成的"九园十八景"，成为大运河畔的"水利与人文荟萃地"，作为大运河国家文化公园的重要节点，亦是沧州大运河文化带要打造的"一带多珠"的核心景观之一。

（四）衡水

大运河衡水段的航行能力已经丧失，输水、泄洪和局部地区取水灌溉等功能堪堪尚存。面对运河水量困境，衡水市正在进一步推进运河生态涵养工程，推进绿化工程，使运河生态得到修复，使水资源得到保护。目前衡水市正依托全国重点文物保护单位——郑口挑水坝，通过建设大运河历史文化风情街区、大运河国家文化公园，重现"小天津卫"的历史风貌。

在大运河衡水段沿线县域中，景县积极落实全面实施乡村振兴战略的总要求和打造大运河文化带的重大决策部署，对运河本体进行修复和保护，打造集观光、体验、休闲三者合一的大运河生态景观带。相应地，通过对运河文化的挖掘和展示，传承和保护运河沿线的水运文化、治水文化和抗灾文化，使之具有地域文化和时代特色。景县以"运河古渡口、美丽新乡村"为主题，打造运河古村白草洼，正在加快建设白草洼村运河文化展馆。

故城县则重点打造了大运河国家文化公园(城区段)、大运河历史文化街区、游客集散中心等重点文旅项目，别出心裁地融将甘陵八景中"卫水飞帆""南埠商舻""斜阳古渡"三景与大运河景观设计相融合，使其在文旅项目的规划建设中彰显历史文化魅力。

阜城县深入挖掘运河沿岸3个乡镇的31个村庄的历史、人文、风物等文化元素，并与美丽乡村建设相结合。目前，古风梨韵小镇已成为精品文旅项目的代表，该县码头镇魏圈村还建成了我国首个村级运河文化博物馆——码头镇运河记忆博物馆，再现运河北方风情。

（五）邢台

邢台段大运河包含明清运河与隋唐故道，遗产资源多样，文化底蕴深厚。在邢台运河段存有相当丰富的文物遗存，仅在清河渡口驿至油坊段就发现大运河寺庙遗址、古村落遗址、古驿站、沉船遗址等7处。邢台努力打造古都家国片区，结合大运河历史文化价值特色和沿线的村镇分布，充分发挥大运河文化带对城乡空间的组织和优化作用，以卫运河为骨干打造大运河文化保护传承利用主轴，围绕隋唐故道(永济渠遗址)，构建永济渠历史文化走廊，细化临西、清河运河文化集群，形成"一轴、一廊、两核"的大运河邢台段总体发展格局。大运河邢台段与河北段一脉相承，传承了河北段大运河突出的河工文化、商贸文化、营城文化和原真的自然风貌。

建立和完善大运河邢台段分级分类保护名录和档案，进行大运河物质文化遗产资源信息调查，围绕因地制宜的河工文化、因河而兴的商贸文化、城河相生的营城文化、原生古朴的原生景观等历史文化价值特色，利用现代技术进行大运河物质文化遗产的信息数据采集整理。此外，对临清古城遗址、贝州故城遗址等进行文保规划和考古遗址公园规划的工作也已经提上日程。而对于非物质文化遗产项目，该市将实施传统工艺振兴计划，对具备一定传承基础和市场前景的非物质文化遗产项目，报进省传统工艺振兴目录，进行生产性保护，振兴大运河传统工艺。

（六）邯郸

邯郸段是北方大运河的发源地，物质文化和非物质文化遗产数量颇丰，在中国大运河文化体系中占有重要地位。丰富的考古成果和出土文物支撑着大运河邯郸段的历史底蕴。其中魏县依托大运河卫河，进行"梨乡水城——魏都"旅游品牌的树立，已建成了黄河水景观光带、民有湖风景区及环城生态水系。大名县编制《大名县大运河文化保护传承利用实施规划》，建设大运河文化园区，以"一剧、一廊、两规、两城、四镇"为重点推动项目，使产业、景观、城市平衡和谐、文化与旅游、农业与旅游产业相融的文化休闲名城。馆陶县编制了《大运河文化带建设规划》，绘制了《大运河重点工程旅游景区分布图》，大运河规划空间布局图，确定了"一廊、一带、两镇、多点"发展思路。

二、"三带"合一

河北大运河的文化带建设与发展始终保持着文化带、生态带、旅游带整体性的整体性规划保护，河北省始终通过统筹大运河文化、生态、经济等相关资源的合理开发利用，以文化为引领，推进文化旅游和相关产业融合发展，促进沿线区域经济高质量发展。

(一)文化带

大运河文化带建设修复、串联运河优秀文化遗产，保护、挖掘和阐释丰厚的优秀传统文化，传承弘扬优秀传统文化的价值内核，糅合时代活力因子，打造燕赵文化新高地。

沧州市区北部建设的中国大运河非物质文化遗产公园，该公园是经批准建设的国家级公园，项目总面积约3700亩，由园博园、中国大运河非物质文化遗产展示中心、沧州大化工业遗产提升改造区构成。该公园既是中国大运河国家文化公园重要组成部分，也是大运河沿线八省市非物质文化遗产的集中展示地。

河北省坚持加强文化保护和遗产保护，协调有形文化遗产的保护，确定和公布保护区和保护条例，实施文化遗产保护项目，建立文化遗产安全长期保护机制。加强对非物质文化遗产的保护，开展全面调查；保护周边历史风貌，严格控制要求，注意沿线绿化景观和建筑高度、建筑风格的协调。增强文化遗产的活力，构建多层次的展示体系，加强社会教育和技能获取，提升文化遗产的当代价值，深化大运河文化价值研究，发掘大运河历史底蕴，加强大运河的特殊文学和艺术创作。

（二）生态带

河北省在运河河道的治理方面，采取多重举措以改善通水通航条件，使水资源合理配置，推进旅游发展与河道通航；同时在防洪体系的优化和建设方面，提升运河防洪排涝水平，增强河道行洪排涝能力；推进岸线保护和设施管控，加强水利设施管控，强化岸线资源保护。另外，建设绿色生态廊道，优化滨河生态环境，提升生态空间管控；开展生态系统保护，恢复河道水生态骨架；提升综合治理力度，开展环境监测评估；推进水环境污染防治，进行重点单元污染防治，严格管控污染排放，强化污染应急处理。

在整体景观方面，提出"千里长堤绿廊"的建设理念，致力于塑造原真自然、景观优美的大运河河段，彰显"蜿蜒壮丽、雄浑大气"的河北段大运河风貌特色。在沿线景观上，提出塑造具有"燕赵风韵、古今同辉"特色的城镇村风貌，彰显河北传统建筑风貌特色，在承接历史记忆的同时体现新时代样貌。河北省还规划对大运河沿线 2 千米范围内的河道、河堤、土地利用、文化遗产、城镇、乡村及设施 7 大类 24 项景观风貌要素提出提升方案与改造措施。值得一提的是，沧州运河景观带市区示范段项目已于 2012年 10 月 18 日完成。

在空间格局上，大运河河北段突出 5 大精华片区景观特色。其中，廊坊香河段重点体现"京畿辅卫"景观风貌，雄安新区白洋淀及廊坊霸州文安大清河段重点体现"水乡风韵"景观风貌，沧州市区及吴桥段重点体现"侠武商贸"景观风貌，沧州东光及衡水景县故城段重点体现"世界遗产"景观风貌，邢台清河临西以及邯郸馆陶大名段重点体现"古都家园"景观风貌。

（三）旅游带

大运河河北段内，多人工弯道，原生态性的景观样态真实，沿岸有华北明珠白洋淀、吴桥杂技大世界、沧州铁狮子、东光铁佛寺、大名古城等高质量旅游资源，向来有"活着的遗产走廊与生态走廊"的美称。

大运河河北段依托大运河丰富的旅游资源，始终坚持出品高质量旅游产品，建设重点旅游项目，形成典型性的旅游文化片区，打造精品旅游线路，塑造河北文化旅游品牌。与此同时，在配套设施上，不断提升基础设施和配套设施服务水平，努力建立完善的水、陆交通体系，完善旅游公共服务配套；改善旅游发展环境。规范区域旅游市场秩序，提升旅游产品服务质量。推动文化与相关产业融合鼓励发展体育休闲产业，丰富休闲娱乐旅游产品，发展休闲农业和乡村旅游。使大运河旅游处于运河而又广于运河，最大限度地延伸大运河旅游的深度和广度，辐射县、市的众多旅游资源。

三、升级产业

大运河河北段将大运河文化带的现实功能放在主要位置，充分展示燕赵文化资源，发挥生态旅游、品质旅游的积极示范作用。积极推动产业融合与区域协同发展，实现流域内旅游扶贫、资源富民。沧州市依托运河历史文化，在运河区规划了小南门商业区，积极谋划大运河两岸的泊头、南皮、东光、吴桥等产业项目；廊坊市香河县编制了乡村旅游发展规划，大力建设千亩紫薇园、荷花小镇等精品项目，并由此串联起一条特色景观旅游线路。香河段的运河的文化之旅、生态观光之旅和美丽乡村之游三者融合，北运河生态文化体验带愈加成为香河旅游线上的新吸引点。此外，邯郸不断推进漳河文化园区等多个文化产业项目建设项目。邢台市则积极谋划了贝州古镇项目和运河水镇项目，捕捉运河文化实质内涵，提升产业水准。

河北省以优势传统产业、战略性新兴产业、现代服务业以及农林产业融合发展为重点，汇聚优质要素资源。促进产业集约化、链条式发展，引领地区经济的转型升级。培育河北省大运河高端服务产业带，坚持以市场为导向，众多从业者通过多种艺术形式和多媒体手段，外化大运河的内在的文化内涵。大运河沿线地区的文化创意产业前景光明，发展态势向好，推动大运河沿线各地的经济发展由要素驱动、投资驱动逐步向创新驱动转变，加快改造提升现有的传统产业，不断提高生产性和生活性服务业比重，积极引导产业有序转移，培育形成具有广泛市场竞争力的产业集群；推动大运河经济带的更高水平开放，不断增强在国内外市场上的竞争力。随着全球旅游模式的优化、产品创新、产业整合和服务改进，河北省始终注重因地制宜的大运河文化产业建设，努力走高质量发展道路。

第三节 建设亮点——大运河国家文化公园(河北段)

"国家文化公园"是一个全新的概念，表面上是公园，但又与传统的城市公园，以及以自然保护为主的国家公园存在实质上的差异。它的核心是"文化"，本质上是"文化工程"而不是单纯的实体的"建设工程"；同时又涉及大运河文化遗产保护传承、河道水体综合治理、生态环境保护修复、文化和旅游产业交融等诸多内容。在中国文化语境下建构和创新国家文化公园，要深刻认识其本质内涵、理论架构和实践原则。

大运河国家文化公园既是展现大运河运河文化的关键载体，优势文化传承、交流的良性媒介，对于沿线城市而言，更是蕴含丰富的历史文化资源、产业发展动力。建设大运河国家文化公园是"文化强国"的时代命题，是深入贯彻习近平总书记关于"大运河是祖先留给我们的宝贵财富，是流动的文化，要统筹保护好、传承好、利用好"等系列讲话、指示精神的重大举措，也是大运河文化带建设的"核心工程"。

早在 2017 年，中共中央办公厅、国务院办公厅印发的《国家"十三五"时期文化发展改革规划纲要》就明确提出，我国将依托长城、大运河、黄帝陵、孔府、卢沟桥等重大历史文化遗产，规划建设一批国家文化公园，形成中华文化的重要标识。2020 年，党的十九届五中全会通过了《中共中央关于制定国民经济和社会发展第十四个五年规划和二〇三五年远景目标的建议》，指出要"传承弘扬中华优秀传统文化，加强文物古籍保护、研究、利用，强化重要文化和自然遗产、非物质文化遗产系统性保护，加强各民族优秀传统手工艺保护和传承，建设长城、大运河、长征、黄河等国家文化公园"。

2019年12月5日，中共中央办公厅、国务院办公厅印发《长城、大运河、长征国家文化公园建设方案》，为进一步建设大运河国家文化公园、打造大运河成为中华文化重要标志提出了具体要求。国家文化公园根据文物和文化资源的整体布局、禀赋差异及周边人居环境、自然条件、配套设施等情况，结合国土空间规划，重点建设4类主体功能区：一是管控保护区，对文物本体及环境实施严格保护和管控，对濒危文物实施封闭管理，建设保护第一、传承优先的样板区。二是主题展示区，包括核心展示园、集中展示带、特色展示点3种形态。核心展示园由开放参观游览、地理位置和交通条件相对便利的国家级文物和文化资源及周边区域组成，是参观游览和文化体验的主体区。集中展示带以核心展示园为基点，以相应的省、市、县级文物资源为分支，汇集形成文化载体密集地带，整体保护利用和系统开发提升。特色展示点布局分散但具有特殊文化意义和体验价值，可满足分众化参观游览体验。三是文旅融合区，由主题展示区及其周边就近就便和可看可览的历史文化、自然生态、现代文旅优质资源组成，重点利用文物和文化资源外溢辐射效应，建设文化旅游深度融合发展示范区。四是传统利用区，城乡居民和企事业单位、社团组织的传统生活生产区域，合理保存传统文化生态，适度发展文化旅游、特色生态产业，适当控制生产经营活动，逐步疏导不符合建设规划要求的设施、项目等。①

从《长城、大运河、长征国家文化公园建设方案》的具体规划看，大运河国家文化公园建设范围包括京杭大运河、隋唐大运河、浙东运河3个部分，通惠河、北运河、南运河、会通河、中（运）河、淮扬运河、江南运河、浙东运河、永济渠（卫河）、通济渠（汴河）10个河段，涉及北京、天津、河北、江苏、浙江、安徽、山东、河南8个省市。在具体建设方案的

---

① 《中央有关部门负责人就〈长城、大运河、长征国家文化公园建设方案〉答记者问》，新华网，http://www.gov.cn/zhengce/2019-12/05/content_5458886.htm. 2019年12月5日。

规划指导下，大运河河北段沿岸将打造南运河、大清河 2 条国家级集中展示带，北运河、卫河等 3 条省级集中展示带，展现运河画卷，并重点打造"大运河非遗展示园、连镇谢家坝、大名府故城、雄安新区白洋淀"四大国家级核心展示园。依托胜芳古镇、吴桥杂技等代表性文化资源，打造 9 个省级核心展示园，体现大运河河北段燕赵文化价值和精神内涵。布局 31 个特色展示点，园、带、点交相辉映，开辟大运河发展新格局，描绘大运河河北段自然之美、人文之光。

　　大运河的保护传承利用以及文化带建设是一项庞大、复杂、多方面构成的系统工程，构建一套以法治为基础的、可持续发展的、操作性强的、能落地见效的保护传承利用机制刻不容缓。河北赋予大运河文化带新的内涵与时代机遇，河北大运河文化带的建立赋予河北对大运河新的传承形式与利用方法。近年来，河北省各地各部门坚持保护、传承、利用相结合的原则，落实在生态环境的保护修复上，文化遗产的保护传承上，历史文化内涵的认识解读上，扎实推进大运河文化带河北段建设。加强生态修复，改善人居环境，保护大运河的自然生态；抓好遗产保护，梳理历史文脉，挖掘运河实体背后的文化价值和精神内涵；谋划产业项目，推进文旅融合，提升经济效益，保障大运河的可持续发展。

第四章　河北大运河物质文化遗产保护历程

大运河以其广博的流域面积包纳各种形态的物质文化遗产，它们根植于燕赵人民的智慧创造与长期实践，经历史大浪淘沙般的磨洗。在河北一段，我们今天还能看到的包括大运河水运及其相关的古城、古镇、码头、仓储、船坞、闸所、墓葬、庙祠、石窟、石刻、茶庄、会馆、寺庙等各类历史文化遗存几十处，具有较高的历史、艺术和科学价值。

河北大运河物质文化遗产包括水利工程遗产、建筑遗产、遗址遗产、宗教遗产、古村镇遗产、古墓葬遗产等100多处。作为大运河文化遗产主体的水利工程遗产，遗产体系完整，涵盖河道、分洪设施、闸、坝、桥、险工、码头、沉船点等多种类型。目前已列入大运河河北段文化遗产名录的水工遗产点段共计32处，其中北运河(河北段)、南运河(河北段)、华家口夯土险工、郑口挑水坝、朱唐口险工、红庙村金门闸、连镇谢家坝、油坊码头遗址及险工、捷地分洪设施9处为全国重点文物保护单位，国保河段北运河、南运河长度270余千米。

2014年，中国大运河申遗成功，南运河沧州—衡水—德州段(长度94千米)、连镇谢家坝和华家口夯土险工"两点一段"被列入世界文化遗产名录。相关历史文化遗产涵盖了古遗址、古建筑、近现代史迹及代表性建筑、石刻等类型，共计42处，其中全国重点文物保护单位10处、省级文物保护单位11处。大运河物质文化遗产的合理利用有助于沿线城市丰富旅游文化资源，打造区域旅游特色，促进产业发展，而对于大运河本身而言也有利于遗产的可持续性保护。但如此丰富且具有极高价值的文化遗产在相当一段长时间内是处于被漠视的状态，大运河物质文化遗产的保护实则经历了相当一段长的历程，先是经历了被误解、被破坏的过程，后来才逐渐重新走入人们的视野，走入新时代的舞台。

第一节　初始阶段

河北大运河的衰落主要源于清末民国时期。自宋末（1128—1855）黄河改道江淮流路，从黄海入海，黄淮合流，因其违背自然规律，行水于地质隆起带，河堤决口频繁，水灾加重，明清两代谙水事者皆主张黄河应回山东故道。清乾隆年间即有孙家淦正式行文上书，山东故道"南有泰山之固，北有大清之畅，天造地设，无有善于此者！"清政府由于内忧外患久拖不决，1855年黄河决口自行改道山东。如何应对黄河这次重大变迁，清廷内部争论不休，有的主张让黄河重回江淮流路，有的主张就此固定在山东。清政府决断无能，致使黄河在鲁西地区自由漫流30余年，使该地区生产力遭到极大破坏，由此形成山东难民逃往东北的第一次移民潮。民国时期，军阀混战，不仅无暇顾及治黄治运，而且因其争夺地盘，经常破坏河事；直到日本发动侵华战争，更是无暇治河，只得任其停航。之后，伴随黄河改道，清政府颁布停漕改折令，最终导致京杭运河通航逐步走向以黄河为界、南北分制的状况。

新中国成立后，党和国家第一代领导人高度重视治水，曾下大力度进行京杭大运河复航工作。1956年，扬州高邮聚集着12万治水大军，扬州境内的运河河道弯狭，堤防破败，其灌溉、防洪、通航等能力难以满足人们的生产生活需求。故水利部批准了江苏省治淮总指挥部《里运河（西干渠）工程设计任务书》，以拓宽里运河高邮至界首段运河。镇国寺塔就位于工程范围内。这是一处七级四面木檐楼阁式的方形砖塔，高约35.40米。塔身一到三层为宋朝遗物，其余各层为明朝重建。对于这座唐代建成的古塔存留问题，人们进行了大规模探讨，最后周总理亲自批示"让道保塔"，1956年京杭大运河截弯取直，使大运河绕塔而过，镇国寺就成为河心岛上的一处古迹；1957 年 7 月 1 日，筑成了长 26.5 千米的高邮至界首的新东堤。"让道保塔"是大运河河道治理工作的一个插曲，但作为大运河物质文化遗产保护的一个典型实例，为接下的运河治与遗产保护的实施举措树立了示范。如何平衡文物遗存保护问题与运河河道治理问题，给运河全线提供了范例。即使在当时百废待兴的情况下，政府也将复航这一问题列入位山治黄枢纽工程的建设内容。但位山工程由苏联专家设计，他们不了解中国国情，更不了解黄河的河情，复航方案采取了黄河与运河平交的设计，结果因黄河泥沙太多、淤积运河河道，使复航计划遭到失败。

高邮治水同年，遥遥千里外的邢台清河正在面临一场突如其来的水灾。时值夏末秋初，邢台地区连降暴雨，多日不停。清河周边的卫运河、清凉江、赵王河等河流水位急剧暴涨。下游泄洪阻塞，情形危急，在组织了数千名群众对大堤进行封顶夯坡的情况下，洪水仍迅速地急流漫灌进全县，造成了惨重的伤亡。20 世纪 70 年代，南运河、大部分的北方运河已经断流或间歇性断流，南运河沧州至德州段河道水源稀少，运河的泄洪排涝成为主要功能。20 世纪八九十年代，由于运河两岸工厂林立，人口稠密，运河水质受生活污水及工业废水影响，严重恶化，甚至连运河水上游项目也被迫停止。

沧州运河于 1965 年首次被切断，此后水量逐年减少，几乎干涸。自20 世纪 70 年代起，沧州运河就没有了输水能力，但它在南水北调和引黄入津方面仍然发挥着重要作用。从 1972 年到 2005 年，沧州运河九次向天津输水总计约为 33 亿立方米。20 世纪 80 年代以来，随着上游用水量的增加和工农业生活污水的大量排放，干旱、断流和生态环境恶化已成为北运河流域面临的主要问题。

虽然沧州文物部门从 20 世纪 80 年代就曾开展过保护运河两岸的文化和文物的行动，如对赵兵部墓、马厂炮台、沧州文庙、沧州清真北大寺、捷地乾隆御碑、娘娘庙碑、张焘墓、泊头清真寺的保护，但效果甚微。而且由于经济建设造成的水体污染和土地侵占，导致一批相当数量的码头、水坝、渡口、沉船点等沿线物质文化遗产被人为破坏，造成了不可逆转的影响，许多不可移动文物也因时间久远而走向消失。

可以说在 20 世纪 80 年代以前，河北对运河的重视程度和保护意识都相对较弱，更多的是重视大运河的通航、防涝灾、灌溉的水利功能。虽然国家层面具有保护运河物质文化遗产的初步意识，但重视程度远远不够。70 年代区内大运河相继大面积断航后，大运河原有的水利功能更是消失殆尽，对其文化遗产保护也相应地减弱。受限于当时国家的经济状况和政治环境，对于河北大运河的整体治理和文化遗产保护也是不现实的，而这种情况不仅仅限于大运河文化遗产保护上，全国重要的物质文化遗存如长城亦是如此。所以这一阶段，不但大运河河北段运河本体多处断流，文化遗存也多有毁损。

第二节　重视保护阶段

改革开放后，经济相对发达的江南地区率先开始对大运河进行全面的保护。无锡对运河的保护始于 20 世纪 80 年代，这在全国运河沿线城市中是最早的。自 1987 年起，无锡市开始逐步进行运河沿岸的产能革命，淘汰、关停了运河两岸高污染、高耗能工厂。与此同时，将河道分为若干段，进行清淤截污，动向换水，修复沿线水域。特别是无锡市实施首创的"河长制"后，全市大小河道水质指标持续改善，巩固了运河的生存根基。20 世纪 80 年代，江苏省的无锡、苏州、扬州等市均开发了古运河旅游项目，并于 1981 年 4 月开辟了全长 220 千米的苏州—扬州大运河旅游专线，无锡即是中国最早开辟大运河旅游市场的城市。

特别是南水北调东线工程的实施，使得河北大运河保护建设进程的步伐进一步加快。多年来，各级政府和部门投入了大量的财力和人力资源来拓宽运河，1995 年，京杭运河被列入国家两横两纵内河航运发展规划；1997 年，江苏省 208 千米(即苏南运河)建设顺利完成，济宁至山东泰尔 168 千米三级航道扩建工程于 2000 年正式通航；2003 年，被切断了一个世纪的运河重新开放；2004 年，经过五次大规模改造，京杭大运河承担了中国东部大部分电煤运输任务，成为世界上最繁忙的运输通道之一。

1986 年，早已加入联合国教科文组织世界遗产公约的中国开始申报世界遗产。但当时很多人认为，大运河还在使用，还在变化，因此不能算作文物。公众的不认可和忽视使得大运河申遗久久推迟。可以说，我国对大运河的重视保护伴随着大运河世界文化遗产的申报之旅。

2007 年 9 月，大运河申报世界遗产工作启动。2008 年 3 月，邯郸市成为大运河申报世界遗产 33 个联盟城市之一。为了使水利、环保、国土资源、建设及南水北调办公室等多个部门协同工作，提高管理效率，2008 年 12 月，沧州成立河北省大运河联合申遗办公室，终于将诸多部门职能汇合，解决了很多大运河工作上的问题。2009 年 12 月，河北省文物局设立河北省大运河联合申遗办公室。

2012 年 8 月 14 日，《大运河遗产保护管理办法》公布，于当年 10 月 1 日实施，8 月 23 日，《中国大运河河北段遗产保护规划》经国家文物局同意并由河北省政府批准公布实施。运河河道、与大运河有关的村镇名称、非物质文化遗产、传统技艺等也被列入保护规划范围内，大运河形成一条线性的文化遗产长廊，这也标志着河北大运河文化遗产保护步入正轨，进入重视保护阶段。

2013 年 3 月，扬州会议最终确定大运河申报世界文化遗产"首批遗产点段"名单，河北境内大运河沧州市东光县谢家坝、衡水市景县华家口夯土险工、南运河沧州至德州段河道三处作为河北省的文化遗产将作为入选项目。同年 8 月份，它们代表大运河河北段接受世界遗产委员会专家现场评估，并获得了一众专家的肯定。

2014 年 6 月 22 日，在卡塔尔多哈召开的第 38 届世界遗产大会上，中国大运河被正式列入《世界遗产名录》，成为我国第 46 个世界遗产项目，就此中国大运河文化的传承、保护、利用已经提升到现代性和全球化的高度上，古老的大运河真正开启了在 21 世纪的世界文化遗产进程。

东光连镇谢家坝——吴桥第六屯段河道，以及连镇谢家坝遗产点被列入世界文化遗产。谢家坝位于沧州东光县连镇、南运河东岸，坝体长 235

米，厚3.6米，高5米。谢家坝建于清朝末年，牵头人是一名谢姓的乡绅，从南方大量购进糯米，动用大量人手用糯米熬汤，再将白灰与泥土用糯米浆混合逐层夯筑。河北省文保部门按当年工艺对大坝进行修补，用了约2万斤糯米。华家口夯土险工位于南运河左岸、衡水景县华家口村，修建时间为清代宣统年间。2012年景县曾对华家口夯土险工进行修缮保护工作，坝体采用三七灰土加糯米浆夯筑而成，耗用百余袋糯米。国内外考古界的专家认为，谢家坝和华家口这两段大坝是中国考古的一个重大发现，再现了中国近代在漕运水利设施中夯筑的先进工艺。

2014年8月水利部海河水利委员会制定了海河流域重点河段岸线利用管理规划，明确了卫河、卫运河以及南运河四女寺枢纽至冀鲁界段岸线利用区划。河北省大运河涉及河流划定9个水功能区，分别为卫河邯郸缓冲区、卫河邯郸开发利用区，卫运河冀鲁缓冲区，南运河南水北调东线调水水源地保护区，北运河廊坊缓冲区，大清河保定、廊坊开发利用区、廊坊缓冲区，赵王新河沧州、廊坊开发利用区。

第三节　开发利用阶段

大运河"申遗"时代的研究已经回答了大运河的普遍价值及保护底线问题。如何平衡世界文化遗产的保护、传承与开发的关系，是"后申遗"时代下大运河文化带建设要解决的关键问题。后申遗时代，大运河自身文化价值及衍生价值被越来越受重视，也被挖掘得越来越深刻。对于大运河文化，保护是第一步，开发利用才是最好的传承保护。2017年2月和2017年6月，习近平总书记在考察大运河的过程中作出了两次重要批示，为推进大运河文化带发展指明了方向，也使大运河文化带发展上升为国家发展战略。自此以后，河北大运河的开发利用进入新的阶段。

在有形遗产方面，最重要的是保护大运河本体、重要遗迹和两岸重要遗址。为了更好地了解运河早期遗址以及从白洋淀到大运河的部分地区的文物，2018年，河北省文物局加强了对河北大运河遗产的研究和保护，并组织邯郸市、邢台市对永济运河遗址进行了勘探和试挖，河北省文物研究所对大清河流域文物资源进行了调查和考古发掘。

2019 年 2 月，中办、国办印发《大运河文化保护传承利用规划纲要》。该规划纲要按照高质量发展要求，从国家层面为新时代大运河文化保护传承利用描绘了宏伟蓝图。

为更好推进河北省大运河文化保护传承利用，进一步坚定文化自信，打造燕赵大运河文化高地，充分彰显河北段大运河蜿蜒壮丽、雄浑大气的燕赵雄风，统筹推进河北省大运河文化保护传承利用工作高起点规划、高标准建设，河北省制定了《河北省大运河文化保护传承利用实施规划》，并编制了配套实施方案，涵盖文化遗产保护传承、生态环境保护修复、河道水系治理管护、文化和旅游融合发展、交通体系建设和土地利用等领域，构建起"1+6+1"省级规划体系，即"1 个实施规划，6 个专项规划和 1 个景观风貌规划"，全面推进河北段大运河的保护传承利用。规划体系按照国家《大运河文化保护传承利用规划纲要》要求，落实编制《河北省大运河文化保护传承利用实施规划》作为总体纲领。在此基础上，形成《文化遗产保护传承专项规划》《河道水系治理管护专项规划》《交通体系建设专项规划》《生态环境保护修复专项规划》《土地利用专项规划》及《文化和旅游融合发展专项规划》6 个专项规划及实施方案。《河北省大运河整体景观和城市建筑风貌规划》作为全国率先编制的省级层面的大运河景观风貌控制引导规划，受到国家发改委的高度肯定，是省级层面对统筹推进大运河保护建设的重要探索。

《河北省大运河文化保护传承利用实施规划》于 2020 年 1 月 8 日由中共河北省委办公厅、省政府办公厅印发实施，根据《河北省大运河文化保护传承利用实施规划》，在功能定位方面，河北省将在大运河河北段打造特色鲜明的燕赵文化展示带、古朴自然的原真生态景观带、古今交融的多彩全域旅游带及合作典范的协同发展示范带。不搞大开发，着力强化文化遗产保护传承，着力推进河道水系治理管护和生态环境保护修复等，加快形成"一轴、两廊、五区、多集群"的河北省大运河文化带总体发展格局。

根据河北省大运河"1+6+1"省级规划体系建设要求，到 2025 年，各类文化遗产保护实现全覆盖，大运河河道水系正常年份全线有水，河道生态水量基本得到保障，河道水生态环境明显改善，适宜河段实现旅游通航。绿化生态廊道建成，建成一批代表运河特色文化的旅游示范项目，形成河北省大运河文化旅游统一品牌。到 2035 年，河北段大运河文化遗产实现科学保护、活态传承、合理利用，大运河河道水系正常年份全线通水，河道生态水量得到有效保障，生态环境根本改善，文化旅游品牌影响力显著提升，河北省大运河文化带作为文化生态发展走廊全面建成，与大运河沿线各省(市)共同打造形成世界知名的"千年运河"文化旅游品牌。

河北省大运河文化保护传承利用系列规划和实施方案正式颁布实施，标志着河北省大运河保护传承利用已进入全面实施阶段。

河北省文化和旅游厅印发《河北省旅游业"十四五"发展规划》。该规划指出，"十四五"期间，河北省将以全域旅游和质量强旅理念为引领，以京津冀协同发展空间格局为框架，以自然肌理、文化脉络、市场圈层、交通体系、产业布局等为因子，优化旅游发展格局，构建"一体、两翼、六带、多区"的旅游布局，其中"六带"之一即是大运河文化旅游带，以廊坊、沧州、衡水、邢台、邯郸为重点，突出河北省大运河挽京通海的区位优势、独具特色的水工文化和丰富多彩的非物质文化遗产，大力推动保护好、传承好、利用好大运河历史文化生态资源，力争建成"挽京通海"重要连接带、运河水工精华展示带和中国武术杂技传承创新示范带，打响"千年运河燕赵雄风"文旅品牌。

2021 年 3 月 5 日，河北省文物局印发《河北省大运河文化保护传承利用实施规划——文化遗产保护传承专项规划》，指出包括北运河、南运河、卫运河、卫河、永济渠遗址，以及运河与雄安新区白洋淀连通的大清河——白洋淀水系主河道，在"河为线，城为珠，线串珠，珠带面"的总体思路指导下，结合大运河河北段文化遗产价值特色及村镇分布特点，构建"一轴、两廊、五区、多节点"的河北大运河文化遗产保护传承利用发展格局。"一轴"是指大运河文化遗产保护传承利用主轴。"两廊"是指大清河文化遗产廊道、漳卫河文化遗产廊道。"五区"是指京畿辅卫片区、水乡风韵片区、侠武商贸片区、世界遗产片区及古都家国片区；"多节点"即各片区突出价值特色的节点。在大运河河北段的五大片区内，设置五处大运河文化专题博物馆。京畿辅卫片区利用现有的香河文博馆，丰富香河段大运河文化及价值的展示内容；水乡风韵片区选址在胜芳镇，利用现有的文物建筑和历史建筑，进行主题展示；侠武商贸片区利用沧州市博物馆大运河展厅，提升展陈内容进行主题展示；世界遗产片区利用现有民居加以提升改造进行水利科技为主的主题展示；古都家国片区与大名府故城考古遗址公园相结合，利用其建设的博物馆进行主题展示。2021年10月，《河北省大运河文化遗产保护利用条例（草案）》，经河北省委常委会、河北省政府常务会审议通过，将以省政府议案形式提请省人大常委会审议。这标志着河北省大运河文化遗产保护利用工作又迈出关键一步。

对于河北大运河物质文化遗产的开发利用，大致有以下三种阐发形式：

一、深化文化价值研究

在京畿辅卫、水乡风韵、侠武商贸、世界遗产、古都家国五大文化主题的基础上，从水利规划、水工技艺、原生态风貌等多个角度，深入开展五大核心价值的保护研究工作，开展运河水工遗存和附属遗存科技保护研究，提高大运河遗产保护技术水平。各级文化文物部门应把大运河历史文化研究工作作为一项重要任务，集中文物保护、非遗保护、考古、历史、地方志编纂等方面的专业人才，全面开展系统的文化价值研究工作，挖掘和弘扬大运河千年文化的当代价值和时代特色，为文物资源调查、保护、考古、展示工作提供坚实支撑。组织实施一批重点研究课题，推出更多优秀科研成果，加快研究成果转化，为展示推广大运河文化提供坚实支撑。另外，还需建立与京津鲁豫等相邻省市的大运河研究力量的联络机制。

二、加强专题文艺创作

深入挖掘大运河沿线历史人文资源，通过戏曲、音乐、舞蹈、话剧、音乐剧、美术等多种艺术形式创作一批反映大运河悠久历史、灿烂文化和美好未来的艺术作品，通过芦苇画、石影雕、阜城剪纸等艺术形式，开展新时代大运河主题美术作品、摄影作品等各类体裁的采风创作活动；通过河北特有的哈哈腔、民间音乐会等艺术形式，创作讲述运河故事的曲艺作品，传承运河文脉，生动展现运河历久弥新的生产生活故事。

三、讲好大运河故事

加大对运河商贸、历史名人、传统技艺、民间戏曲、宗教文化等的研究阐释，从漕运盐运历史、南北文化交流、运河商帮文化、镖局票号、水乡风韵、码头城镇兴衰、中外文化交流等方面，讲述大运河河北段水上文明史，展示大运河在融合多元文化发展、推动南北经济交流，促进沿线城市繁荣中的积极作用。加强对大运河人工弯道、险工、减河等水利工程科学文化价值的挖掘整理，讲述传播中国古代水工智慧与天人合一的自然生态理念。通过文学、绘画、舞蹈、话剧、纪录片及电影等多种文艺形式讲述运河故事，深化全社会对大运河文化的认知，切实增强文化自信，弘扬运河文化精髓。搜集与运河相关的见闻、回忆、民谣、传说、风俗民情、民间文学、民间艺术等历史故事。运用新观念、新思路、新方法，多层次、多角度开展运河故事研究，挖掘千年运河文化在现代社会的适应性价值，点燃大运河的"时代新火"。

近年来，河北大运河沿线各段对物质文化遗产的利用都将其历史价值与文化价值发挥到最大，与现代旅游业相交融，集中发力构建了具有浓郁区域文化特色，彰显自身运河优势的发展路径：

（一）廊坊

2021年5月，廊坊市人民政府印发《廊坊市大运河文化保护传承利用实施方案》。而廊坊所处在的北运河香河段有一处全国重点文物保护单位——红庙村金门闸遗址。廊坊市对其深入挖掘梳理，查阅大量史料文献，在金门闸遗址建设完成了香河金门闸水利展示馆，成为下一步对外宣传运河水工文化的重要窗口。受益于京津冀协同发展战略的实施，廊坊市与京津协同进行北运河治理工作，其中利用国家专项资金 300 万元完成了红庙村金门闸维修工程，并坚持开展常态化北运河保护专项巡查。近两年关停排污企业 5 家，处理违规挖沙掘堤案件 13 起，有效保护了北运河风貌。

作为廊坊境内唯一运河流经的县，香河县聚焦保通航、塑风情、兴文旅三大重点，深入挖掘整理运河文化遗产，谋划建设运河文化特色小镇，加快构建"通航引领、产业带动、文旅融合、全域发展"的北运河旅游通航发展新格局。2021 年 9 月 26 日，京杭大运河北运河的香河段实现了全线旅游通航，此次旅游通航，香河县共设置了 5 座码头、6 艘游轮，每天可运送游客 3500 人次。按照和北京通州区的规划对接，2022 年 9 月实现北京副中心和河北香河旅游通航，实现从香河县坐船到达北京副中心。

(二) 雄安新区

设立河北雄安新区，是以习近平同志为核心的党中央作出的一项重大历史性战略选择，是千年大计、国家大事。雄安新区位于大运河河北段的核心区域，《河北雄安新区旅游发展专项规划 (2019—2035 年)》提出，要推动雄安新区建设文化和旅游有效融合、全域旅游管理体制改革和生态旅游创新发展的先行先试区，建设中国旅游业高质量发展示范区、京津冀有重要影响力的国际旅游目的地、世界著名旅游城市，这就意味着大运河河北段将成为践行中国特色社会主义先进文化的实验区与先行区，成为整个大运河文化和旅游高质量发展的新样板与引领极。雄安新区境内的大清河、白洋淀是河北段内重要的组成部分，同时担负着对接京津大运河文化带的重任。在河北省《河北省大运河文化保护传承利用实施规划——文化和旅游融合发展专项规划》中，对于雄安新区内的大运河文化资源，重点利用其原有的区域文旅品牌优势，针对河北城市居民及京津游客旅游休闲的巨大市场需求，注重"一日游""周末游""2.5 日游"等热门旅游线路产品的开发培育，重点打造运河城市历史文化体验和休闲旅游线路产品。雄安水乡风情之旅城市运河旅游线路就是其中较为重要的一条线路，规划中要求尽快完善一日游"食、住、行、游、购、娱"体系，并向两日及以上深度游、专题游跨进。

在政府规划中涉及雄安新区的主要是两条运河主题线路：一为雄安水乡新城之旅，即雄安新区市民服务中心—白洋淀景区—大清河文化长廊—千年秀林—大清河湿地公园。规划相邻省市间跨区域旅游主题线路，通过线路连通、主题标识设计、主题系列展示、主题活动组织等多种方式营造文化主题突出、印象深刻的主题线路，实现区域联动、协同发展；一为打造雄安—廊坊—天津"大清河生态水乡之旅"主题旅游线路，该主题旅游线路主要包含白洋淀、雄县大清河文化长廊、文安赵王新河省级湿地公园、霸州中亭河京南水乡、中清河文化景观带、武清北运河休闲驿站郊野公园、杨柳青古镇、杨柳青古镇风情街、紫御园等。

在此期间，雄安新区作为中国生态文明建设样板，对于白洋淀生态修复保护更视为重大政治任务、重大生态工程、重大民心工程。雄安新区先后出台《白洋淀生态环境治理和保护规划（2018—2035年）》《白洋淀生态环境治理和保护条例》，坚持污染治理与生态修复并重，抓重点、补短板、强弱项，确保完成各项目标任务，坚持做好"水文章"、营造好"水生态"、塑造好"水文化"，努力将白洋淀打造成为北方水乡文化样板和展示新区形象的重要窗口。

（三）沧州

沧州大运河段总长215千米，是全国流经里程最长的城市。2021年以来，沧州市以沧州大运河文化带建设总体指导思想为指导，紧密对接国家、省上位规划，对全域215千米统一规划、统一标准、统一风貌，对中心城区31千米运河沿线整体规划设计，全市形成了以《沧州市大运河文化保护传承利用实施规划》为总纲，以生态环境保护修复、交通体系建设等专项规划为支撑的"1+6"全域规划体系。在此基础上，沧州市提出将大运河作为城市精彩中轴线、建设运河文化名城的发展思路，将大运河规划与城市更新有机结合，加快推进园博园、大化工业遗存改造提升、大运河非物质文化遗产展示中心、大运河非物质文化遗产服务中心、中心城区大运河生态廊道、南川楼片区改造、百狮园等一系列专项规划和城市设计，形成中心城区完整规划系统，通过打通运河绿廊、促进城河互动，推进城市转型升级，再现运河繁荣盛景。

沧州市围绕运河两岸生态环境，积极打造运河生态景观带，开展水质提升和边坡治理，完成全域河道清淤和岸坡护理，引蓄上游水源 1.8 亿立方米，实现运河全线有水。吴桥、沧县、青县等大运河沿线 8 个县(市、区)精心打造总投资 51 亿元的 18 个特色文旅项目，全力打造 215 千米运河文旅景观带，推出"运河古郡·匠心传承之旅"等旅游精品线，着力打造大运河文化保护带、生态景观带、全域旅游带和特色产业带。2021 年 9 月，大运河吴桥段 9 个运河驿站全部建设完工，驿站综合运河沿线的历史底蕴、人文典故、区位节点等元素建设，全线衔接吴桥运河绿道，展示运河沿线乡村的特色风情，成为带动运河沿线经济、环境、文化、旅游综合提升的一张靓丽名片。

(四)衡水

衡水市积极推动大运河文化带建设，建立完善规划体系，出台了《衡水市大运河文化保护传承利用实施规划》《衡水市大运河文化保护传承利用实施方案》。目前，衡水市已经实施了 39 项大运河文化保护传承利用暨大运河国家文化公园规划建设重点工程项目，同时，开展文化遗产保护、治理大运河及周边环境、推进大运河清淤、推进文旅融合发展等工作。重点依托全国重点文物保护单位——郑口挑水坝，打造大运河历史文化风情街区，再现昔日"小天津卫"的繁荣景象。故城县重点打造大运河(故城)国家文化公园、大运河历史文化街区、游客集散中心等重点文旅项目，其中大运河(故城)国家文化公园将甘陵八景中"卫水飞帆""南埠商舻""斜阳古渡"三景与大运河景观设计相融合，在文旅项目的规划建设中彰显历史文化魅力。衡水市还依托西汉经学大师董仲舒故城讲学，以及《中山狼传》作者马中锡等历史文化名人提出的"大儒运河"概念,打造衡水董子故里文化旅游和儒学学术交流基地;以打造独具特色的董子文化示范区为目标,形成产业帮扶、村民福祉、组织培训等于一体的文旅振兴乡村新模式,具有历史文化传承的社会主义新农村样板。

衡水市积极推进大运河沿线3县1626个村庄生活污水管控全覆盖,加强沿岸绿化美化,有效改善了生态环境。在省级层面,正积极推动"通武廊"运河休闲旅游线建设,以运河为纽带,打造跨省域的运河旅游大环线。2020年第四届衡水市旅游产业发展大会就推荐了这样一条旅游路线"故城大运河历史文化风情街区——东大洼生态休闲旅游区——以岭康养城——董子故里文化旅游园区——周亚夫文化园——景州舍利塔景区——阜城湖生态风景区——纪庄红色小镇——刘老人村——大龙湾——华家口运河文化村"。可见,该市将物质文化遗产的开发利用与现代其他形态的旅游相结合,以大运河文化为主线打造线路输出。

(五)邢台

大运河(邢台段)明清运河与隋唐故道并存,遗产资源多样,文化底蕴深厚,在邢台运河段有丰富的文物遗迹,仅在清河渡口驿至油坊段就发现大运河寺庙遗址、古村落遗址、古驿站、沉船遗址等7处。

2021年,邢台市政府印发了《邢台市大运河文化保护传承利用实施规划》,以大运河流经的临西县、清河县为重点区域。在"河为线,城为珠,线串珠,珠带面"的总体思路指导下,着力打造古都家国片区,结合大运河邢台段历史文化价值特色及村镇分布特点,充分发挥大运河文化带对城乡空间的组织和优化作用,以卫运河为骨干打造大运河文化保护传承利用主轴,围绕隋唐故道(永济渠遗址),构建永济渠历史文化走廊,细化临西、清河运河文化集群,形成"一轴、一廊、两核"的大运河邢台段总体发展格局。

"一轴":卫运河文化保护传承利用主轴。以流经邢台市的卫运河为骨干,充分发挥线性串联和综合展示功能,打造河道水系修复、生态景观优美、文化旅游亮点众多、交通便捷畅通、配套服务健全的大运河文化带主轴，实现大运河水域、岸线及沿岸珍贵文化、生态、景观等资源要素点带汇聚、有机组合和高效匹配。

"一廊"：永济渠历史文化走廊。以邢台市境内的永济渠遗址为廊道，开展永济渠考古勘探工作，摸清故道遗存情况，依托故道建设遗址展示文化休闲绿色廊道，并沿故道两侧建设临清古城遗址公园、贝州故城遗址公园等，展示运河故道、故城深厚历史文化内涵，以龙潭寺、尖冢镇为空间载体，集中展示非物质文化遗产。临西县重点打造北湖公园运河文化项目、尖冢镇龙潭村非遗小镇；清河县恢复部分隋唐故道景观，形成环城公园，并与临西县城的北湖公园相连，形成完整的绿地景观和历史文化展示体系。

"两核"：清河运河文化展示核心及临西运河文化展示核心。清河运河文化展示核心以油坊码头（月堤）与朱唐口险工约 4 千米的河段为展示重点，着重展示文化遗存、古代水运名镇遗址及其水工设施，突出因地制宜的古代北方河工水利技术和河北大运河水工文化主题；临西运河文化展示核心以陈窑遗址、八里圈清真寺、丁家码头、尖冢码头为展示重点，活化利用沿途物质与非物质文化遗产，展示因河而兴的运河商贸文化和崇德尚武的人文特质，彰显运河重镇的历史文化底蕴。

（六）邯郸

2021 年，邯郸市政府印发《邯郸市大运河文化保护传承利用实施方案》，方案中明确：到 2025 年年底，完成邯郸市大运河文化遗产名录的梳理与甄别。王占元故居等重点文物修缮和永济渠故道考古工作基本完成，大名府故城考古遗址公园启动建设，并完成申报国家级考古遗址公园。卫河、卫运河邯郸段主干河道治理工作基本完成，馆陶段、大名段基本实现旅游通航。大名府、邺城、彭城等重点组团建设工作基本完成，邯郸市大运河文化带总体格局基本完成。

到 2030 年年底，邯郸市大运河文化遗产基本实现全面保护。馆陶县中心城区—徐万仓村、大名府故城—金滩镇—营镇两段实现旅游通航,邯郸市大运河生态廊道、规划交通道路基本完成,堤顶路全线贯通。美丽乡村与特色小镇生态环境明显改善,公共服务设施建设基本完成。大名府、邺城、彭城等13个文化组团工程项目全部建成,邯郸市大运河文化品牌初步显现。打造邯郸市特色运河主题旅游线路,包括运河历史文化研学游、生态观光游、风情体验游,以及馆陶县、魏县、临漳县和大名县历史文化游等特色微旅游线路。

到2035年年底,邯郸市大运河文化遗产基本实现科学保护、活态传承、合理利用,传承及展示利用项目全面建成、有序开放。生态环境得到根本改善,绿色生态廊道、交通体系全面建成。邯郸市大运河文化产业呈现全新发展格局,形成邯郸市大运河文化品牌。

邯郸市馆陶县充分发挥古运河最长、最古老、保存最完好、距离县城最近的优势,确定了"一带一镇"工作思路,围绕运河段、运河城、运河人、运河产业、运河故事,充分挖掘陶山老街历史文化底蕴,以打造"大运河畔历史文化名镇"为突破点,全面提升老城区品位,既要建成县城一大亮点,又主动融入"卫运河生态文化带"建设之中。对馆陶县永济水镇、大名县大名运河古城旅游区、魏县梨乡水城风景区等现有文旅项目进行提质升级。聚力打造大名宋府名城旅游区、邺城国家考古遗址公园两处国家级文旅产品。

邯郸市大名县是大运河河北段的文化重镇,该县结合大运河沿线资源分布和未来产业发展前景,规划了"一带、两城、四镇、多节点"的运河文化带发展格局,即统筹推进大运河文化旅游产业带建设,打造大名府故城国家考古遗址公园、大名府明清古城文化旅游区,推进艾家口古镇、龙王庙古镇、金滩古镇、营镇古镇建设及特色景区点建设。在发掘保护中恢复历史仿冒,是大名文化旅游城市建设的重要工作目标之一。该县历史遗存空间清晰,建筑整体风貌、空间尺度保存较为完整,地方建筑特色浓厚。自2009年以来,先后对明清古城城墙、内环城马道等进行了修复。持续组织开展大运河文化资源调查工作,面向全县征集传统技艺、民间戏曲、漕运历史及与运河有关的民间文学、传说民谣、回忆见闻等,挖掘整理大运河文化遗产。同时,积极推进大名府故城遗址、永济渠旧址考古勘探发掘,修缮复建明清古城历史风貌,将大运河文化遗产与其他文化遗产并举保护,将大运河物质文化遗产与非物质文化遗产并举保护,使得大运河物质文化遗存不致失去历史环境生态与跨越时代的具体阐释。

第五章　河北大运河物质文化遗产分析

大运河河北段文化特色鲜明，资源赋存丰富，景观风貌自然，战略区位突出，是燕赵文化和中华优秀传统文化的重要载体、承接京津冀协同发展的重要纽带、高质量建设雄安新区的重要支撑、展示北方运河文化特色的重要窗口，是中国大运河极其重要的组成部分。大运河河北段作为京杭大运河流域中重要的组成部分，从东汉末年曹操开凿白沟开始，历经上千年的历史积淀，产生了众多具有珍贵价值的文化遗产，涉及经济、政治、文化、军事等多个领域，这些文化遗产极大丰富了沿岸居民的文化生活，见证了沿岸社会生活的发展和变迁，在当今对河北段物质文化遗产进行调查分类，对沿岸文化遗产的保护和传承具有极大的意义。

第一节　河北大运河物质文化遗产构成分类

大运河河北段内河道、分洪设施、险工、水闸、桥涵、码头及沉船点遗址等遗产丰富，有大运河水利工程遗产32处，其中南运河沧州-衡水-德州段、连镇谢家坝、华家口险工"两点一段"被列入世界文化遗产，成为河北省第四处世界文化遗产；北运河、南运河、华家口夯土险工、郑口挑水坝、朱唐口险工、红庙村金门闸、连镇谢家坝、油坊码头遗址及险工、捷地分洪设施9处被列入全国重点文物保护单位。而除了运河本体及水利设施类文化遗产外，大运河河北段沿线还保留由众多其他类别的物质文化遗产，根据河北省大运河文化产业研究院《河北省大运河物质文化遗产档案丛书前期调研资料——流淌的精神家园》和统计资料补充整理，得出沿线各市区物质文化遗产总计 116 处，可按照不同类别进行八大内容分类（见表 5-1）。

表 5-1 　　　　　　　　　河北大运河物质文化遗产分类

序号	基本类型	具体名称	比重(%)
1	运河本体类	南运河、卫运河、卫河、永济渠、大清河·白沟引河入淀口、白洋淀、北运河	6
2	水利设施类	东光连镇谢家坝、周官屯水利穿运枢纽、捷地分洪闸设施、青县铁路给水所、连镇铁路给水所、南运河北陈屯枢纽、油坊码头、朱唐口险工、尖家码头、丁家码头、渡口驿码头、红庙村金门闸、北运河土门楼枢纽、郑口挑水坝、华家口夯土险工、戈家坟引水闸、大名龙王庙卫河码头	15
3	建筑类	清风楼、沧州旧城、孙福友故居、澜阳书院、正泰茶庄、杜林石桥、沧州文庙、吕宅、胜芳张家大院、胜芳王家大院、胜芳杨家大院、文昌阁、庆林寺塔、开福寺舍利塔、陈调元庄园、陈子正故居、山西村明塔、大名府明城墙、山陕会馆	16
4	古遗址类	马厂炮台及军事遗址、海丰镇遗址、苦井甘泉遗址、沧州市面粉厂旧址、东光码头沉船遗址、东空城遗址、幞头城旧址、军桥旧址、山西会馆遗址、临清古城遗址、贝州故城遗址、陈窑窑址、杜村遗址、龙潭寺遗址、益庆和盐店旧址、宋辽边关地道遗址、南阳遗址、上坡遗址、留村遗址、梁庄遗址、晾马台遗址、大名故城遗址、郾城遗址、宣圣会旧址、明大名城址、徐万仓遗址	22

序号	基本类型	具体名称	比重(%)
5	宗教类	泊头清真寺、清真北大寺、东光铁佛寺、水月寺、二郎岗永清观、八里圈清真寺、元侯祠、崇兴寺、龙泉禅寺、宝庆寺、大名天主堂、金北清真寺、龙王庙、大名清真东寺、十二里庄天主堂	13
6	古村镇类	兴济镇、王村、白草洼村、王家摆村、红庙村、仓上村、金滩镇、龙王庙镇	7
7	铸造/雕刻类	沧州铁狮子、孙膑石牛、南皮石金刚、捷地石姥姆座像、捷地乾隆碑、拆堤开沟碑、雄县南界碑、五礼记碑、罗让碑、马文操神道碑、朱熹写经碑、狄仁杰祠堂碑、沙垹塔诚碑	11
8	古墓葬类	纪晓岚墓、赵兵部墓、大邵庄汉墓群、刘焘墓、封氏墓群、高氏墓群、王家摆村墓群、冢子村古墓、万堤墓葬群、郭彬墓、李庄头汉墓	10

在八大内容分类中，运河本体类指大运河河北段流经的河段，即人工开凿或者借助原有河道进行疏浚整理后联通的运河部分，作为运河本体类物质文化遗产；水利设施类主要指其建设目的为配合运河漕运、防洪而建设的治理水患或发展漕运建设的大坝、险工、码头、仓储、船坞、闸所等水利工程设施；建筑类、遗址类和宗教类文化遗产都是运河沿岸古代人民生产生活遗址和相关的宗教文化场所，通常为古代建筑，保存相对完好或仍然承担相关的文化职能；古村镇类物质文化遗产主要指大运河沿线村龄超过200年的，且具有浓厚大运河文化气息、丰富的大运河文化内涵，与大运河的历史发展密切相关，并且仍然有人居住的活态村落；铸造/雕刻类遗产主要指大运河沿线具有较高的艺术、历史文化价值，记载相关历史信息的碑刻、雕塑、石刻等文化遗存；古墓葬类遗产主要指大运河沿线留存的，与大运河文化密切相关的名人、家族等历史人物的墓葬或墓葬群。

从八大类别具体分布可以看出，河北大运河物质文化遗产中古遗址类遗产占比最大，达到22%，而与运河发展有紧密联系的建筑类和水利设施类次之，宗教类、铸造/雕刻类和古墓葬类相对较少，运河本体类和水利设施类最少。但文化遗产的整体分布较为均衡，总体分布差距小，类型丰富（见图5-1）。

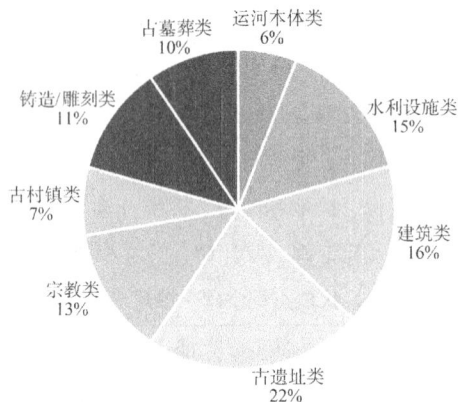

图5-1 各类别物质文化遗产分布占比

按物质文化遗产所处地域划分，其中沧州市一枝独秀，作为大运河流经地域最长的城市，沿岸物质文化遗产分布也最多，邯郸市、邢台市、雄安新区次之，廊坊市和衡水市分布最少（见图5-2）。

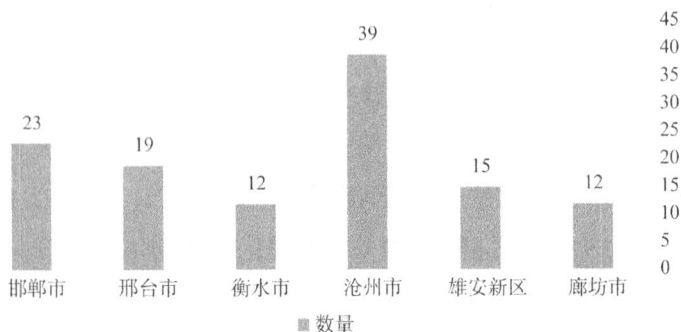

图5-2 大运河河北段沿线各市区物质文化遗产分布

一、运河本体类

大运河河北段全长 530 余千米,沟通海河和黄河两大水系,流域包含南运河、北运河、卫河、卫运河、永济渠及白洋淀和大清河部分。根据七大部分流经地域划分:南运河流经衡水、沧州各县市,北运河流经廊坊市香河县,卫河流经邯郸各县,卫运河流经邯郸、邢台、衡水各县,永济渠流经邢台市临西县,白洋淀位于保定市安新县,大清河流经保定市容城县(见图 5-3)。

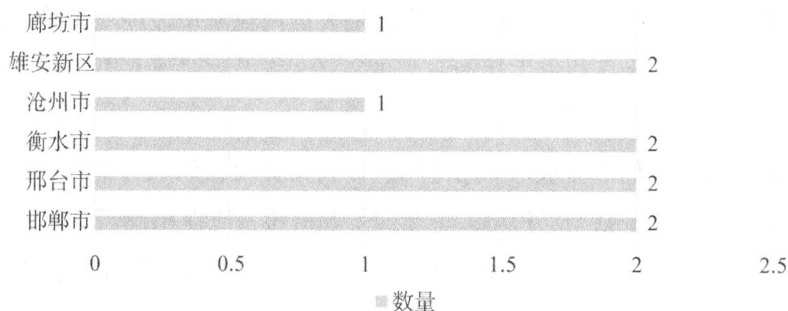

图 5-3 运河本体类

从大运河河北段流经 6 个市区的地域划分看,雄安新区、衡水市、邢台市、邯郸市分别分布有 2 处运河河段,雄安新区分布有白洋淀和大清河,分别位于安新县和容城县;衡水市有卫运河和南运河,卫运河自故城县入境,南运河流经故城县、景县、阜城县三地;邢台市分布有流经临西县和清河县的卫运河,及位于临西县的永济渠遗址;邯郸市分布有卫河和卫运河,卫河于馆陶县与漳卫河、卫运河汇合,而卫运河流经魏县、大名县、馆陶县三县。仅分布有一处河段的是廊坊市和沧州市,廊坊市香河县流经北运河,沧州市有吴桥、东光、南皮、泊头、沧县、沧州市区、青县 7 个县市流经南运河。

廊坊段运河本体为北运河,境内流长 20.38 千米,流域面积达 237.52

平方千米。北运河廊坊段从香河县安平镇鲁家务村西北入境，沿武清边界、香河至五百户镇东双街村南出境，流经淑阳、钳屯、安平、五百户四个乡镇。

雄安新区段以白洋淀和大清河为主体，白洋淀是大清河流域中部的天然湖泊，素有"北国江南""华北明珠"的美誉。目前雄安新区正着力构建白洋淀—大清河生态文化走廊，通过展示白洋淀水乡淀泊生态文化、乡愁文化和家国文化，打造白洋淀水乡风韵集群和大清河家国一统主题文化集群。

沧州段境内以南运河为本体，主要流经吴桥、东光、南皮、泊头、沧县、青县、沧州市区 7 个县市。沧州段是大运河流域中流经城市最长的一段，全程 253 千米，约占大运河总长的 1/7，是大运河河北段重要的地理节点。

衡水段主体位于衡水东部与沧州、德州交界处，流域分南北两段，南为卫运河，从故城县辛堤村南入境至四女寺枢纽，流程 61.8 千米；北为南运河，流经故城、景县、阜城三县，流程 117.25 千米，总计流程 179.05 千米。

邢台段现有卫运河和永济渠两大运河本体，卫运河自临西县尖冢村南入境，流经临西、清河两县，至清河县渡口驿村北流出，全长 58.1 千米。永济渠位于临西县，历史上由隋炀帝开凿，承担输送粮草和兵马的功能，目前作为生态景观主要承担农业灌溉功能。

邯郸段境内包括卫河和卫运河，卫河流经邯郸魏县和大名县，并于馆陶县徐万仓与漳河汇流后称为卫运河，总长共计 141.8 千米。邯郸段是中国大运河中段重要流域，所形成的运河文化在中国大运河文化体系中占有重要之地。

二、水利设施类

京杭大运河纵贯南北，多变的气候和地势的高低起伏造成水位存在落差，在河道上修建水利工程和分洪水闸，可以保障来往船只顺利通航。特别是京杭大运河河北段多弯道，致使险工险段众多，其中沧州市东光连镇谢家坝、衡水市华家口夯土险工更是作为世界文化遗产、全国重点文物保护单位，凝聚了中国古代人民在水利工程方面的杰出智慧。此外，由于历史上南北商贸往来，来往船只较多，也留下较多码头类遗址。调查统计得出水利设施类遗产共计 17 处，按照不同市区分类，可用图 5-4 表示。

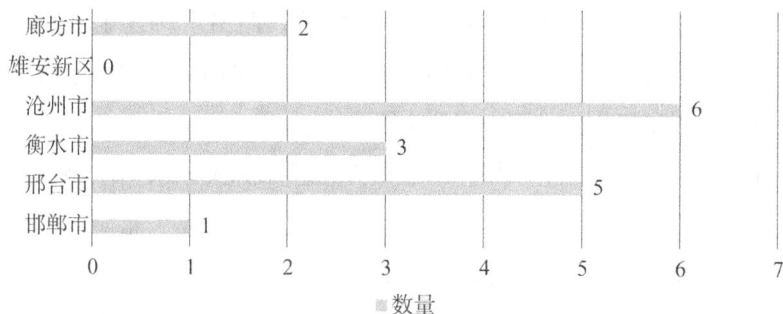

图 5-4　水利设施类

从各市区水利设施类文化遗产分布整体来看，以沧州市和邢台市分布最多，这也因沧州市运河流域最长，沿岸水利设施因此分布较多，邢台市多码头类遗产分布，也反映出历史上邢台附近商贸的繁华。衡水市和廊坊市分布数量次之，邯郸市分布最少，雄安新区尚无分布。

廊坊市分布有红庙村金门闸和北运河土门楼枢纽两处水利设施文化遗产，两处均分布在廊坊市香河县。其中红庙村金门闸更是香河县唯一的全国重点文物保护遗址，也是北运河第一个减河闸，清乾隆年间，还因工程宏伟，泄洪蓄水功能强大，乾隆皇帝亲自为其题诗一首。

沧州市分布有东光连镇谢家坝、周官屯水利穿运枢纽、捷地分洪闸设施、青县铁路给水所、连镇铁路给水所和南运河北陈屯枢纽六处水利设施遗址，分布在东光县、青县、沧县、市区几地。其中东光连镇谢家坝和周官屯水利穿运枢纽保护等级较高，均为全国重点文物保护单位；捷地分洪闸设施、青县铁路给水所为省级文物保护单位；连镇铁路给水所和南运河北陈屯枢纽尚无保护等级。历史上，连镇谢家坝附近水势凶猛，洪水曾多次在此处决堤，自谢家坝灰土加糯米浆结构筑成后，对防御洪水起到了重要作用，沿岸居民的生命财产安全也由此得到保护；周官屯水利穿运枢纽是子牙新河、北排河、南运河的交叉工程，该枢纽水利设施形式多样，犹如一座水利工程博物馆，抗洪阻潮作用明显；捷地分洪闸设施为明清时期古建筑，主要承担南运河水系的水利枢纽防汛工作，历史上乾隆帝还曾为此题写碑刻《捷地兴济坝工纪事诗碑》；青县铁路给水所建于清末民国时期，是作为津浦铁路的辅助设施而开工兴建，通过净化大运河水源，供给铁路运输生产和部分铁路职工家属生活用水。

衡水市分布有郑口挑水坝、华家口夯土险工和戈家坟引水闸三处水利设施遗址，分布在故城县、景县、阜城县三地。戈家坟引水闸尚无保护等级，郑口挑水坝和华家口夯土险工作为全国重点文物保护单位，享誉省内外。历史上，郑口镇地处大运河转弯处，水深流急，多次漫堤决口，华家口也因水位落差大，素有"三弯顶一闸"之说，而郑口挑水坝和华家口夯土险工的修建给沿岸人民带来福祉，在治理水患上有着举足轻重的作用。

邢台市水利设施遗址共计5处：油坊码头、朱唐口险工、尖家码头、丁家码头和渡口驿码头，临西县和清河县均有分布。其中尖家码头、丁家码头和渡口驿码头尚无保护等级，油坊码头和朱唐口险工地位较高，被列为全国重点文物保护单位，两地也是清河县运河文化展示的核心。历史上，油坊码头镇商贾云集，舟来船往，是大运河沿岸著名的水陆码头和物资集散中心，素有"北方的小上海"之美誉。朱唐口险工同样减轻了历史上洪水对河堤的冲刷，有着很高的水利科学价值。

邯郸市目前现存一处水利设施遗址：大名龙王庙卫河码头，位于大名县，为市级文物保护单位。龙王庙镇早期为大名县集市名镇，当地群众都有着浓厚的经商意识，频繁的商贸往来造就了龙王庙卫河码头的发展。

三、建筑类

在运河上千年发展历史中，历史的流转给运河沿线留下了众多著名的古建筑，这些古建筑承载着当地特有的文化底蕴，凝聚着古人建设的智慧结晶，记录着沿岸居民生活的发展变迁。调查统计得出建筑类遗产共计 19 处，按照不同市区分类，可用图 5-5 表示。

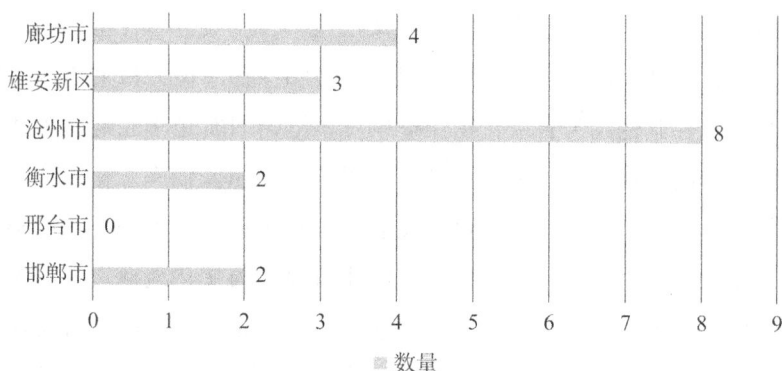

图 5-5　建筑类

建筑类遗产在各市区呈断层式分布，以沧州市分布数量最多，有 8 处，占各市区整体建筑类遗产分布数量的将近一半，这也缘于沧州市运河流域最长，给沿岸留下了丰富的建筑遗产；廊坊市和雄安新区次之，分别有 4 处和 3 处；衡水市和邯郸市再次，均有 2 处分布；邢台市尚无分布。

廊坊市现分布有胜芳张家大院、胜芳王家大院、胜芳杨家大院、文昌阁四处建筑类文化遗产，均在霸州市。其中胜芳杨家大院、文昌阁尚无保护等级，胜芳张家大院和胜芳王家大院都是河北省级文物保护单位，两处宅院作为居民建筑中中西合璧的经典作品，在平津战役期间都曾有将军司令在此指挥战斗。当前胜芳张家大院保存较为完好，王家大院因地震、人为损毁等原因仅北部院落保存完好，其他正逐步进行恢复。

雄安新区分布有陈调元庄园、陈子正故居和山西村明塔三处建筑类文化遗产，陈调元庄园和山西村明塔分布在安新县，陈子正故居坐落于雄县。其中，山西村明塔为县级文物保护单位。陈调元庄园和陈子正故居作为省级文物保护单位有着较高的知名度，陈调元庄园为国民党一级上将陈调元所建，建筑形式仿照故宫院落修建，是一座带有民族风格的建筑。陈子正故居属于典型的北方居民院落，陈子正作为一代国术大师，鹰爪翻子拳的创始人，其院落也坐落有练武场，摆满刀枪剑戟等武术器械。

沧州市有清风楼、沧州旧城、孙福友故居、澜阳书院、正泰茶庄、杜林石桥、沧州文庙、吕宅八处建筑类文化遗产，主要分布在沧州市区、沧县、吴桥县三地。沧州旧城作为全国重点文物保护单位，吕宅作为市级文物保护单位，其他均为省级文物保护单位。沧州旧城是华北地区为数不多的保存完整的古代大城，分布有沧州铁狮子、沧州铁钱库、密云寺碑、石雷石馆、毛公甘泉古井、皇宫台和城墙等古建筑遗址。此外，清风楼作为运河沿岸唯一一座仿古建筑，是沧州的建筑地标与文化地标之一。正泰茶庄是一座有着近百年历史的老字号店铺。沧州文庙至今仍保留着明代建筑风格，体现出儒家思想的主流和精髓。孙福友故居建于 1933 年，建筑分两层，二楼为通体大露台，呈欧式建筑风格；孙福友是吴桥县著名的杂技艺术表演家，是让中国杂技名扬世界的一代宗师，代表作有《杂拌子》《飞人》《飞刀》等节目。澜阳书院始建于康熙年间，是现存书院中为数不多保存较为完整的清朝建筑，目前已成为吴桥第二中学的实验楼。杜林石桥始建于明万历年间，石桥造型为三孔拱桥，桥面两侧的栏柱、栏板上雕有花鸟禽兽、山水景观、神话故事传说等图案，造型精美别致，独具一格。

衡水市分布有庆林寺塔和开福寺舍利塔两处建筑类文化遗产，分别位于故城县和景县，两处均是全国重点文物保护单位。庆林寺塔始建于北宋，塔身高六层，是楼阁式的砖塔，建筑整体气势恢宏、造型精美；开福寺舍利塔也是大型砖塔，与沧州狮子、正定菩萨并列为河北三大名胜古迹，享有较高的声誉。

邯郸市分布有大名府明城墙和山陕会馆两处建筑类文化遗产，位于大名县和临漳县，其中山陕会馆为县级文物保护单位，大名府明城墙为省级文物保护单位，保护等级较高，这里是明清时期的大名县城墙遗址，在古代承担着重要的军事和生态防御功能。

四、古村镇类

在京杭大运河河北段上千年蜿蜒流淌的历史上，漕运迅速发展，带动了当地经济的繁荣。当地居民受益于运河之便，在运河沿线聚集生活，由此组成一个个运河村落。时光流转，一些古村镇发展至今，仍保留着历史的样貌，见证着运河千年沧海桑田。调查统计得出古村镇类遗产共计8处，按照不同市区分类，可用图5-6表示。

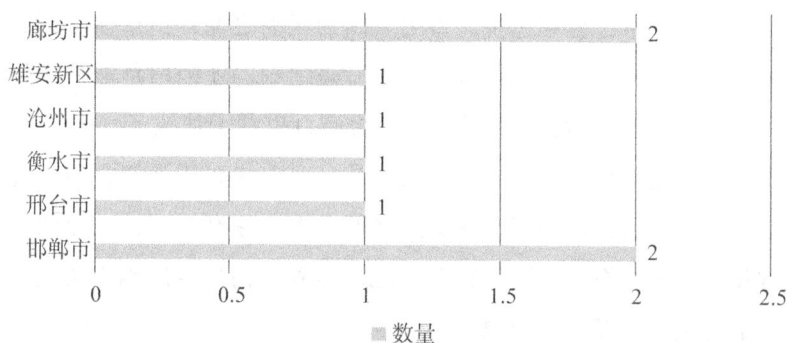

图 5-6　古村镇类

古村镇在各市区分布较为平均，均为1处或2处，其中廊坊市邯郸市有2处，雄安新区、沧州市、衡水市和邢台市均为1处。在所有古村镇中，仅邯郸市金滩镇为省级文化名镇，其他尚无保护等级，这也使得古村镇的运河文化保护受阻。

廊坊市分布有王家摆村和红庙村两处古村落，均位于香河县。历史上，王家摆村因渡口文化而得名，村东数百米外就是大运河北运河段，得益于运河商贸，这里发展起摆渡业。如今，王家摆村依然处于水陆交通要道上，沟通着各大景区和城市。而在红庙村更是分布有红庙村金门闸这一全国重点文物保护单位，历史上，因洪水泛滥冲毁堤坝，一直是村民的梦魇，自金门闸修建，洪水疏通，百姓安居乐业。

雄安新区分布有王村这一古村落，位于雄县，这里有着较多的旅游和文化资源，还入选第一批全国乡村旅游重点村名单。雄安新区首家非国有博物馆——德韵博物馆在此分布，展品集中展现了雄安的历史文化风貌，展示了中国古代古雕发展史。

沧州市分布有兴济镇古镇，地处沧县，这里历史悠久，在唐朝时名范桥镇，明朝以后称兴济镇，还是全国著名的毛鬃加工基地。目前兴济镇依托丰富的运河文化遗产、历史文化资源和独特的美食文化资源，正积极探索运河沿线特色小镇的建设。

衡水市有白草洼村古村落，白草洼村地处景县京杭大运河西岸，因地势低洼，常有积水，稗草丛生而得名。因为运河之便，白草洼村形成远近闻名的庙会，沟通运河沿岸各城市换取所需之物。还因白草洼村地处运河弯道处，形成天然屏障，使得这里成为方圆百里种子基地。

邢台市有仓上村古村落，位于临西县。仓上村兴于运河，历史上，隋唐大运河在此经过，得益于运河交通之便，人口逐渐增多，农业的发展使这里逐步成为供给军粮的国家粮仓重地。此外，还衍生出码头文化，成为后世仓上村集市商贸文化的源流。

邯郸市分布有金滩镇和龙王庙镇两处古村镇，均在大名县。金滩镇位于大运河卫河河畔，此处河运繁忙，历史上还因水旱码头优势发展商业，有着"日进斗金"之誉。龙王庙镇内属卫河水系，境内建有龙王庙，当地百姓以建龙王庙祭祀为心安，以防水患的困扰，龙王庙镇也因此得名。

五、宗教类

我国历史上曾长期处于封建社会，百姓受封建思想约束，在节日期间多有祭祀、供奉、祭拜等民间活动，加之受佛教思想影响，留下许多寺庙类遗址。此外，还有一些信奉天主教的居民修建天主堂，也成为运河沿线建筑的一大特色。调查统计得出宗教类遗产共计15处，按照不同市区分类，可用图5-7表示。

在各市区宗教类遗产分布中，各市区分布数量依次呈等差递减分布，沧州市分布数量最多，有5处，其余依次为邯郸市4处、邢台市3处、廊

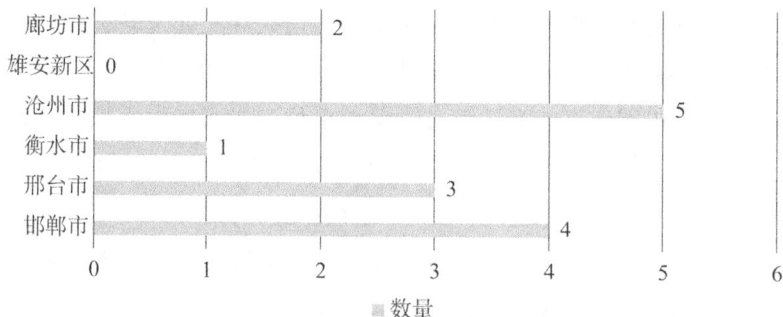

图 5-7 宗教类

坊市 2 处、衡水市 1 处，雄安新区尚无分布。

廊坊市分布有龙泉禅寺和宝庆寺两处宗教类遗产，分别位于霸州市和香河县。其中宝庆寺目前尚无保护等级。龙泉禅寺为省级文物保护单位，始建于金大定三年(1163)，分前、中、后三座大殿，前为山门，中有大佛殿，后有千手观音阁，是一座年代久远、建筑恢宏的寺庙；目前建筑本体保存相对完整，为重要的宗教活动场所，香火繁盛。

沧州市分布有泊头清真寺、清真北大寺、东光铁佛寺、水月寺和二郎岗永清观五处宗教类遗产，分别位于泊头市、市区、东光县。其中泊头清真寺为全国重点文物保护单位，清真北大寺和东光铁佛寺为省级文物保护单位，水月寺为市级文物保护单位，二郎岗永清观为县级文物保护单位。泊头清真寺由主寺和女寺两部分组成，主体建筑为三进庭院，分设正步、正冠和静步三块石头，是一座木质结构古建筑群，兼具阿拉伯风格和中国建筑特点，有着重要的历史价值和艺术价值；清真北大寺为中国四大清真寺之一，是著名的穆斯林聚集地；东光铁佛寺是著名的名胜古迹，建筑主体为红色，吴佩孚还曾亲自题匾"铁佛寺"。

衡水市分布有十二里庄天主堂一处宗教类遗产，位于故城县，为省级文物保护单位。在清朝时期，十二里庄的教徒由于保持了天主教信仰，逐渐形成了一个教徒村。目前，教堂整体文化遗存保存良好，并作为天主教传教场所行使宗教职能。

邢台市分布有八里圈清真寺、元侯祠和崇兴寺三处宗教类遗产，八里圈清真寺位于临西县，另两处在清河县。元侯祠于 2014 年被列入世界文化遗产名录，八里圈清真寺为省级文物保护单位，崇兴寺尚无保护等级。元侯祠是为纪念清河神童滕经而建，滕经天资聪颖，明嘉靖年间应试不第，23 岁落水而终。目前原址已在"文革"中被拆毁，并于 2004 年重建，当前保存现状良好，并作为区域宗教场所使用；八里圈清真寺是邢台较为古老且保护完整的古寺，代表了古代建筑的较高水平，是研究明清建筑艺术的实物资料。

邯郸市分布有大名天主堂、金北清真寺、龙王庙、大名清真东寺四处宗教类遗产，均在大名县。金北清真寺、龙王庙为市级文物保护单位，大名清真东寺尚无保护等级。其中大名天主堂作为全国重点文物保护单位，享有较高的声誉，是河北省现存最雄伟壮丽的圣堂之一。大名天主堂建成至今，经历几次大的地震及历史战乱的袭击，依然完好无缺，精巧壮观。

六、古遗址类

古遗址类遗产源于古代人民在进行生产生活活动中遗留下来的建筑文化古迹，这些建筑古迹反映了特定历史朝代下人们的生活水平，集中反映了某个区域变迁的历史。调查统计得出遗址类遗产共计 27 处，按照不同市区分类，可用图 5-8 表示。

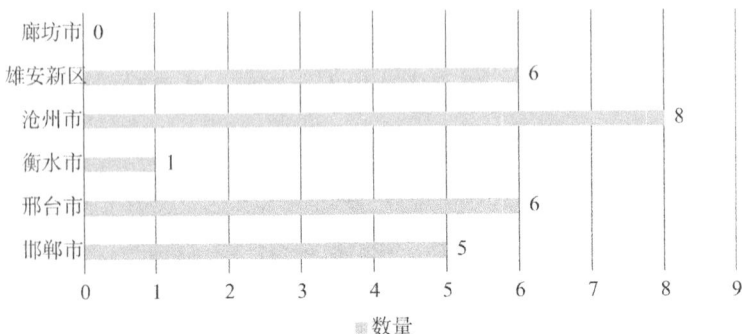

图 5-8　古遗址类

从古遗址类遗产分布数量看，沧州市分布数量较其他市区依然处于领先位置，有 8 处遗址分布，雄安新区和邢台市分布数量次之，均有 6 处分布，邯郸市有 5 处，由此也可看出这 4 个地方历史文化底蕴深厚，遗址遗产保存丰富。此外，衡水市有 1 处，廊坊市尚无分布，较其他市区分布数量有一定差距。

雄安新区分布有宋辽边关地道遗址、南阳遗址、上坡遗址、留村遗址、梁庄遗址、晾马台遗址 6 处遗址类遗产，其中雄县有宋辽边关地道遗址 1 处遗址分布，容城县分布有南阳遗址、上坡遗址、晾马台遗址 3 处，安新县有两处为留村遗址和梁庄遗址。这 6 处保护等级均较高，其中宋辽边关地道遗址、南阳遗址为全国重点文物保护单位，上坡遗址、留村遗址、梁庄遗址、晾马台遗址为省级文物保护单位。宋辽边关地道是宋朝时期的古建筑遗址，在古代雄县地处宋辽边境，常有辽兵侵袭大宋，杨六郎为抵抗辽军，修建边关地下战沟，屡战屡胜；南阳遗址为春秋战国时期遗址，在这里出土的各类文物具有明显的北方大国燕国的风格，为研究南阳遗址提供了重要史料；上坡遗址为新石器时代至商代遗址，文物工作者对遗址进行挖掘，将其分为四层文化层，从上至下分别是磁山文化、仰韶文化、龙山文化、商文化，曾出土陶器、石器、骨器等文物 500 多件；晾马台遗址为商周时代遗址，出土周代文物有筒状陶鬲、球形盖豆等，现遗址保存状况基本完好；留存遗址是新石器时代仰韶文化遗址，发现于 20 世纪 50 年代，是河北省第一批文物保护单位；梁庄遗址是新石器时代遗址，发现于 1986 年，曾出土骨化石 100 余件。

沧州市分布有马厂炮台及军事遗址、海丰镇遗址、苦井甘泉遗址、沧州市面粉厂旧址、东光码头沉船遗址、东空城遗址、幞头城旧址、军桥旧址八处遗址类遗产，其中，沧州市区分布有 3 处，青县 2 处，吴桥县、黄骅市、东光县各 1 处。其中，马厂炮台及军事遗址和海丰镇遗址为全国重点文物保护单位，苦井甘泉遗址、沧州市面粉厂旧址为市级文物保护单位，幞头城旧址、军桥旧址尚无保护等级。马厂炮台是目前大运河河北段沿岸唯一一座现存较为完整的军事设施，其建成背景源自《辛丑条约》的签订，条约规定天津周围驻兵不得超过 3000 人，于是李鸿章提议在马厂设防，遂驻马厂兵营；海丰镇遗址是古代金元时期的考古发掘项目，是一处重要滨海遗址，这里分布多处遗址点，这些点共同组成了海丰镇聚落群。

衡水市分布有山西会馆遗址一处遗址类遗产，位于故城县，目前尚无保护等级。

邢台市分布有临清古城遗址、贝州故城遗址、陈窑窑址、杜村遗址、龙潭寺遗址、益庆和盐店旧址 6 处遗址类遗产，临西县和清河县各分布有 3 处。其中，临清古城遗址、贝州故城遗址为全国重点文物保护单位，陈窑窑址、杜村遗址为省级文物保护单位，龙潭寺遗址为市级文物保护单位，益庆和盐店旧址尚无保护等级。临清古城遗址城内分布多座古建筑和古墓，曾出土大量瓷片，丰富的文物埋藏也为研究当地城市发展提供了珍贵资料；贝州故城遗址为宋代古城遗址，历史名人窦太后、武松、崔浩等都与贝州渊源颇深，历史上也因贝州富庶有"天下北库"的美誉；陈窑窑址在明清时期，当地百姓曾利用本地优质泥土烧制贡砖，每块砖上还印有窑户某某造，匠人某某造，有的还印有烧造年代，当时烧制贡砖匠人以李文、陈清最为著名；杜村遗址是新石器时代和商代文化遗址，曾出土石器、骨器、青铜器等文物。

邯郸市分布有大名故城遗址、邺城遗址、宣圣会旧址、明大名城址、徐万仓遗址五处遗址类遗产，其中大名县有 3 处，临漳县和馆陶县各 1 处，分别是邺城遗址和徐万仓遗址。大名故城遗址为世界文化遗产，邺城遗址为全国重点文物保护单位，宣圣会旧址、明大名城址为省级文物保护单位，徐万仓遗址尚无保护等级。大名府故城历经东晋十六国至明朝 9 个朝代，明朝因漳、卫运河同时泛滥被淹没，如今城墙和城门已被修复，古建筑也得到有效保护；邺城曾是魏晋、南北朝的六朝古都，建筑风格继承了战国时期以宫城为中心的规划思想，其中轴对称制度的设计理念，在中国古代都城规划史影响深远，堪称中国城市建筑的典范；宣圣会旧址曾是美国基督教宣圣会大名分会的一个慈善机构，也是大名第一所西医医院，为研究大名西医和宗教发展提供宝贵的史料；明大名城址目前尚存 4 座城门，但城墙受到不同程度的损坏，现已修复完整。

七、铸造/雕刻类

这类文化遗产中，既有以石碑记录当地历史发展事件、名人作品、地理分界线等碑刻类文化遗产，还有以做工精巧、雕刻栩栩如生、精致恢宏而闻名的雕刻类文化遗产。调查统计得出铸造/雕刻类遗产共计 13 处，按照不同市区分类，可用图 5-9 表示。

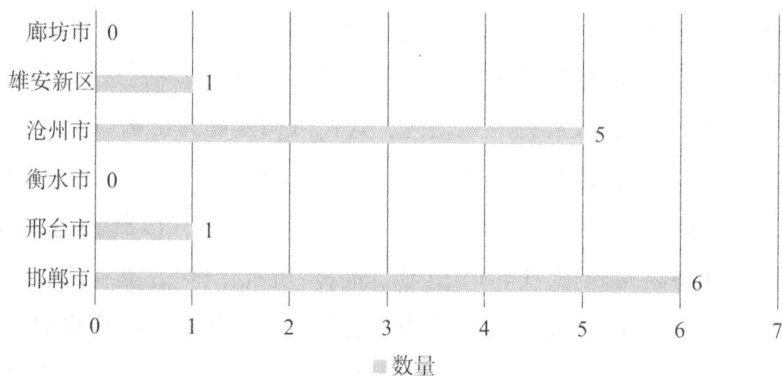

图 5-9 铸造/雕刻类

从铸造/雕刻类遗产在各市区分布数量可看出明显差异性，以邯郸市和沧州市为首分布数量最多，分别为 6 处和 5 处，而其他市区分布数量均较少或没有分布，雄安新区和邢台市仅 1 处分布，廊坊市和衡水市尚无分布。

雄安新区分布有一处碑刻类遗产：雄县南界碑，立碑处是雄县之南与安新县交界处，为县级文物保护单位。

沧州市分布有沧州铁狮子、孙膑石牛、南皮石金刚、捷地石姥姆座像、捷地乾隆碑五处铸造/雕刻类遗产，孙膑石牛位于吴桥县，南皮石金刚位于南皮县，其他两处位于沧县。其中沧州铁狮子为全国重点文物保护单位，孙膑石牛、南皮石金刚为省级文物保护单位，捷地石姥姆座像、捷地乾隆碑为县级文物保护单位。沧州铁狮子是国家第一批确立为重点文物保护单位的文化遗产，有"河北三宝""华北四宝"之一的美誉，其建筑本身也为研究中国古代的冶金、雕塑和佛教史提供了珍贵的实物资料；孙膑石牛于清乾隆年间为纪念孙膑而建造，石牛雕刻精致，形象生动，具有较高的文化价值；南皮石金刚是唐代的石雕艺术珍品，两尊石金刚为青石雕刻，造像饱满生动，体现出大唐遗风。

邢台市分布有一处石碑类遗产：拆堤开沟碑，位于清河县，目前尚无保护等级。

邯郸市铸造/雕刻类遗产众多，分布有6处：五礼记碑、罗让碑、马文操神道碑、朱熹写经碑、狄仁杰祠堂碑、沙圪塔诚碑，均位于大名县。此6处遗产保护等级都较高，五礼记碑、狄仁杰祠堂碑为全国重点文物保护单位，其他为省级文物保护单位。五礼记碑是我国现存最高、最大的碑，在唐朝碑文内容是柳公权为何进滔撰写的德政碑，宋代改刻《五礼新仪》，宋徽宗为此篆额"御制大观五礼之记"，简称"五礼记碑"，五礼记碑之名由此而来；狄仁杰祠堂碑是当地百姓为怀念狄仁杰的恩德，特建祠堂以示报答，碑文内容为研究唐史提供重要的史料；罗让碑主要记述了罗让之子罗宏信任魏博节度使之战功业绩；马文操神道碑是著名史学家贾纬为马文操生平、家世及册封等内容撰写的碑文，字体行云流水，书法价值极高；朱熹写经碑是宋代理学集大成者朱熹篆刻的寴字体，笔力遒劲，气势磅礴；沙圪塔诚碑立于清乾隆年间，碑文主要记载了两地政府为解决民众水利争端的事宜。

八、古墓葬类

古墓葬类文化遗产或是当时历史上的名人或整个家族在去世后后人为其修建的墓葬，或是当地村落保留下来的古墓葬群，这些古墓葬多包括墓穴、墓地、墓碑、随葬品等，具有较高的历史价值。此外，古人在进行墓葬选址时也颇为讲究，多会请当地风水先生挑选风水最佳之地进行筑墓。调查统计得出古墓葬类遗产共计11处，按照不同市区分类，可用图5-10表示。

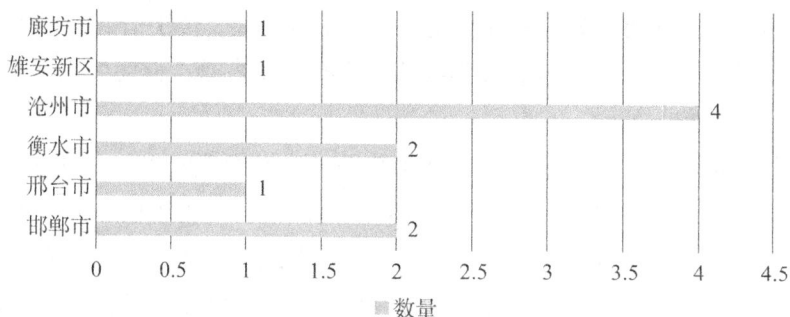

图 5-10　古墓葬类

各市区古墓葬类文化遗产分布，以沧州市居多，有 4 处，其他市区分布数量差异并不显著，均为 1 处或 2 处分布，衡水市和邯郸市有 2 处古墓葬类遗产分布，而廊坊市、雄安新区、邢台市均有 1 处分布。

廊坊市分布有一处古墓葬类遗产：王家摆村墓群，位于香河县，目前尚无保护等级。

雄安新区分布有李庄头汉墓一处古墓葬类遗产，位于雄县，为县级文物保护单位。

沧州市分布有纪晓岚墓、赵兵部墓、大邵庄汉墓群、刘焘墓 4 处古墓葬类遗产，纪晓岚墓位于沧县，刘焘墓位于沧州市区，其他两处位于青县。其中纪晓岚墓为全国重点文物保护单位，赵兵部墓为市级文物保护单位，大邵庄汉墓群、刘焘墓为县级文物保护单位。纪晓岚是清代著名的文学家，其墓地坐落在沧县崔尔庄镇，占地数十亩，墓地周围是枣林和打谷场，墓碑立于青石碑座上，刻有嘉庆皇帝御制碑文；赵兵部墓是明嘉靖年间兵部侍郎赵氏之墓，是沧州境内保存较为完好的明代墓葬。兵部侍郎赵某因得罪皇帝被斩首，后来嘉靖皇帝念及为国有功，命人用银子仿照其样貌制作一颗银头随葬。

衡水市分布有封氏墓群和高氏墓群两处古墓葬类遗产，均在景县，且均为全国重点文物保护单位。封氏墓群是北魏至隋门阀士族封氏家族的墓地，现存墓地 16 座，曾出土文物 300 多件，有着极高的文物价值；高氏墓群为北魏至隋渤海高氏族墓，现存封土墓十座，分布有 4 个保护区，范围较广。

邢台市分布有一处古墓葬类遗产：冢子村古墓，位于清河县，为省级文物保护单位。冢子村古墓又称汉墓，原有9座古墓，称为"清河九冢"，现仅存有中间一处。

邯郸市分布有万堤墓葬群和郭彬墓两处古墓葬类遗产，位于大名县，均为省级文物保护单位。万堤墓葬群是当前已知县境内规模最大的古墓葬群，分布面积2平方千米，出土了国内至今发现最大的墓志铭一盒；郭彬墓是元朝时期的古墓葬，古墓位置西靠黄河故道，1957年曾遭破坏，目前墓室保存较为完好。

第二节　河北大运河物质文化遗产现状

一、文化遗产保护管理情况

(一) 文化遗产保护等级整体情况

前文按不同类别、不同市区进行了116处文化遗产的构成统计分析，当前按照116处文化遗产不同保护等级进行逐一分类，统计每个保护等级占比，可用表5-2表示。

表5-2　　　　　　　　河北大运河物质文化遗产保护等级分类

序号	保护等级	具体名称	比重(%)
1	国家级及以上	南运河、卫运河、卫河、永济渠、大清河、白洋淀、北运河、东光连镇谢家坝、周官屯水利穿运枢纽、油坊码头、朱唐口险工、红庙村金门闸、郑口挑水坝、华家口夯土险工、沧州旧城、庆林寺塔、开福寺舍利塔、马厂炮台及军事遗址、海丰镇遗址、临清古城遗址、贝州故城遗址、宋辽边关地道遗址、南阳遗址、大名故城遗址、邺城遗址、泊头清真寺、大名天主堂、沧州铁狮子、五礼记碑、狄仁杰祠堂碑、纪晓岚墓、封氏墓群、高氏墓群	29

续表

序号	保护等级	具体名称	比重(%)
2	省级	捷地分洪闸设施、青县铁路给水所、清风楼、孙福友故居、澜阳书院、正泰茶庄、杜林石桥、沧州文庙、胜芳张家大院、胜芳王家大院、陈调元庄园、陈子正故居、大名府明城墙、陈窑窑址、杜村遗址、上坡遗址、留村遗址、梁庄遗址、晾马台遗址、宣圣会旧址、明大名城址、清真北大寺、东光铁佛寺、八里圈清真寺、龙泉禅寺、十二里庄天主堂、金滩镇、孙膑石牛、南皮石金刚、马文操神道碑、朱熹写经碑、沙垃塔诚碑、冢子村古墓、万堤墓葬群、郭彬墓	31
3	市级	大名龙王庙卫河码头、吕宅、苦井甘泉遗址、沧州市面粉厂旧址、龙潭寺遗址、水月寺、金北清真寺、龙王庙、赵兵部墓	8
4	县级	山西村明塔、山陕会馆、东光码头沉船遗址、东空城遗址、二郎岗永清观、元侯祠、捷地石姥姆座像、捷地乾隆碑、雄县南界碑、大邵庄汉墓群、刘焘墓、李庄头汉墓	10
5	其他	连镇铁路给水所、南运河北陈屯枢纽、尖冢码头、丁家码头、渡口驿码头、北运河土门楼枢纽、戈家坟引水闸、胜芳杨家大院、文昌阁、蟆头城旧址、军桥旧址、山西会馆遗址、益庆和盐店旧址、徐万仓遗址、崇兴寺、宝庆寺、大名清真东寺、兴济镇、王村、白草洼村、王家摆村、红庙村、仓上村、龙王庙镇、拆堤开沟碑、王家摆村墓群	22

从河北大运河沿岸文化遗产保护等级整体分布来看，整体文化遗产保护等级较高，国家级及以上、省级文物保护单位和其他保护等级占比较

大，分别占比 29% 和 31%，其他类别占比次之，为 22%，市级和县级文物保护单位占比较少，县级为 10%，市级为 8%。在统计占比较大的三种保护等级不同类别的文化遗产分布时，也可看出较大的差异性。

首先，从国家级及以上文物保护单位分布类别来看，运河本体类、水利设施类、古遗址类占比较大，分别是 21%、21% 和 25%，三者总和将近整体 70%；建筑类、古墓葬类、铸造/雕刻类均占整体比重的 9%，三者总和不及运河本体、水利设施、古遗址类任一单个类别；宗教类占比 6%，占整体比重最少(见图 5-11)。

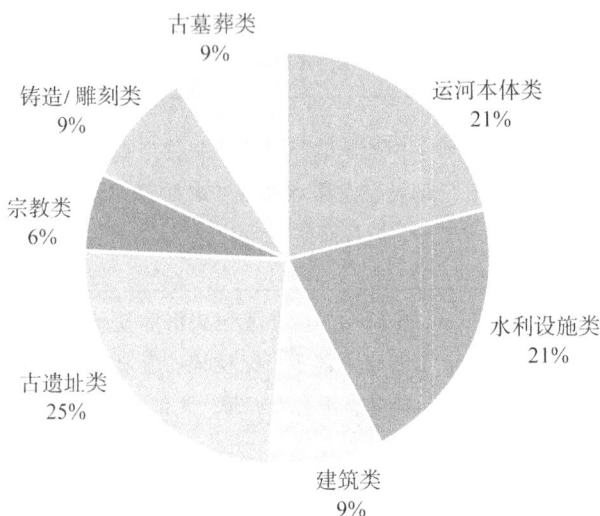

图 5-11　国家级及以上文物保护单位分布类别

京杭大运河作为世界文化遗产享誉全球，流域众河段均是大运河本体的重要组成部分，因此将大运河河北段流域内的 7 个河段归为世界文化遗产保护等级。国家级水利设施遗产更是凝聚了古人在河道治理方面最高水平的成就，是古代劳动人民智慧和心血的结晶，也是运河历史发展沿革的见证，当前大运河河北段分布的国家级水利设施遗址包括大坝、险工、码头等多种类型。此外，国家级古遗址类文化遗产也代表了古人在建筑方面的杰出智慧，遗址类遗产包含古城、军事设施、地道等多种类型。

其次，从省级文物保护单位分布类别来看，建筑类和古遗址类占比最高，分别占比 31% 和 23%，二者总和超出整体 50%；铸造/雕刻类、宗教类占比次之，均为 14%；古墓葬类、水利设施类、古村镇类占比较少，分别为 9%、6% 和 3%，三者总和占整体比重将近 1/5（见图 5-12）。

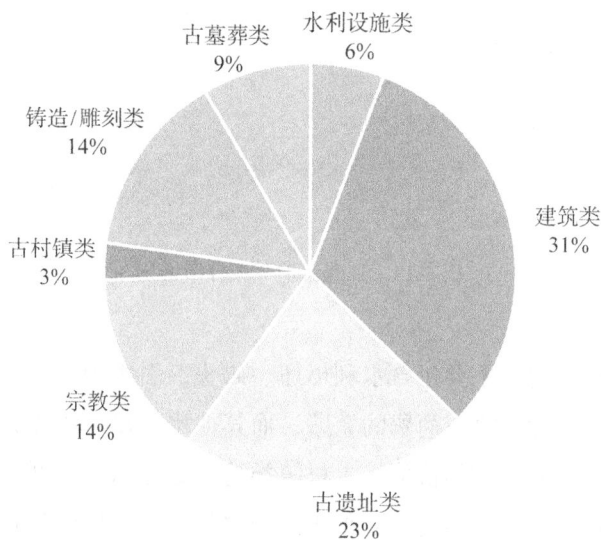

图 5-12　省级文物保护单位分布类别

大运河河北段沿岸省级建筑类遗产包含名人故居、家族宅院、文庙、书院、茶庄等多种类型，这些多样的建筑集中展现了古代建筑的风格特色，代表了古人不同的生活方式。省级遗址类遗产更带有本地村落的地域特色，是当地宝贵的文化价值遗产。

最后，从其他保护等级分布类别来看，水利设施类和古村镇类占比最高，均占整体比重的 27%，二者总和超出整体 50%；古遗址类占比次之，为 19%；宗教类和建筑类再次，分别占比 11% 和 8%，二者总和与宗教类占比相同；古墓葬类和铸造/雕刻类占比最少，均为 4%（见图 5-13）。

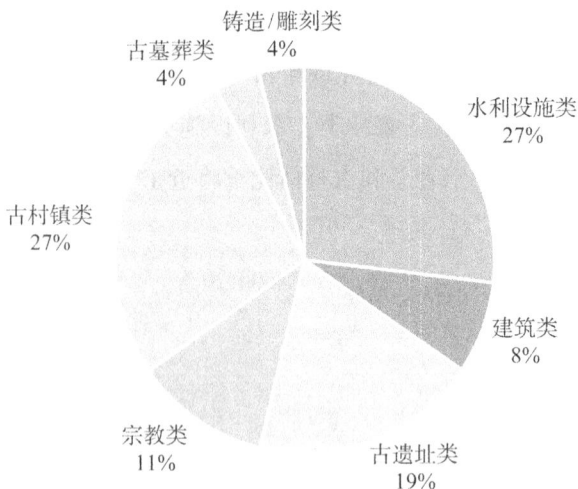

图 5-13　其他保护等级分布类别

水利设施类遗产主要包含水利枢纽、码头、引水闸、给水所等，码头见证了当地古代运河沿岸商贸的繁荣，而其他水利设施也极大保障了当地百姓的生活，具有较高的价值。古村镇类遗产更是从运河开通伊始发展至今的沿岸运河村落，村落的发展得于运河之便，而它们的存在也为运河注入生命力。

(二) 各市区文化遗产保护具体情况

根据各市区文化遗产保护等级分布的具体情况，可以比较出在同一类保护等级中各市区分布的具体差异。

1. 国家级及以上文物保护单位

首先，从各市区国家级及以上文物保护单位分布整体来看，两极分化现象较为明显，沧州市、衡水市、邯郸市和邢台市分布数量均较多，且数量上呈等差递减分布，分别为 9 处、8 处、7 处和 6 处，雄安新区和廊坊市分布数量较少，为 4 处和 2 处。其中在衡水市仅有的 12 处物质文化遗产分布中，有 8 处全国重点文物保护单位，由此也可见文物保护等级之高(见

图 5-14)。

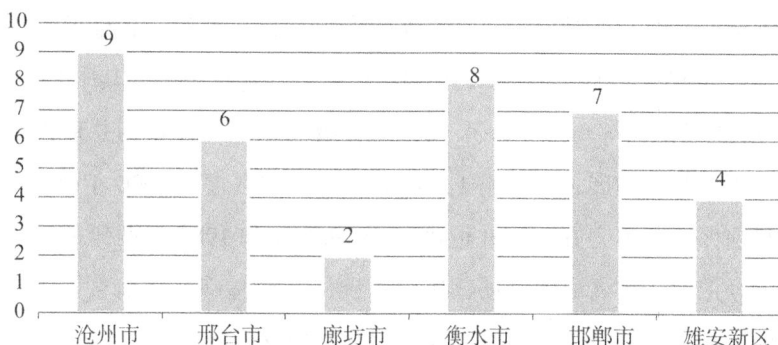

图5-14　各市区国家级及以上文物保护单位分布

目前，沧州市国家级及以上文物保护单位中，东光连镇谢家坝坝体保存良好，当地政府也于2012年对谢家坝进行了修缮加固；沧州旧城建筑主体保存较为完整，但城墙仅剩西、南两侧几段断墙，2014年省人民政府设立具体保护范围，2017年浙江大学设计研究院还对沧州旧城进行了整体保护规划编制；马厂炮台及军事遗址是大运河河北段沿岸唯一一座现存较为完整的军事设施，近年来当地逐步展开文物修缮工作；海丰镇遗址在1986年县里文物普查时被发现，近年来多次对其进行考古挖掘工作，为考察当地历史提供难得史料，政府于2015年下发专项资金用于遗址的保护建设。而沧州铁狮子、泊头清真寺、纪晓岚墓曾在历史上破坏较为严重，目前经过重新修整保护，已大致恢复主体样貌。

衡水市分布的国家级及以上文物保护单位中，郑口挑水坝、华家口夯土险工历史上经历多次洪水决堤，主体依然保存较好，目前经过修缮维护，已经恢复原有的面貌。庆林寺塔墙壁装饰保存尚好，建筑主体于明嘉靖年间、1976年、2006年经历多次大修；而开福寺舍利塔作为千年古塔，历经多次地震、水灾的冲击，依然矗立不倒，展现了古人的匠人精神，在文化遗产保护上，也经过"九五"和"十一五"期间的政策支持维护。在对古墓葬的保护上，河北省博物馆将高氏墓群作了统一编号，并开发出3座新墓，有计划地加以保护。

邯郸市分布的国家级及以上文物保护单位中，大名故城遗址在明朝因漳、卫运河同时泛滥被淹没，如今城墙和城门已被修复，古建筑也得到有效保护；邺城遗址于 2005 年被列入中国 36 处大遗址之一，其中"邺北城考古遗址公园"是邯郸市唯一一个入选的省级文化产业项目，并建设有邺城博物馆用于收藏和展示邺城出土文物；大名天主教堂自 1990 年政府修缮之后，目前保存基本完好；五礼记碑历经 1986 年和 1989 年两年的修复、搬迁，如今保存于大名府雕刻博物馆内；狄仁杰祠堂碑是当地百姓为纪念狄仁杰而建，目前祠堂已经不复存在，仅存石碑立于原址。

邢台市分布的国家级及以上文物保护单位中，油坊码头于 2012 年重新修葺，基本还原了历史样貌，但在当前已不具备航运功能；临清古城遗址目前北城墙和北城门遗址仍在，其余损坏遗址已立碑纪念；贝州故城遗址由夯土筑成，至今城垣依然断续可见，目前在遗址基础之上，政府正筹划建设贝州故城遗址公园。

雄安新区分布的国家级及以上文物保护单位中，宋辽边关地道遗址于 1993 年修复开放，由于缺乏进一步勘查，地道实际长度不明。南阳遗址历经多次历史考古调查，出土了大量珍贵文物，并在 2018 年河北省文物局实施了文物勘查优化保护措施，确保文物安全。

廊坊市分布有红庙村金门闸为国家级文物保护单位，目前南闸台脱落土层采用糯米与灰土工艺得以修补，北闸台脱落的石头也进行了修补和加固，提高了金门闸的观赏价值。

2. 省级文物保护单位

从各市区省级文化遗产保护单位分布整体来看，各市区之间分布差异也较为明显，沧州市和邯郸市分布数量最多，分别有 12 处和 10 处；雄安新区次之，有 6 处；邢台市、廊坊市和衡水市分布最少，分别为 4 处、3 处和 1 处，三者总和不及邯郸市和沧州市单个地区整体分布数量（见图 5-15）。

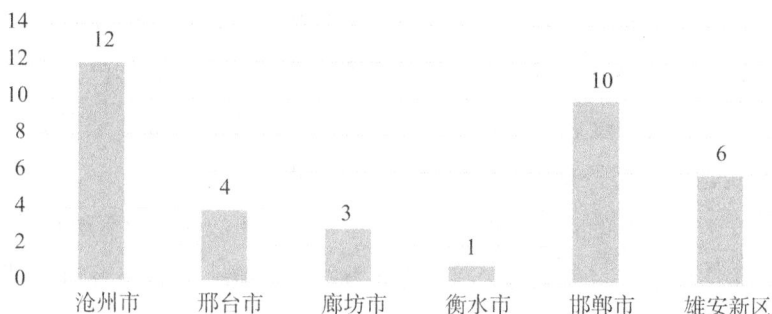

图 5-15 各市区省级文物保护单位分布

在沧州市分布的省级文物保护单位中，捷地分洪闸设施多次进行了改建整修，于 2007 年正式对外开放，在 2012 年又创建了泄洪闸，并入选世界文化遗产预备名单；清风楼于 2014 年进行了维修改造，保留了建筑本身的景观，且兼具公益性和公众性；澜阳书院是当前为数不多的保存较为完整的清朝建筑，目前建筑主体已被吴桥第二中学作为试验楼占用；沧州文庙在 2009 年启动了沧州历史上规模最大的古建筑修缮工程，经过一年时间施工取得较大进展，基本完成了建筑主体结构的修复，并在修缮过程中屡有考古发现；清真北大寺历史上经历清代和民国两次修葺，新中国成立后又经受破损，政府于 1980 年进行了拨款修缮，目前已经大致恢复原貌；东光铁佛寺应改革开放弘扬文化遗产的要求，于 1987 年进行重修，历时两年修葺一新，保留了古代古朴典雅建筑风格；孙膑石牛在抗战时期、"文革"时期多次遭受损毁，在 1980 年迁到吴桥县文化馆院内进行保护，又于1993 年移至吴桥杂技大世界内；南皮石金刚也是在"文革"期间遭遇破坏，2011 年为了对其进行保护，金刚亭四周建起一米高围栏并配有铁锁，防止人为破坏，又于 2014 年专门设立保护范围，对其实行专项保护。

邯郸市分布的省级文物保护单位中，大名府明城墙历史上经历明朝 3次、清朝 9 次的修葺，使它保持近 600 年经久不衰，但在解放初期和"文革"期间经历两次大的拆除和改建，近年来又开始对其进行修复并确立保护范围，2017 年还启动了古城改造工程，历时 240 天完工；马文操神道碑原址位于大名县张铁集乡，后转移至大名县雕刻博物馆，但原座目前已不复存在；朱熹写经碑目前也位于大名县雕刻博物馆，现碑体已被翻刻，石碑稍有风化，有轻度裂痕；万堤墓葬群有墓葬 4 座，一号墓是当地百姓在 1963 年劳改农场时挖掘发现的，目前局部受损。

雄安新区分布的省级文物保护单位中，陈子正故居始建于 1905 年，经过后人多次修缮，目前房屋保存较为完整；留村遗址于 1986 年文物部门对其进行了首次发掘，并出土了大量文物，具有较高的价值；梁庄遗址也是在 1986 年首次发现，目前遗址保存状况基本完好。

邢台市分布的省级文物保护单位中，八里圈清真寺整体建筑以及寺内的古松、古桑、古槐等植物都保存良好，目前仍作为宗教活动场所在使用；陈窑窑址历史上以烧砖而闻名，目前大部分窑址因铁路修建而遭破坏，正逐步开展修复工作。

廊坊市分布的省级文物保护单位中，胜芳张家大院建于道光年间，目前部分回廊有所拆改，大部分景观经过修整仍保留原样；胜芳王家大院始建于光绪年间，在 1976 年地震中几处门院有所损毁，目前仅西北和东北院保存基本完好；龙泉禅寺在历史上也经受了洪涝、地震的重重考验，但目前还基本保持着原有的格局，是当地重要的宗教活动场所。

衡水市分布有十二里庄天主堂一处省级文物保护单位，1900 年义和团曾率部攻打进行破坏，后于 1903 年进行重建，两年后竣工，目前教堂保存完好，仍作为天主教传教场所。

3. 市级及以下文物保护单位

从各市区市级及以下文物保护单位分布来看，沧州市分布数量遥遥领先，有 17 处，这也体现出沧州市物质文化遗产类别之多、基数之大，能在与河北省其他市区市级及以下的物质文化遗产分布数量的比较中占据一枝独秀的位置；邢台市、邯郸市、廊坊市次之，分别有 9 处、7 处和 7 处；雄安新区和衡水市分布最少，仅 4 处和 3 处。除沧州市外，几个市区市级及以下物质文化遗产分布数量差异性并不显著(见图 5-16)。

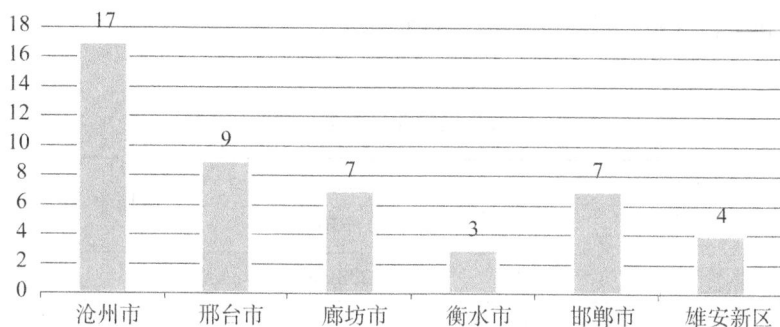

图 5-16　各市区市级及以下文物保护单位分布

在市级及以下文物保护单位分布中，沧州市主要集中在古遗址类和古墓群类，如苦井甘泉遗址、沧州市面粉厂旧址、东光码头沉船遗址、东空城遗址、赵兵部墓、大邵庄汉墓群等，其他类别分布较为零散，仅有一两处；邢台市主要集中在水利设施类，如尖冢码头、丁家码头、渡口驿码头，这些码头都是应运河发展而生，见证了古代历史上当地商贸的繁华；廊坊市整体物质文化遗产保护等级都较低，各个类别分布也都比较均衡，主要有北运河土门楼枢纽、胜芳杨家大院、文昌阁、宝庆寺等文化遗产；邯郸市主要集中在宗教类，如金北清真寺、龙王庙、大名清真东寺，这些都是当地宗教活动的重要场所；衡水市和雄安新区整体分布较少且较为分散，缺乏典型性。

整体来看，此类物质文化遗产保护等级较低，在当地百姓中知名度不高，当地政府对其保护不太重视，也缺乏相关的保护政策文件，对其进行重新修建的资金投入也不尽理想，甚至面临拆迁销毁的危险。因此，对于此类物质文化遗产的保护，急需各地政府对本地物质文化遗产进行调研划分，确立文物保护范围，实施专项保护措施，提高资源利用率。

二、运河水利运行情况

大运河河北段分布有北运河、南运河、卫河、卫运河、白洋淀、大清河、永济渠 7 处流域、湖泊，根据它们在河北省流经的地域、流域长度或面积和所属水系，可总结如表 5-3 所示。

表 5-3　　　　　　　　　　　大运河河北段主要构成

序号	流域名称	流经省内地域	流域长度/面积	所属水系
1	北运河	廊坊市香河县	238km	海河支流
2	南运河	景县、故城、吴桥、阜城、南皮、东光、沧县、沧州市区、泊头市、青县等县市	1050km	海河流域漳卫南运河水系
3	卫河	魏县、大名、馆陶	344km	海河水系南运河支流
4	卫运河	馆陶、临西、清河、故城	157km	海河流域漳卫南运河
5	白洋淀	保定市安新县	336km²	海河流域大清河南支水系
6	大清河	保定市容城县	483km	海河
7	永济渠	邢台市临西县	950km	黄河、海河

北运河，京杭大运河起始段，历史上流域起点为潞州，因此又有潞水、潞河之称。当前发源地为北京昌平区及海淀区，流经廊坊市香河县、天津市武清区，最后汇入海河。在清代以前，北运河曾是南北漕运的重要河段，当时南北船只往来，盛极一时。随后，伴随漕运的停止，河道淤塞常年得不到维护，致使水流不足，大型船舶运输停顿，至 1964 年航运正式终止，仅承担防洪、输水任务。随着近年来政府的不断规划治理，2019 年 10 月，北运河开通北关闸至甘棠闸 11.4 千米航线，到 2021 年 6 月 26 日，北京段、廊坊段已经正式实现全线 40 千米通航。

南运河，因属漳卫南运河水系而得名，全长 1050 千米，流经德州、衡水、沧州、天津多个城市和地区，是海河水系中最长的一条河流，有漳河和卫河两大支流。漕运在南运河历史上发展悠久，最早可追溯至东汉末年，曹操为疏通粮道以供战争所需，遂打通了漳河与黄河的联系，史称白沟。之后，隋炀帝又开通永济渠形成五大水系贯通的南北大运河，在唐代运输能力最多可达 700 万石粮食。元代漕运发展又达高峰，伴随济州渠、会通河、通惠河的开挖，京杭大运河至此纵贯南北，全线通航。明清时期延续了之前漕运的繁荣，漕运量一直保持较高水平。中华人民共和国成立后，南运河在南水北调、运送粮食、城市输水等方面发挥着重要作用。至 1978 年，南运河航线全线中断，目前成为海河流域南部的排水河道和引水通道。

卫河是南运河支流之一，因历史上发源于春秋卫地，终止于天津卫，取相同"卫"字称卫河，当前卫河起源山西太行山脉，流经河南北部、河北邯郸、山东临清等地，与南运河相汇。卫河前身为隋炀帝开凿的永济渠，历史上往来船只众多，人流络绎不绝。20 世纪 60 年代之后，由于水量减少，卫河基本停止通航。

卫运河地处山东省和河北省两省边界处，左侧流经河北省馆陶、临西、清河、故城等县，右侧流经山东省冠县、临清、夏津、武城等县。卫运河是一条蜿蜒型河道，因此在汛期多发生决口洪涝灾害，给当地百姓造成困扰。中华人民共和国成立后沿岸地区政府多次进行治理，裁弯取直、加深河床、培厚高堤、建设枢纽险工、搬迁沿岸村庄……经过一系列治理，河长缩短，弯曲系数降低，效果明显。20 世纪 70 年代之后，因水源缺乏卫运河断航。

白洋淀是大清河流域中部的天然淡水湖泊，素有"北国江南""华北明珠"之美誉，地处保定市和沧州市之间，2017 年之前由两市共同管辖，雄安新区设立之后，白洋淀成为雄安新区的重要生态水体。20 世纪 60 年代之前，白洋淀水质优良，湖水清澈见底，还可用做工业和生活用水。但从 70 年代开始，由于经济的快速发展，一些高污染高能耗企业给湖水造成生态环境的破坏，白洋淀水质大不如从前，甚至曾多次干淀无水的情况。随着近年来对白洋淀的不断治理，2018 年开始淀区水质与之前相比有明显改善。绿水青山就是金山银山，作为 5A 级景区，白洋淀也逐渐成为旅游胜地。

大清河地处海河水系中部，跨越山西、河北、北京和天津四个省市，由南、北两条支流组成，南支起源山西省翠屏山，最终流入西淀，北支起源拒马河，最终流入东淀。历史上，大清河河水清澈，而相邻河流均为多沙河流，大清河因此得名。在 20 世纪 60 年代之前，大清河曾是保定至天津的主要航道，有着较高的航运价值。但大清河历来洪涝灾害严重，特别是中下游地区多连续性洼淀，更易出现洪灾，经过当地政府多年对大清河中游洼淀和河道进行整修，下游扩建入海尾闾后，逐渐形成了较为完整的防洪体系。

永济渠建成于隋代，是古代沟通黄河和海河的重要航运通道，也是调运粮食、输送士兵和战备物资的运输线，航运能力很强。元代开京杭大运河，随着运河的改道，永济渠的德州至天津段已成为南运河的一段。如今，地表已经很难发现永济渠的踪迹，伴随黄河淤泥堆积，永济渠慢慢淤没，仅存当时卫河和南运河占压的永济渠地段。

三、文旅产业发展情况

旅游产业是当地经济发展的重要驱动要素，而旅游产业的发展又与文化创意和文化价值的挖掘密不可分，推动文旅融合发展对当地旅游资源的开发与建设具有重要意义。2018 年，中共中央印发《深化党和国家机构改革方案》，明确文化部和国家旅游局合并为文化和旅游部，这一改革方案也使文旅融合成为当下旅游资源开发的热议话题。2019 年，文化和旅游部在《关于促进文化与旅游结合发展的指导意见》中提出文旅融合发展的总思路："以文促旅、以旅彰文、宜融则融、能融尽融"。同年，河北省就提出"美丽河北·运河风韵"文旅品牌建设政策，整合运河沿线旅游资源，结合当地文化特色，积极推进文化和旅游融合发展，已取得一定成果。为促进河北省运河沿岸文旅产业深度融合发展，2021 年 3 月 5 日，河北省文化和旅游厅编制了《河北省大运河文化保护传承利用实施规划——文化和旅游融合发展专项规划》《河北省大运河文化和旅游融合发展实施方案》，明确提出推进大运河文化遗产和旅游融合发展、推动大运河文化和旅游产品融合提质、推动大运河文旅与相关领域融合发展、提升大运河文旅产业融合发展水平、促进大运河文旅公共服务融合发展、培育大运河文旅融合系列品牌和精品线路、推进大运河国家文化公园建设、促进区域协同发展八大重点任务，对增强文化遗产的传承活力和阐发文化遗产的当代价值提出具体要求，力争使大运河河北段成为中国大运河文化和旅游融合发展精品段。

在国家政策鼓励和支持下，河北省积极发展运河文旅项目，目前已系列成果，统计得出河北省运河流经的 6 个市区沿岸 62 处旅游景点，具体分布如表 5-4 所示。

表 5-4 河北大运河沿线旅游景区分布

类别	序号	名称	所处位置	等级
生态湖泊类	1	白洋淀	保定市安新县	5A
	2	衡水湖	衡水市市区	4A
	3	阜城湖生态风景区	衡水市阜城县	3A
	4	南大港湿地	沧州市黄骅市	4A
	5	贝壳湖景区	沧州市黄骅市	3A
建筑类	6	铁佛寺	沧州市东光县	4A
	7	沧州旧城	沧州市沧县	2A
	8	泊头清真寺	沧州市泊头市	2A
	9	沧州铁狮子	沧州市沧县	2A
	10	黄粱梦吕仙祠	邯郸市黄粱梦镇	3A
	11	万和宫	邢台市临西县	3A
	12	河北天下第一城	廊坊市香河县	4A
	13	胜芳古镇	廊坊市霸州市	3A
	14	净业禅寺	保定市安新县	无

类别	序号	名称	所处位置	等级
	15	吴桥杂技大世界	沧州市吴桥县	4A
	16	纪晓岚文化园	沧州市沧县	3A
	17	沧州渤海新区世博欢乐园	沧州市黄骅市	3A
	18	滨海恒大文化旅游城	沧州市黄骅市	3A
	19	泊头三井·大运河酒文化产业园	沧州市泊头市	2A
	20	青县广旺农庄	沧州市青县	2A
	21	青县司马庄蔬菜观光园	沧州市青县	2A
	22	沧州神然农业生态园	沧州市沧县	2A
	23	大运河"Ω湾"公园	沧州市市区	无
	24	青县盘古庙景区	沧州市青县	无
休闲观光类	25	粮画小镇旅游景区	邯郸市馆陶县	4A
	26	非遗水城旅游景区	邯郸市广平县	4A
	27	邺令公园	邯郸市临漳县	3A
	28	漳河旅游度假区	邯郸市临漳县	2A
	29	涉县清漳河国家湿地公园	邯郸市涉县	无
	30	鬼谷子文化园	邯郸市临漳县	无
	31	衡水老白干酒文化旅游景区	衡水市市区	4A
	32	以岭康养庄园	衡水市故城县	3A
	33	东大洼农业休闲观光区	衡水市故城县	3A
	34	蒙牛乳业（衡水）工业旅游景区	衡水市市区	3A
	35	阜城八景公园	衡水市阜城县	2A
	36	刘老人百年梨园景区	衡水市阜城县	2A
	37	运河风情公园	衡水市故城县	无
	38	香河金钥匙景区	廊坊市香河县	4A

续表

类别	序号	名称	所处位置	等级
休闲观光类	39	金丰农科园	廊坊市香河县	4A
	40	水岸潮白景区	廊坊市香河县	3A
	41	廊坊市文化公园	廊坊市市区	3A
	42	香河潮白河大运河国家湿地公园	廊坊市香河县	无
	43	前南峪生态观光旅游区	邢台市市区	4A
	44	邢台酒文化博览园	邢台市市区	3A
	45	老漳河农业休闲园区	邢台市巨鹿县	3A
	46	清河华夏张氏祖庭	邢台市清河县	2A
	47	雄安保府酒文化园	保定市容城县	3A
	48	王家寨民俗村	保定市安新县	无
遗址类	49	马厂炮台遗址	沧州市青县	4A
	50	铜雀三台遗址公园	邯郸市临漳县	3A
	51	峰峰矿区磁州窑富田遗址	邯郸市峰峰矿区	2A
	52	宋辽边关地道遗址	保定市雄县	无
博物馆/纪念馆类	53	大名县雕刻博物馆	邯郸市大名县	2A
	54	河北海盐博物馆	沧州市黄骅市	3A
	55	沧州规划馆	沧州市市区	3A
	56	沧州博物馆	沧州市市区	3A
	57	华夏民间收藏馆	廊坊市霸州市	3A
	58	李少春纪念馆	廊坊市霸州市	3A
	59	本斋纪念园	衡水市阜城县	2A
	60	雄县德韵博物馆	保定市雄县	无
	61	革命烈士纪念馆	保定市容城县	无
	62	白洋淀雁翎队纪念馆	保定市安新县	无

从以上河北运河沿岸旅游资源分布来看，各市区在依据当地特色资源进行文旅融合发展方面已做出一定成果，但同时在发展过程中也存在一些不足和问题，具体可从以下几个方面分析：

(一)"文旅+"模式基本形成

依托大运河沿岸丰富的农业、工业、红色文化、特色村镇、生态康养等资源，河北省已逐步构建起"文旅+农业""文旅+工业""文旅+教育""文旅+村镇""文旅+生态"等发展模式。在"文旅+农业"的发展模式中，河北文旅将现代科技与传统农耕相结合，打造精品农业景观片区，创建休闲农业区域品牌。目前已建设有青县广旺农庄、青县司马庄蔬菜观光园、沧州神然农业生态园、东大洼农业休闲观光区、刘老人百年梨园景区、金丰农科园、老漳河农业休闲园区七处运河沿岸农业旅游景观。

在"文旅+工业"的发展模式中，河北文旅积极探索两者之间的结合方式，将文化旅游发展成为企业品牌展示窗口和体验售卖渠道，推动企业传统工业转型升级，培育发展新兴产业的同时带动旅游发展。运河沿岸酒品牌盛誉较高如衡水老白干，当地便充分运用酒品牌来发展工业旅游，已有衡水老白干酒文化旅游景区发展为4A级景区。此外，还有沧州市泊头三井·大运河酒文化产业园、邢台酒文化博览园、雄安保府酒文化园等。奶制品工业在工业旅游中也有一席之地，如保定市和衡水市都分布有蒙牛乳业工业旅游景区，让游客了解牛奶加工制作过程，扩大品牌知名度，并带动产品销售。

在"文旅+教育"模式中，河北文旅依托博物馆、纪念馆等场馆，将红色文化、地方历史、文物历史等讲述给当地居民，成为传承运河文化，弘扬爱国精神的重要载体。当前运河沿岸建设有大名县雕刻博物馆、河北海盐博物馆、沧州规划馆、沧州博物馆、华夏民间收藏馆、李少春纪念馆、本斋纪念园、雄县德韵博物馆、革命烈士纪念馆、白洋淀雁翎队纪念馆十处博物馆或纪念馆类旅游景点，也是当地重要的文化教育基地。

在"文旅+村镇"模式中，河北文旅通过打造运河沿岸特色村镇旅游项目，发展"一村一品"特色产业，是带动当地百姓就业、提高农民收入水平、助力乡村振兴的有利举措。当前已有胜芳古镇、粮画小镇旅游景区、王家寨民俗村三处特色村镇。以粮画小镇旅游景区为例，小镇将乡村风情与城市品质结合，打造了20余家手工体验作坊，建设有田园、小院、客栈等多种风格主题民宿，成为集生态观光、休闲度假、养生艾浴、餐饮住宿于一体的综合性旅游度假景区。当地由此通过发展乡村旅游产业摆脱贫困，走出独具特色的乡村振兴之路。

在"文旅+生态"模式中，河北文旅充分运用运河沿岸优良的自然生态环境，大力发展运河生态旅游项目，建设运河文化公园，通过自然景观和人文景观的结合弘扬运河文化，也给当地居民提供休闲、娱乐、养生之所。目前已建设有滨海恒大文化旅游城、大运河"Ω 湾"公园、邺令公园、漳河旅游度假区、涉县清漳河国家湿地公园、以岭康养庄园、阜城八景公园、运河风情公园、水岸潮白景区、廊坊市文化公园、香河潮白河大运河国家湿地公园、前南峪生态观光旅游区12处旅游景观，在所有类别文旅项目中分布数量也最多。

（二）融合本地非遗文化发展

"非物质文化遗产"的概念在2003年10月17日联合国教科文组织第32届大会上通过的《保护非物质文化遗产公约》中正式提出，最初将非物质文化遗产分为五种类型；其后在2005年国务院下发的《关于加强文化遗产保护工作的通知》中，又将非物质文化遗产归为十个类别，并沿用至今。2021年3月5日，河北省文化和旅游厅编制《河北省大运河文化和旅游融合发展实施方案》，明确提出尊重非物质文化遗产发展规律，以"见人见物见生活"为保护理念，以"科学保护、提高能力、弘扬价值、发展振兴"为主要任务，坚持创造性转化、创新性发展，坚持尊重主体地位、调动各方积极性，深入推进非遗保护工作，完善非遗传承体系，提升非遗保护传承水平，推动大运河沿线非物质文化遗产不断融入现代生活，服务地方经济社会发展。

非物质文化遗产是当地各族人民世代传承的活态文化，是与当地群众生活密切相关的文化表现形式,承载着其特有的历史文化底蕴、民族特色和情感认同价值。而大运河非遗凝结着大运河文化的精华,蕴含着丰富的历史、社会、精神、美学、科学和教育价值,既是运河沿线经济发展、技术进步、生产生活方式变革与文化观念演进的见证,又是独具地域特色的文化资源,其活态保护与活化利用对于促进大运河历史文脉传承和传统文化创新发展具有重大而深远的意义。[1] 目前运河旅游开发通过融入当地非物质文化遗产特色,既能通过旅游让游客了解非遗的传承和价值,又能通过非遗文化来增强区域旅游的文化独特性,二者之间是良性发展关系。运河沿线非遗文化资源分布可用表 5-5 表示。

表 5-5   沿线非物质文化遗产情况

地域	序号	名称	类别	级别
廊坊	1	西河大鼓	曲艺	国家级
	2	花丝镶嵌制作技艺	传统技艺	省级
	3	京东大鼓	曲艺	省级
	4	香河大河各庄竹马会	传统舞蹈	省级
	5	香河安头屯中幡	传统体育、游艺与杂技	省级
	6	香河通臂拳	传统体育、游艺与杂技	省级
	7	西南街音乐会	传统音乐	省级
	8	景泰蓝制作技艺	传统技艺	省级
雄安	1	雄县古乐	传统音乐	国家级
	2	雄县鹰爪翻子拳	传统体育、游艺与杂技	国家级
	3	白洋淀苇编	传统技艺	省级
	4	传统造船技艺	传统技艺	省级
	5	圈头村少林会	传统体育、游艺与杂技	省级

---

[1] 言唱:《大运河非物质文化遗产的活态保护与活化利用》,《海南师范大学学报(社会科学版)》2020 年第 33 卷第 3 期。

地域	序号	名称	类别	级别
沧州	1	太极拳	传统体育、游艺与杂技	国家级
	2	沧州武术	传统体育、游艺与杂技	国家级
	3	沧州落子(南皮)	传统舞蹈	国家级
	4	哈哈腔	传统戏剧	国家级
	5	吴桥杂技	传统体育、游艺与杂技	省级
	6	三井十里香酒酿造技艺	传统技艺	省级
	7	御河老酒酿造技艺	传统技艺	省级
	8	沧县狮舞	传统舞蹈	省级
	9	中幡	传统体育、游艺与杂技	省级
	10	杨氏风船制作技艺	传统技艺	省级
	11	小米面窝头制作技艺	传统技艺	省级
	12	泊头传统铸造工艺	传统技艺	省级
衡水	1	衡水内画	传统美术	国家级
	2	戳脚	传统体育、游艺与杂技	国家级
	3	衡水老白干传统酿造技艺	传统技艺	国家级
	4	漳卫南运河船工号子	传统音乐	省级
	5	龙凤贡面手工制作技艺	传统技艺	省级
	6	运河传统架鼓	传统音乐	省级
	7	阜城打囤	民俗	省级
邢台	1	邢台梅花拳	传统体育、游艺与杂技	国家级
	2	邢窑陶瓷烧制技艺	传统技艺	国家级
	3	广宗县柳编技艺	传统技艺	国家级
	4	隆尧招子鼓	传统舞蹈	国家级
	5	南路丝弦	传统戏剧	国家级
	6	清河曦阳掌	传统体育、游艺与杂技	省级
	7	宁晋泥坑酒酿造技艺	传统技艺	省级

地域	序号	名称	类别	级别
邯郸	1	小磨香油制作技艺	传统技艺	国家级
	2	磁州窑烧制技艺	传统技艺	国家级
	3	四股弦	传统音乐	国家级
	4	传统棉纺织技艺	传统技艺	国家级
	5	大名草编传统手工技艺	传统技艺	省级
	6	滴溜酒传统酿造技艺	传统技艺	省级
	7	大名县佛汉拳	传统体育、游艺与杂技	省级
	8	冀南皮影戏	曲艺	省级
	9	馆陶黑陶制作技艺	传统技艺	省级
	10	粮食画	传统美术	省级

目前，河北省已大致开发形成运河沿线非遗旅游线路，从大运河源头开始，位于廊坊市霸州市的胜芳古镇，这里是大清河，乃至海河流域上游各地往来天津的必经之地，往来船只和人流络绎不绝，也使这里文化积淀更为深厚。胜芳镇以胜芳音乐会为非遗文化特色，其中镇南音乐会又是当地最为著名、规模最大、演出质量最高的音乐会，演出乐曲行云流水，雅俗兼具，深受来往游客喜爱。

出廊坊进雄安，又有雄县宋辽边关地道遗址和安新县白洋淀景区，安新县又有安新芦苇画和传统造船技艺的非遗文化，游客在白洋淀景区周围还可通过观赏非遗文创产品体验其魅力。

从雄安入沧州，这里大运河流经县域众多，沿岸各县市分布有众多旅游景点，各具特色。青县分布有盘古庙景区，集中展现了青县的盘古非遗文化，是将非遗文化与旅游结合的典型；沧县坐落有沧州铁狮子，也从历史文化角度反映了沧县的舞狮文化；泊头市的大运河酒文化产业园从酿酒工艺上生动展现了非遗酿酒技艺；当地最有名景点当属吴桥杂技大世界，吴桥县作为我国杂技发祥地之一，将吴桥杂技这一非遗艺术发展为独有的旅游资源，通过杂技、马戏、气功、曲艺、拉洋片等艺术表演，展示了中国博大精深的杂技文化和民俗艺术，备受广大游客好评。

来到衡水，这里分布有衡水老白干酒文化旅游景区来集中展示衡水老白干传统酿造非遗技艺，让游客了解酿酒传统工艺，展示非遗技艺的魅力。此外，从2019年起，每年5月份还举办衡水老白干酒文化节来弘扬白酒文化，传承匠心精神。

在邯郸市分布有鬼谷子文化园、非遗水城旅游景区、磁州窑富田遗址三处非遗文旅景点。临漳县的鬼谷子文化园，这里是鬼谷子王禅的诞生之地，通过挖掘非遗文化中鬼谷子的传说，重点打造了"朝拜鬼谷诞生地、赏纵横捭阖文化、体验战汉民俗风情"的旅游朝拜胜地。在广平县非遗水城旅游景区，这里是邯郸市非遗文化的展示商街，包括40多个项目80多个种类的非遗文化艺术展示，有纯手工布艺虎头枕、虎头鞋、葫芦画、大鼓、剪纸、竹编等非遗艺术品，可以让游客通过近距离体验感受中国传统文化的博大精深。而峰峰矿区磁州窑富田遗址集中展现了磁州窑这一古代著名的民间瓷窑的魅力，磁州窑是宋代北方民间瓷器的典范，无论在造型或装饰上都着眼于实用、美观和经济，具有民间艺术所共有的豪放朴实的风格。在景区内，游客不仅可以现场观摩民间艺术大师创作陶器的流程，还可以自己亲手制作，感受创作的乐趣。

(三)结合当地历史文化遗存

大运河河北段沿岸分布有众多历史文化遗产，这些建筑、遗址或文物反映了运河沿岸城市的发展变迁，军事设施及宗教、祭祀文化的沿革，有着较高的历史、文化、艺术及社会价值。深入挖掘历史文化遗产背后的文化内涵，将历史文化遗产发展为旅游产业，是推动河北运河沿岸文旅融合发展的又一路径，目前各市区在利用历史文化遗存发展旅游业方面已取得了一定成就。

在廊坊市香河县分布有天下第一城4A级景区，这是一座规模宏大的仿京城建筑园林，建筑本体以明清两代北京城为蓝本进行微缩，重现了昔

109

日北京城的威仪壮观。当前景区内融观光、度假、餐饮、住宿、购物于一体，还有各种风格的文艺演出，是各地游客观光游览的绝佳选择，还是各机构举办文化活动的重要场所。

雄安新区的宋辽边关地道遗址也极具历史文化价值，地道的开凿设计也彰显了古人在军事作战方面的智慧。地道工程浩大、结构复杂、用途广大，可与万里长城相媲美，可谓地下长城。1993 年 6 月，宋辽古战道重新修复供游客参观。

沧州市文化遗存较多，分布有铁佛寺、沧州旧城、泊头清真寺、沧州铁狮子、纪晓岚文化园、马厂炮台遗址六处历史文化遗产。其中铁佛寺作为 4A 级景区，以红色山门、围墙、圆柱和窗棂为建筑特色，山门正中镶嵌有金光闪闪的"铁佛寺"字样，殿内是各类佛祖和菩萨，承载着浓厚的祭祀文化。此外，沧州铁狮子作为雕刻雕塑艺术品，本身就是中国冶铁、雕塑和佛教发展历史的见证，有着较高的文物价值。马厂炮台遗址见证着当地历史上军事设施的建设发展，也具有其独特的历史价值。纪晓岚文化园是一座园林式仿古建筑，园区以实物、绘画的方式记载了纪晓岚的生平和著述，还珍藏有商务印书馆出版的《四库全书》，该园是将旅游与历史文化相融合的典范。

邢台市临西县建设有万和宫，这是一座以"和谐文化"为主题的河北首家国学文化旅游景区，景区内分布有八大文化区，分别展示了宗教、佛教、儒家、民俗、孝悌等文化。此外，还分布有古今中外先贤名人雕像数百尊、精美画品千余幅，典籍箴言篆刻数万字，彰显了中华文化深厚的历史底蕴，也对游客具有历史文化教育意义。

邯郸市的黄粱梦吕仙祠始建于宋代，是依据唐代沈既济传奇《枕中记》而建，成语"黄粱美梦"和毛泽东诗句"一枕黄粱再现"典故来源都源于此，可见其历史底蕴之深厚。当前建筑本身是中国北方规模最大和保存状况最好的道教宫观之一，主要供奉道教著名的八仙之一吕洞宾，因此也具有浓厚的宗教色彩。临漳县的铜雀三台遗址公园，是游客了解曹魏历史的代表性场所，公园内分布有各种文物陈列馆和古建筑遗址，让游客游览过程中体验邺城文化的魅力，目前已被河北省科学技术厅认定为河北省第三批省级科普基地。

（四）景区等级整体不高，缺乏核心竞争力

根据河北大运河沿岸 62 处景区分布情况，可从 5A 级、4A 级、3A 级、2A 级及以下 4 个类别进行景区等级的划分，如图 5-17 所示。

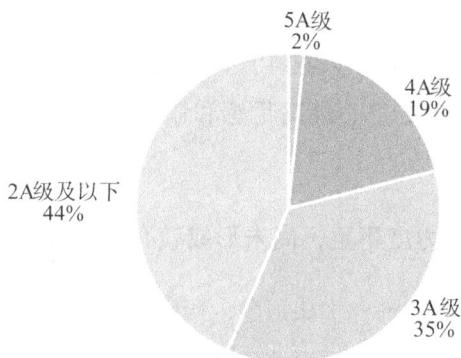

图 5-17 河北大运河沿岸旅游景区等级

从景区等级划分来看，4 个由高至低的等级分布依次呈递增趋势，即 5A 级景区分布最少，仅占整体的 2%，2A 级及以下分布最多，为 44%，占比将近一半，分布差异显著。从整体来看，3A 级和 2A 级及以下的景点分布占据整体比例的 79%，占比将近 4/5，而 5A 级和 4A 级景区仅占 21%，仅占整体的 1/5。

从数据分布可以清晰看出，河北省大运河沿岸文旅发展过程中，缺乏龙头型旅游景区的带动，目前仅有白洋淀一处 5A 级景区，辐射范围有限，与周边省份相比差距也较大，缺乏核心竞争力。而占绝大多数的 3A 级、2A 级及以下的旅游景区，更是因景区小、分布分散、位置偏远、知名度不高等问题鲜有外地游客光顾，在旅游对当地经济发展的贡献上也不理想。再加上环京津的地理区位影响，北京、天津两市的旅游目的地在一定程度上对河北省的旅游地产生形象屏蔽效应，这样就使得河北省处于"灯下黑"

的境地，在旅游市场的激烈竞争中处于劣势。①

(五)景区配套设施尚不完善，高品质公共服务供给不足

河北省在文旅融合发展过程中，还存在基础设施建设和公共服务供给滞后和不足的问题，交通设施如景区游览规划路线、停车服务、交通指示牌等缺失；游客接待如游客服务中心、公共厕所、餐饮服务、住宿条件等还需改进；还有景点解说服务、针对特定游客的人文服务、景区相关配套文创产品等都还处于初步规划设计和设想阶段。整体来看，景区服务水平较低，缺乏人文关怀渗透，未能将游客的需求与资源进行紧密结合，难以让游客在旅游过程中产生心理满足感和愉悦感，乃至影响文旅产业整体发展。

(六)品牌建设力度不足，尚未形成较有知名度的旅游品牌

品牌的打造在树立河北文旅形象、吸引游客参观、提高市场竞争力上具有极其重要的作用。但反观河北省文旅产业发展过程中，未能将自身文化特色与旅游资源充分融合，文旅项目规划缺乏富有特色和吸引力的品牌主题，文创产品设计也缺乏新意，同质化现象较为严重，市场竞争力差。此外，因文旅项目宣传推广形式和渠道依然存在欠缺，不够新颖和多元化，营销力度不足，导致品牌传播力不足，知名度也有所减弱。还因公共服务水平较低，旅游管理规范不到位，从业人员专业素质不高，这些问题共同制约品牌美誉度的提升。

四、沿岸生态保护开发情况

近代以来，伴随着现代生产生活方式的兴起，在运河沿岸工业、铁路交通运输业发展、生活废水排放等一系列人类活动影响下，河道废弃、水质污染、林木被砍、湿地退化、生物多样性锐减等一系列问题，使运河沿

---

① 袁志超、李欣：《融合理念下的文旅产业发展研究——以河北省为例》，《东方企业文化》2015 年第 8 期。

线自然生态环境遭到前所未有的破坏。恢复大运河"生态链"，还原运河绿色生态，促进运河沿线区域生态文明建设，已成为当前发展的题中之义。

2017年习近平总书记在《打造展示中华文明的金名片——关于大运河文化带的若干思考》一文中作出重要批示，要坚持"保护好、传承好、利用好"大运河，由此大运河的保护开发工作在运河沿线区域迅速展开。2018年，习近平总书记在出席全国生态环境保护大会上又特别强调，生态文明建设是关系中华民族永续发展的根本大计，生态兴则文明兴，生态衰则文明衰，要坚持人与自然和谐共生，节约优先、保护优先、自然恢复为主的方针，不断满足人民群众日益增长的优美生态环境需要。① 生态环境保护是生态文明建设的核心和关键，如今大运河河北段沿岸建设运河文化公园、开发生态旅游项目、规划运河绿化带等措施，是深入贯彻习近平总书记有关"保护好、传承好、利用好大运河"的重要批示指示精神，是科学构建运河文化和旅游产业体系，培育"千年运河，燕赵雄风"运河品牌的重要举措，对实现运河文化与绿色生态融合发展，推动运河整体性保护具有重要意义。

如今在已经开发建设完成的运河生态旅游景区中，可将其分为生态湖泊、运河公园、生态旅游景区三个类别(见图5-18)。

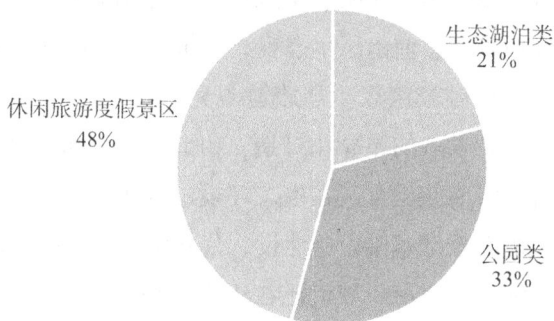

图5-18　河北大运河沿岸生态旅游开发情况

① 《习近平出席全国生态环境保护大会并发表重要讲话》，新华网，http：//www. gov. cn/xinwen/2018-05/19/content_5292116. htm? allContent，2018年5月19日。

生态湖泊类包含白洋淀景区、衡水湖景区、阜城湖生态风景区、南大港湿地和贝壳湖景区五处景区，这些景点都是河北省运河沿岸天然的湖泊湿地，一年四季景色也随季节流转而变化，有茂密的芦苇荡和荷塘、夏日盛开的荷花，还有各种鸟类生物迁徙此处，让人流连忘返，心旷神怡。目前各地政府为贯彻习近平总书记"绿水青山就是金山银山"的发展理念，通过对湖泊湿地的持续治理和保护，目前湖面恶臭，充斥绿藻、垃圾的情况已基本消失，水质得到明显改善，景区配套基础设施也逐步完善，尤以白洋淀和衡水湖景区发展较好，每年也吸引了大量游客游览。

运河沿岸公园建设也取得一定进展，目前已经建设有大运河"Ω湾"公园、涉县清漳河国家湿地公园、邺令公园、铜雀三台遗址公园、运河风情公园、八景公园、廊坊市文化公园、香河潮白河大运河国家湿地公园八处公园场所。公园的开发和建设在旅游层面的表现相对不突出，更多的是向当地居民休闲娱乐提供场所。在此基础上，应借助大运河和当地历史文化的发展优势，进行公园景观和文化内涵的打造和延伸。此外，湿地公园还可以结合生物多样性的独特优势，吸引周围居民的观赏游览。

休闲旅游类景区分布较多，占比将近50%，分别是滨海恒大文化旅游城、青县司马庄蔬菜观光园、沧州神然农业生态园、粮画小镇旅游景区、漳河旅游度假区、以岭康养庄园、东大洼农业休闲观光区、刘老人百年梨园景区、水岸潮白景区、前南峪生态观光旅游区、老漳河农业休闲园区11处旅游景区。这类旅游景区以生态旅游观光为特色，并结合农业、康养、娱乐等主题进行旅游景点的差异化打造，由此来吸引游客体验，提高景区差异化竞争优势。目前此类景区在生态环境的保护和开发利用上已取得一定成果，未来还需在景区基础设施建设、公共服务供给层面多加努力。

除此之外，河北运河沿岸城市还在逐步规划大运河生态产业项目，如森林公园、生态休闲园、采摘园的建设等。以沧州市为例，目前沧州市东光县氧生园运动休闲森林公园已经形成绵延20千米的绿色长廊，还有总投资18.5亿元的吴桥杂技山水田园综合体项目正在建设中，未来沧州市还将在不断推进建设高质量精品工程上做出努力。

第三节　河北大运河物质文化遗产特征

一、水利工程遗产体系完整，历史文化价值高

大运河沿岸水利工程遗产是古代人民对大运河水利利用、水患治理所留下的文化遗存，凝聚了古代劳动人民在河道治理、建筑施工方面的智慧，是特定历史时期大运河与社会、文化相互影响的结果，具有较高的历史文化价值。

但长期以来，相关部门往往更加关注运河水利工程遗产的水利生态功能，对相关技术问题给予更多的研究，而忽视了其历史文化内涵。这种历史文化保护观念的缺失，直接导致在河道疏通、航道整治的过程中，一些具有文化价值的码头、水闸、堤坝被拆除或破坏。但如果将水利工程遗产作为文物保护起来，忽视其自身承载的生态、灌溉、防洪等功能，又会导致水系与生态环境之间的物质与能量循环破坏，降低河水的自净能力，造成大运河自然生态环境的退化。① 因此，把握保护与利用的度，推动文化与生态融合发展，对水利工程遗产发展而言至关重要。在具体保护利用实践上，可对水利工程遗产的文化和生态价值进行综合评估，对重点水利工程的建设，在文化保护与防洪、生态保护等发生冲突时，可优先发展水利工程生态功能；而涉及重点文物的保护，在不严重损害生态环境的情况下，应使文物保护优先。

（一）水利工程遗产分类

目前大运河河北段沿岸共分布有 17 处水利工程遗产，按不同类别又可将其分为堤坝、水利枢纽、水闸、码头、险工、给水所 6 种类型，具体分布如图 5-19 所示：

① 孙威、林晓娜、马海涛等：《北京运河文化带保护发展的国际经验借鉴研究》，《中国名城》2018 年第 4 期。

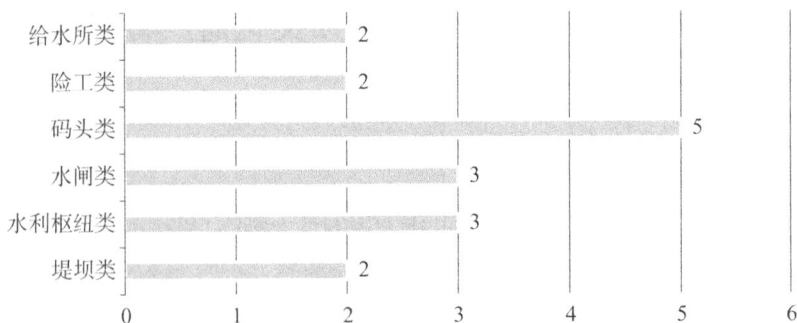

图 5-19　大运河河北段水利工程遗产分布

　　从整体分布来看，各类别分布数量差异并不明显，且多有分布数量相同的情况，如水闸类和水利枢纽类相同，分别分布有 3 处，给水所类、险工类、堤坝类三者均相同，为 2 处。从分布数量来看，码头类遗产分布数量最多，有 5 处，水闸类和水利枢纽类分布数量次之，给水所类、险工类、堤坝类分布最少。

　　历史上随着大运河河北段漕运的发展，码头多为船只停靠、商品集散的重要场所，码头的建设带动各地商品的流通和人员的流动，由此也促进当地经济的发展和文化的融合。码头类水利遗产包含油坊码头、尖冢码头、丁家码头、渡口驿码头和大名龙王庙卫河码头 5 处。从分布市区看，80% 来自邢台市，另外一处大名龙王庙卫河码头分布在邯郸。码头类水利遗产整体保护等级不高，仅油坊码头一处为全国重点文物保护单位，龙王庙卫河码头为市级文物保护单位，其他尚无保护等级。以全国重点文物保护单位油坊码头为例，油坊码头位于邢台市清河县，始建于明代弘治年间，在明清时期这里成为大运河沿岸著名的水陆码头和物资集散交流中心，油坊镇也因码头商贸的繁荣而成为北方重要的商品集散地，被誉为"北方的小上海"。而尖冢码头的建设也带动了尖冢镇的发展，历史上尖冢是古临清重镇，兴起于金元时期，兴盛于明清时期，周边县市都在尖冢设有"办事机构"，商贸往来的繁华使这里素有"一京二卫三尖冢"的美誉。渡口驿码头在明清时期是皇粮漕运的必经之地，来往船只云集使渡口驿迅速发展成为商品流通、货物吞吐的集散要地。

　　水闸是控制河流流量和调节河流水位的重要水利设施，历史上为保障汛期京杭大运河正常通航，通常需要关闭闸门进行拦洪和挡潮，而在运河水量不足时，又可通过开启闸门泄水，以对下游河道供水。水闸类遗产包含捷地分洪闸设施、红庙村金门闸、戈家坟引水闸三处，此类水利遗产均匀分布在沧州市、廊坊市和衡水市，保护等级也较为分散，捷地分洪闸设施是省级文物保护单位，红庙村金门闸是国家级文物保护单位，戈家坟引水闸尚无保护等级。位于沧州市沧县的捷地分洪闸设施始建于明弘治年间，历史上还有乾隆皇帝在此地题诗立碑，目前是南运河段发挥重要作用的分洪闸之一，承担重要的水利枢纽防汛工作；红庙村金门闸也在历史上因工程宏伟、泄洪蓄水功能强大而受乾隆皇帝题诗称赞；金门闸也是北运河上修建的第一个减河闸，它的营建是我国传统科学技术和运河两岸劳动人民智慧的集中反映；戈家坟引水闸是 1958 年当地政府组织以青年妇女为主的万名民工修建，此后成为当地第一座县级专用水闸。

　　水利枢纽是在河流或渠道的适宜地段修建的不同类型水工建筑物的综合体，多数水利枢纽兼具防洪、灌溉、水力发电等功能，为综合性水利枢纽。水利枢纽类遗产包含周官屯水利穿运枢纽、南运河北陈屯枢纽和北运河土门楼枢纽三处。其中周官屯水利穿运枢纽和南运河北陈屯枢纽都分布在沧州市，北运河土门楼枢纽在廊坊市。从保护等级来看，周官屯水利穿运枢纽为全国重点文物保护单位，南运河北陈屯枢纽和北运河土门楼枢纽尚无保护等级。周官屯水利穿运枢纽主要任务是通过平交立交结合方式，解决子牙新河与南运河洪水交叉矛盾问题，并兼具水、航运、灌溉等综合功效；南运河北陈屯枢纽主要任务是与捷地分洪闸联合运用，控制南运河下泄流量，又兼有蓄水、灌溉、航运、供水等综合效益；北运河土门楼枢纽是海河流域北运河和青龙湾减河分洪的枢纽工程，当前主要作用是向青龙湾减河分洪及经北运河给天津市送水。

　　铁路给水所的作用是通过储水池和滤水设备对大运河水源进行净化，再把净化过后的水通过地下管道供给铁路运输生产和生活用水。水所类水利遗产包含青县铁路给水所和连镇铁路给水所两处，均分布在沧州市，青县铁路给水所为省级文物保护单位，连镇铁路给水所尚无保护等级。青县铁路给水所由德国工程师设计，总体设计风格为欧式建筑，建筑结构严谨，布局合理，历经百年仍保存完好；连镇铁路给水所也由德国工程师建筑施工，日本人建设完成，在战争时期被列强使用，通过利用运河水驱使火车运载。

险工是指在河道堤防上存在可能发生危险的工程，通常会因规划不当、设计失误、施工质量差等原因造成险工的出现。险工工艺指在经常受水流冲击，经常发生险情的堤段，古人往往会修建险工类工程设施，如某某险工。险工类遗产包含朱唐口险工和华家口夯土险工两处，均为全国重点文物保护单位。朱唐口险工位于邢台市清河县，在诸多险工设施中是颇具代表性的一处，于清末时期建成，险工总体长 961 米，先后经过多次修缮，材质使用分别为抛石坝、干砌石及浆砌石坝、井柱网格坝、青砖砌三合土坝，也反映出大运河堤防治理技术的不断改进；华家口夯土险工位于衡水市景县，也在清朝时期修建完成，全长 255 米，采用黄土、白灰加糯米浆夯筑成坝墙，具有耐冲刷、防渗漏、抗水压的特点。

堤坝泛指防水拦水的建筑物或构筑物，常常在运河发生水患时期，堤坝作用更为突出。堤坝类遗产包含东光连镇谢家坝和郑口挑水坝两处，也均为全国重点文物保护单位，分别分布在沧州市和衡水市。东光连镇谢家坝全长 218 米，是南运河河北段仅存的两处夯土坝之一，坝体用灰土加糯米浆逐层夯筑，整体稳定性好，自修建完成没有出现决堤情况；郑口挑水坝现存六处，均是在明、清险工基础上修建完成的，自挑水坝建成，沿岸漫堤决口得到有效治理。

(二) 各市水利工程遗产分布

从图 5-19 统计看出，17 处水利工程遗产差异化分布在廊坊、沧州、衡水、邢台、邯郸五市，统计 5 市在 6 大类别中水利工程遗产的具体分布情况，可用图 5-20 表示。

整体来看，沧州市水利工程遗产分布数量最多，有 6 处，其他依次为：邢台市 5 处、衡水市 3 处、廊坊市 2 处、邯郸市 1 处。而从 5 市在不同类

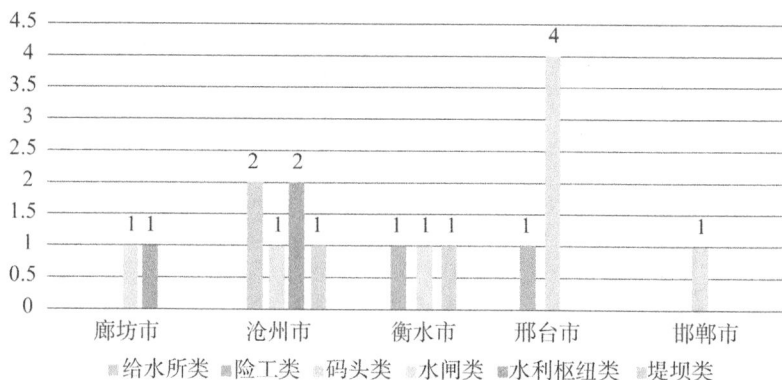

图 5-20 各市水利工程遗产具体分布

别的具体分布数量来看,邢台市分布码头类遗产分布数量最多,有 4 处,其他类别数量在各市分布的差异并不明显,都仅分布一两处。之所以邢台市码头类遗产有较多的分布,也得益于历史上邢台市地理位置之便,这里是南方江浙、湖广地区至北京水路运输的重要通道,南达洛阳,西到长安,北通幽燕,是附近县市的商品集散地和集散中心,地理交通位置的便利促进了这里码头的发展。

从 5 市分布的类别多样性来看,沧州市和衡水市分布较为多样,沧州市分布有水所类、水闸类、水利枢纽类、堤坝类四种不同类别,衡水市分布有险工类、水闸类、堤坝类 3 种不同类别,廊坊市和邢台市有两种,邯郸市仅一种。沧州市水利工程遗产分布较多,也与沧州市流域长,流经县域多,因此得于沧州段运河之便,沧州沿岸多修建铁路给水所利用沿岸水资源保障铁路用水。此外,沧州段和衡水段沿岸地段蜿蜒曲折、水深流急,多险工、决堤等现象发生,因此多修建水闸、堤坝等调节水位,治理水患。

(三)水利工程遗产保护等级分布

统计 6 大类别水利工程遗产保护等级的具体情况,可用图 5-21 表示。

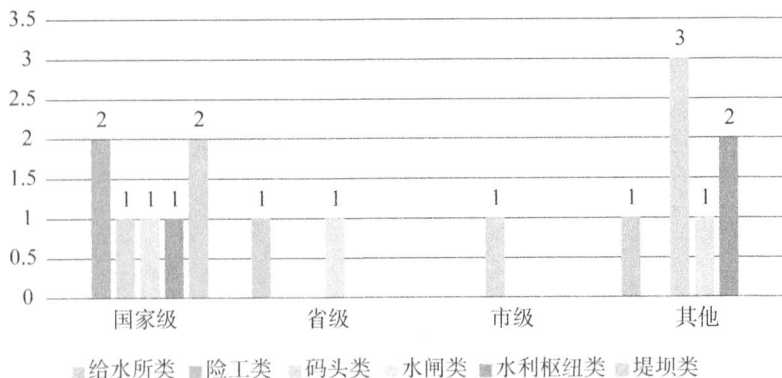

图 5-21　水利工程遗产保护等级分布

　　从整体分布来看，水利工程遗产保护等级集中分布在全国重点文物保护单位和其他类别之间，在全国重点文物保护单位中，又以险工类和堤坝类分布数量最多，均有 2 处分布，且这两类水利设施遗产保护等级分布均为国家级，因此也集中代表了古人在河道治理、防洪筑堤方面的最高科学技术水平和杰出智慧，具有较高的历史价值。在其他类别保护等级中，码头类遗产分布数量最多，有 3 处，水利枢纽类次之，有 2 处，此外还分布有 1 处给水所类和水闸类。省级和市级文物保护单位水利工程遗产分布较少，省级文物保护单位分布有给水所类和水闸类遗产各 1 处，市级只分布有 1 处码头类遗产。

二、文化遗产类型多样，文化内涵深厚

　　大运河河北段沿岸文化遗产类型既有物质文化遗产也有非物质文化遗产，二者呈现形式存在一定差异，物质文化遗产多以实体建筑、雕刻等方式存在，而非物质文化遗产多是当地的特色手工艺、风俗习惯、文化艺术等。但二者都是随运河发展而诞生，经岁月流转，运河变迁，仍保留至今有着较强生命力的文化载体，也是运河两岸居民生产和生活方式变化的重要见证。

（一）大运河河北段物质文化遗产分布

京杭大运河河北段沿岸分布有众多类别的物质文化遗产，从以上章节统计分析中，除运河本体类和水利设施类，还可将其整合划分为建筑类、遗址类、铸造/雕刻类、古墓群类、古村镇类 5 种类型，不同类型也从不同侧面反映了大运河河北段沿岸的历史变迁和风土人情，风格多样，历史文化底蕴深厚。统计各类型分布的具体数量，可用图 5-22 所示：

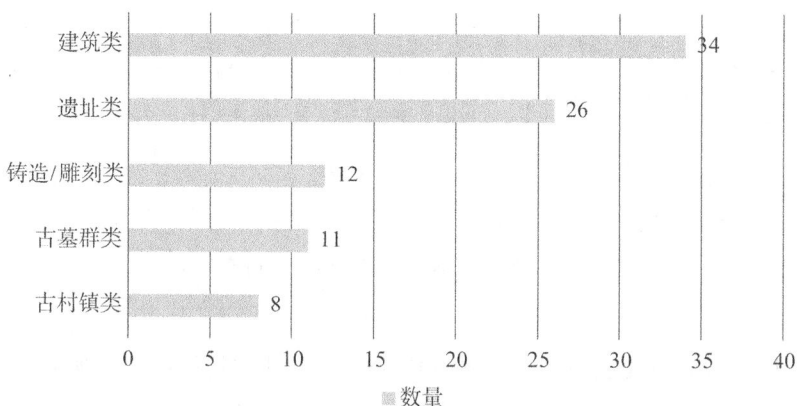

图 5-22　大运河河北段物质文化遗产分布

从整体分布来看，两极分化现象明显，建筑类和遗址类分布数量遥遥领先，分别分布有 34 处和 26 处，而铸造/雕刻类、古墓群类和古村镇类分布较少且数量也较为平均，分别有 12 处、11 处和 8 处。其中建筑类文化遗产包含文庙、宅院、会馆、城楼、寺庙、天主堂等多种建筑风格，分别代表沿岸居民不同的生产和生活方式；遗址类包含古城、军事设施、沉船、厂房、地道等多种类型，这些都是古代人民从事经商、军事作战、水路运输等行业时留下的珍贵遗产，为研究运河发展变迁提供了宝贵的史料；而铸造/雕刻类、古墓群类和古村镇类风格较为统一，差异性并不显著，但也集中反映出古人在历史事件记录方面的特有习惯、丧葬文化和运河沿岸村落的发展变迁。

(二) 各市区物质文化遗产具体分布情况

统计各市区在不同类别中分布的差异情况, 又可用表 5-23 表示:

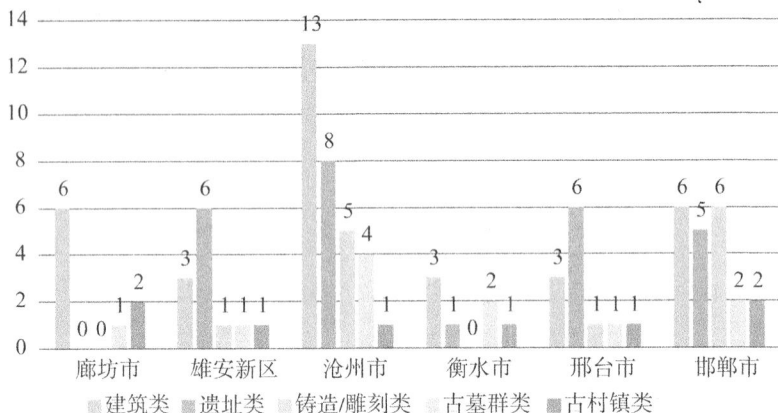

图 5-23　各市区不同类别物质文化遗产分布

从具体分布数量来看, 沧州市整体分布数量较其他市区遥遥领先, 其中又以建筑类分布数量最多, 分布有 13 处, 是各市区不同类别分布中唯一一个破 10 的类别; 此外, 沧州市遗址类较其他类别分布数量也较多, 有 8 处; 廊坊市建筑类、雄安新区遗址类、邢台市遗址类、邯郸市建筑类、铸造/雕刻类分布数量居次, 有 6 处; 沧州市铸造/雕刻类、邯郸市遗址类分布再次, 有 5 处; 其他类别如古墓群类、古村镇类在各市区分布数量整体较少, 差异并不明显。

从各市区不同类别具体分布来看, 也可看出较大差异性。廊坊市物质文化遗产分布头部效应明显, 主要集中在建筑类, 分布有 6 处, 而古村镇类和古墓群仅有一两处零星分布, 甚至遗址类和铸造/雕刻类没有分布。且 6 处建筑类遗产相较其他类别保护等级也较高, 其中胜芳张家大院、胜芳王家大院和龙泉禅寺都为省级文物保护单位, 其他都尚无保护等级。而胜芳古镇还作为廊坊市霸州市 3A 级旅游景点, 还有胜芳音乐会这一非遗文化项目加持, 每年都吸引周围众多游客参观游览。

雄安新区物质文化遗产分布集中在遗址类，有 6 处，建筑类次之，有 3 处，其他类别都仅有 1 处。其中，6 处遗址类物质文化遗产有 2 处为全国重点文物保护单位，为宋辽边关地道遗址和南阳遗址，其他 4 处均为省级文物保护单位。雄安新区多遗址类遗产也与当地区区域历史有关，雄县、安新县和容城县都具有上千年的历史，在商周时期，这里就是燕南赵北的标志性区域，因此这里保留着大量商周时期遗址，而在南北宋时期，这里又是与辽国的分界地，因此历史上在此地建立军事防御系统成为独具特色的风景。

沧州市物质文化遗产整体均分布较多，尤以建筑类最多，有 13 处，其他类别按遗址类、铸造/雕刻类、古墓群类、古村镇类顺序呈依次递减趋势。沧州市物质文化遗产保护等级分布较平均，每个类别几乎均有一两处为全国重点文物保护单位，如沧州旧城、马厂炮台及军事遗址、沧州铁狮子、纪晓岚墓等。大运河贯穿沧州全境，沧州市也是运河流域最长的地级市，因此运河的发展也催生了沿岸数量众多、类型不一的物质文化遗产。这些文化遗产反映了不同时期运河沿岸的政治、经济、文化发展，具有较高的历史文化价值。

衡水市不同类别物质文化遗产分布差异性并不明显，除铸造/雕刻类尚无分布以外，其他类别均有一两处分布，建筑类遗产有 3 处，为最多。值得一提的是，衡水市物质文化遗产分布虽占少数，但保护等级却较高，如两处古墓群类物质文化遗产均为全国重点文物保护单位，建筑类 3 处中也有庆林寺塔和开福寺舍利塔两处为全国重点文物保护单位。从文物保护等级之高，也可见文化遗产价值之大、历史底蕴之深厚。

邢台市物质文化遗产不同类别分布与雄安新区相同，均是遗址类分布最多，有 6 处，建筑类有 3 处，其他类别各一处。而在 6 处遗址类物质文化遗产分布中，也有 2 处为全国重点文物保护单位，分别是临清古城遗址和贝州故城遗址。邢台市有着 3500 年的建成史，是河北省最古老的城市，运河由南向北流经邢台临西、清河两县，也给两地留下较为丰富的历史文化遗存，物质文化遗产分布也相对较为集中。

邯郸市物质文化遗产分布也呈两极分化态势，分布类型中以建筑类、遗址类和铸造/雕刻类居多，而古墓葬类和古村镇类分布相比这三类较少。全国重点文物保护单位分布也较为分散，建筑类、遗址类和铸造/雕刻类中均有分布。相比其他市区，邯郸市物质文化遗产分布有一个较为突出的特点：铸造/雕刻类有较多的分布，且均为碑刻的呈现形式，如五礼记碑、狄仁杰祠堂碑、罗让碑等。一方面，碑刻是为记录古人的优良事迹以传颂后人，还有当地发生的重要历史事件，雕刻在石碑之上以起警示、告诫作用；另一方面，石碑还是展示古人书法作品、纪念去世先辈的重要载体。

三、沿线景观环境和人文环境自然古朴，原生态特点突出

大运河自开凿以来，逐步形成了内涵丰富的自然和文化空间，这个以运河水资源为脉络、以运河沿岸人类活动为内容的立体空间，不断衍生出更为丰富的自然风貌和文化产品。[①] 从自然条件来看，运河在开凿过程中充分连接沿线支流湖泊，贯通了黄河、长江、淮河、海河、钱塘江五大水域，充分将人工水利工程与自然环境有机结合，运河沿岸动植物、气候、水文、地质地貌、土壤、植被相互影响，相互依存，共同形成一个天然的生态调节系统。[②] 在人文环境上，运河又是一条流动的"文化链"，运河文化以运河水资源为载体，以地域环境为特色，是在运河自然生态与地方社会变迁中有机结合发展而来的，人文与生态相互交融是其文化发展的典型特征。在对大运河沿岸生态环境保护开发和利用过程中，当地政府结合运河沿岸自然生态景观和文化底蕴，打造了运河文化公园、湿地公园、农业产业园、运河旅游度假区等系列生态观光旅游景区和周边居民休闲娱乐场所，最大限度地保留了其原生态特点。

(一) 运河沿岸生态旅游景点

在运河沿岸生态旅游景点分布上，可将其分为生态湖泊类、运河公园

---

① 周峨春、闫妍：《大运河文化与生态融合保护制度及其实现》，《河南财经政法大学学报》2020 年第 2 期。

② 姜师立：《论大运河文化带建设的意义、构想与路径》，《中国名城》2017 年第 10 期。

类、农业产业园类和休闲旅游景区类 4 个类别，景点分布整体差异性较小，分布数量呈等差递减趋势，农业产业园分布数量最多有 7 处，其他呈农业产业园、休闲旅游景区、生态湖泊、运河公园分布数量分别为 6 处、5 处和 4 处。

统计运河沿岸分布的生态旅游景点，可用图 5-24 表示：

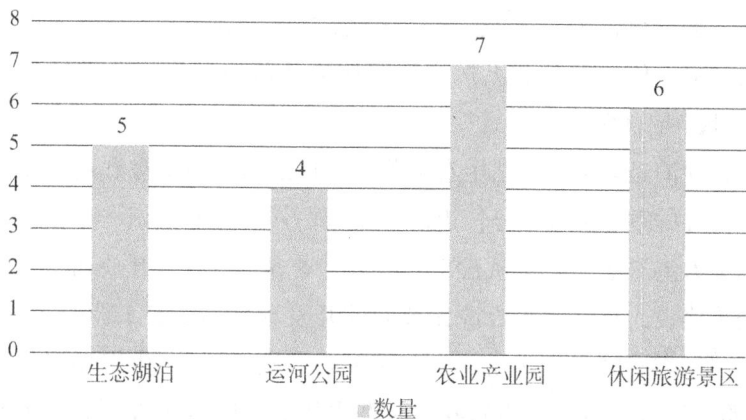

图 5-24　运河沿岸生态旅游景点分布

运河国家文化公园的建设在运河沿岸生态环境开发中有着重要意义，早在 2018 年 2 月，中央文化体制改革和发展工作领导小组就把"开展国家文化公园建设试点"列为年度工作要点。随后在 2019 年 7 月 24 日，习近平主持中央全面深化改革委员会第九次会议，正式审议通过了《长城、长征、大运河国家文化公园建设方案》，指出建设大运河国家文化公园，对坚定文化自信，彰显中华优秀传统文化的持久影响力具有重要意义。[①] 目前大运河河北段沿岸已建设有大运河"Ω 湾"公园、涉县清漳河国家湿地公园、运河风情公园、香河潮白河大运河国家湿地公园 4 处运河公园景观，在建设过程中当地政府结合当地运河发展历史、发掘运河特色文化内涵、把握

---

① 王健、王明德、孙煜：《大运河国家文化公园建设的理论与实践》，《江南大学学报（人文社会科学版）》2019 年第 18 卷第 5 期。

运河公园文化功能的基础上，再结合运河原生态景观，构建出集文化传播、休闲为一体的新型公共空间。

农业产业园的开发是依托运河沿岸丰富的原生态农业资源，而发展的农业采摘、景观农业、科技农业等系列农业旅游资源，当前分布有青县广旺农庄、青县司马庄蔬菜观光园、沧州神然农业生态园、东大洼农业休闲观光区、刘老人百年梨园景区、金丰农科园、老漳河农业休闲园区七处农业生态景观。相关部门通过整合沿岸精品农业景观，开发休闲农业精品游览线路，可以构建起河北大运河沿线区域休闲农业廊道，实现建设运河"美丽田园"带目标。

生态湖泊是天然的自然生态资源，包括沿岸生态植被和鸟类生物都是其生态资源的重要组成部分，当前分布有白洋淀、衡水湖、阜城湖生态风景区、南大港湿地和贝壳湖五处生态湖泊景观。在改革开放初期，因过度重视经济建设，对湖泊水资源无节制的开发利用，以及工业废水的排放，造成湖泊生态不同程度污染。如今随着总书记倡导走"生态振兴、绿色崛起"之路，经过系列整治措施湖泊生态水质已有明显改善，沿岸生态环境和生物多样性有着很大提升。

休闲旅游景区是当地政府结合特定文化特色项目或自然风光打造的，集观光、文化、生态、娱乐、养生于一体的观光类景区，包含粮画小镇旅游景区、郗令公园、漳河旅游度假区、以岭康养庄园、水岸潮白景区、前南峪生态观光旅游区6处。以4A级景区前南峪生态观光旅游区为例，这里素有"太行山最绿的地方""太行明珠"的美誉，植被覆盖率更是高达94.6%，树木种类分布有50多种，还有异域果实，是集旅游观光、消夏避暑、自然生态为一体的综合景区。

(二)各市区生态旅游景点分布

统计各市区不同类别生态旅游景点的具体分布，可用图5-25表示。

从整体分布数量来看，以沧州市和衡水市生态旅游景点分布最多，均分布有6处；其他市区分布数量较少，邯郸市、廊坊市、邢台市、雄安新区分布数量呈等差递减趋势，分别为4处、3处、2处、1处。在各市区单

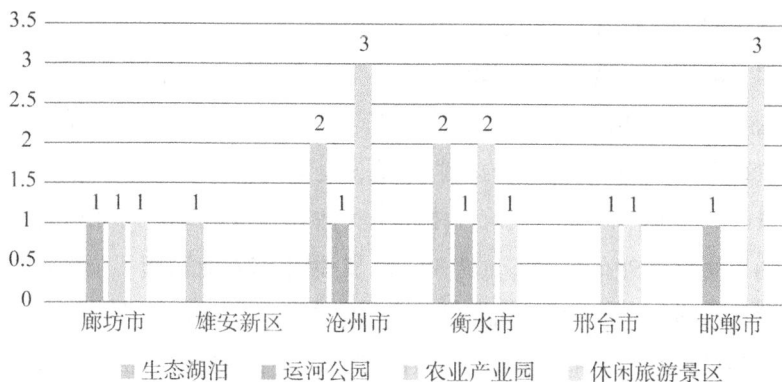

图 5-25 各市区生态旅游景点分布

个类别分布数量比较中，以沧州市农业产业园和邯郸市休闲旅游景区分布最多，都有 3 处；其次是沧州市生态湖泊、衡水市生态湖泊、衡水市农业产业园，都有 2 处；其他类别都仅分布 1 处或没有分布。在各市区类别分布多样性上，衡水市类别分布最多，4 种生态旅游景观类别都有分布；其次是廊坊市和沧州市，有 3 种；邢台市和邯郸市有 2 种；雄安新区仅 1 种。

从各市区生态旅游景点具体分布来看，廊坊市分布有香河潮白河大运河国家湿地公园、金丰农科园、水岸潮白景区 3 处生态景观。香河潮白河大运河国家湿地公园环绕廊坊市香河县城，园区内植被多样，野生资源十分丰富，是众多野生动物的栖息之地和取食饮水场所，目前这里已成为国家湿地公园试点，未来还将有力推进京津冀湿地生态建设。金丰农科园为国家 4A 级景区，是集观光、种植、科研、生产经营于一体的农业园区，是青少年农业教育科普示范基地，也是周边游客放松身心、体验田园风光的理想休闲场所。水岸潮白景区是集乡愁体验、休闲农业、亲子研学、手工艺体验、特色美食、精品民宿为一体的京津冀乡村旅游度假目的地，是感受匠心精神、体验田园魅力的绝佳去处。

雄安新区目前仅分布 1 处生态湖泊类生态旅游景点，为白洋淀，保护等级也最高，为 5A 级景区。未来雄安新区还需在挖掘白洋淀附近生态旅游资源、开发生态旅游项目上多做尝试。

127

沧州市分布有南大港湿地、贝壳湖景区、青县广旺农庄、青县司马庄蔬菜观光园、沧州神然农业生态园、大运河"Ω湾"公园 6 处生态旅游景点。南大港湿地是著名的退海河流淤积型滨海湿地，有较多的原生态植被和生物物种的多样性，为省级自然保护区。贝壳湖景区是以海洋文化、贝壳元素结合而成的极具特色的度假胜地，是渤海新区发展全域旅游的重要生态景区。青县广旺农庄建筑整体风格为徽式建筑，景区内种植有十余个品种的果树，还分布有生态鱼塘 30 亩，是集生态农业采摘、亲水垂钓、农家乐餐饮住宿于一体的多功能乡村休闲旅游景区。青县司马庄蔬菜观光园拥有蔬菜瓜果生产基地 500 余亩，可生产 30 多个品种的有机蔬菜和多种珍稀品种水果，许多著名艺人曾来此品尝蔬菜、休闲观光。神然农业生态园是一处以农业生态为特征的科技生态园区，通过调整传统农业结构，开发生态农业旅游项目，打造成现代多功能农业产业化高科技龙头企业。大运河"Ω湾"公园地处沧州市清池大道与九河路交叉口附近，运河流经此处形成一个大大的"Ω"形，"Ω湾"公园由此得名，建设部门在保留现有植被基础上，还进行了微地形打造，铺设了大片草皮植被。放眼望去，这里绿树成荫，碧水萦绕，满足了周边居民日常休闲、娱乐的需求。

衡水市分布有衡水湖、阜城湖生态风景区、以岭康养庄园、东大洼农业休闲观光区、刘老人百年梨园景区、运河风情公园六处生态旅游景点。衡水湖是河北著名的湖泊湿地，这里生物多样性十分丰富，有众多国家一级重点保护野生动植物，自然风光优美，文化底蕴深厚。阜城湖生态风景区前身名为千顷洼，由古黄河、古漳河改道冲积而成，因地势低洼、蓄洪能力强得名，阜城湖景区是应习近平总书记倡导的生态文明发展要求建设而成的，通过全力开展大规模造林工程和引水工程，打造阜城生态文明新地标。以岭康养庄园依托当地自然生态资源与以岭药业产业优势，坚持"绿色、健康、休闲、旅游"的发展理念，并将中医康养文化与休闲农业相融合，打造以乡村休闲为主的健康养生新名片。东大洼农业休闲观光区以"生态农业+旅游观光、农旅文化+特色产业"为特色，发展具有现代都市特色的农业观光产业，打造乡村旅游精品景点。刘老人百年梨园景区是我国保存最完整、株数最多、年龄最长的古梨园，融自然生态、人文景观、休闲体验、农业观光、科研种植于一体，素有"中华第一古梨园"和"运河古梨第一乡"的美誉。运河风情公园分为生态田园、滨水娱乐、运河文化体验等多个游览区域，在项目设置上以运河博物馆、郑口挑水坝等重点项目为主体，由此形成了一个运河文化气息浓郁、适宜周边居民休闲观赏的多功能场所。

邢台市分布有前南峪生态观光旅游区、老漳河农业休闲园区两处生态旅游景点。老漳河农业休闲园区秉承"特色农业为基底，生态水系为魂，历史文化为根"的规划理念，空间上构建以生态、文化、科技农业为主的发展格局，形成了生态水系观光、农业采摘、休闲养生等多种旅游发展项目。前南峪生态观光旅游区内有人文景观和自然景观180多处，这里曾是众多老一辈无产阶级革命家生活战斗的地方，是全国爱国主义教育示范基地。此外，这里还是国家森林公园，植被覆盖率达94.6%，为国家4A级景区。

邯郸市分布有粮画小镇旅游景区、邺令公园、漳河旅游度假区、涉县清漳河国家湿地公园四处生态旅游景点。粮画小镇旅游景区是以美丽乡村为载体的4A级旅游景区，乡村整体风格古朴清新，艺术气息浓厚，通过产业、文化和生态的高度融合，走出一条具有当地特色的乡村振兴之路。邺令公园整体设计风格以邺城文化底蕴为主线，突出展现古代发展在邺城的历史大事，将历史文化与人文生态景观相结合，建设成为具有本地特色的城市综合公园。漳河旅游度假区运用漳河生态旅游资源，目前正着力打造集水上运动、休闲度假、生态观光、文化体验为一体的水文化休闲旅游度假区。涉县清漳河国家湿地公园为山区河流型湿地公园，公园内生物资源丰富，统计有170多种鸟类在此繁衍，大多为国家重点保护鸟类。

(三)生态旅游景区等级分布

大运河沿线市县统计22处生态旅游景点保护等级，可用图5-26所示：

从生态旅游景区等级分布整体来看，5A级景点分布最少，仅1处；2A级及以下景点分布最多，有9处；其他级别中，4A级有5处，3A级有7处；除5A级外，其他3个等级数量相差较小，呈等差递减分布。从分布

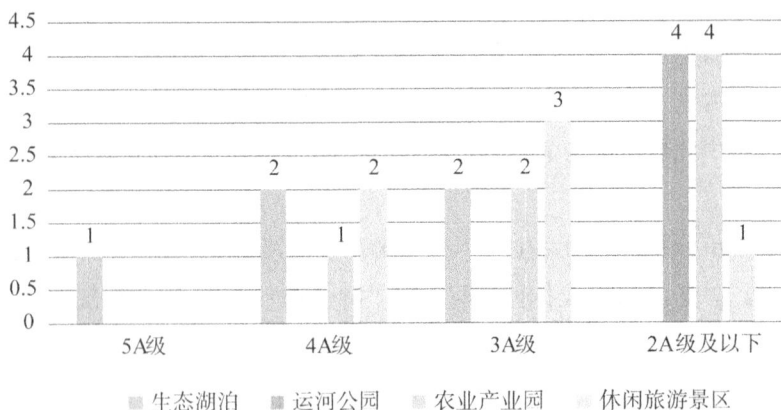

图 5-26 生态旅游景区等级分布

趋势来看，呈现从 5A 级至 2A 级以下依次递增趋势，说明景点等级与分布数量呈负相关关系。在具体类别景区等级分布上，生态湖泊类整体景区等级较高，有 5A 级 1 处，4A 级 2 处，3A 级 2 处；其次是休闲旅游景区类，有 4A 级景区 2 处，3A 级景区 2 处，2A 级及以下 1 处；再次为农业产业园类，有 4A 级 1 处，3A 级 2 处，2A 级及以下 4 处；运河公园景区等级最低，4 处等级均为 2A 级及以下。

整体来看，生态旅游景点整体等级较低，也说明其景区知名度、相关配套设施、生态资源开发利用等均有待提升。河北运河生态文旅产业发展若想脱颖而出，必须确立自身独特的旅游品牌形象，加快流域内生态环境保护与旅游景观构建，打造一批特色性的旅游精品线路，保障景区内公共设施配套服务完善，加强宣传推广力度，以此来推动生态文旅产业融合发展，打造燕赵运河旅游新格局。

总的来看，生态环境是大运河价值不可或缺的组成部分，而文化底蕴是生态的人文升华，人文与生态是彼此融合的，对大运河的保护传承与利用，关键就是对文化和生态的保护，如此才能为大运河发展赋能，实现大运河可持续保护与传承，促成大运河文化与生态共荣共生的繁盛景象。

第六章 河北大运河物质文化遗产价值探究

"价值"是一项主观的评论，"突出普遍价值"是世界遗产保护运动根据联合国教科文组织促进人类和平与相互理解的目的而设置的价值衡量标准，它旨在引导来自不同国家、地区，受到不同文明熏陶的人们建立一个基于全人类共识的价值观，其方式就是将所有国家和地区的文化遗产通过价值的认定，从普遍价值的角度来重新解释和展示他们的遗产。中国大运河以世界上少有的时间长度和空间跨度，促进了南北经济发展和文化繁荣，是活着的、流动的重要历史文化遗产。中国大运河的发展史与中华民族的复兴史密切相关，其开凿于春秋时期，于隋朝扩修，唐宋发展，元代取直，明清繁荣，历经 2000 多年的发展历史，积累了深厚的历史文化底蕴，2700 多千米的中国运河长廊分布着 1000 多千米的世界遗产河道以及世界遗产点，使各个地区之间的经济以及文化的交流更加便捷，促进了沿线经济发展、政治稳定、文化繁荣及民族融合，是名副其实的文化遗产宝库。众所周知，世界上的运河达 500 多条，而只有 6 条被列为世界遗产。除了中国大运河，现在有 5 个外国运河包括法国米迪运河、比利时中央运河、加拿大里多运河、英国庞特斯尔特渠、阿姆斯特丹运河。这些运河都是在工业革命之后开凿的，只有二三百年的历史，它们在时间长度、历史意义上和技术含量上远不能和中国的大运河相提并论。同样，前文已叙，大运河河北段留存着类型丰富、保护程度较高的各类物质文化遗产 116 处，资源赋存丰富，景观风貌自然，战略区位突出，是燕赵文化和中华优秀传统文化的重要载体、承接京津冀协同发展的重要纽带、高质量建设雄安新区的重要支撑、展示北方运河文化特色的重要窗口，是中国大运河极其重要的组成部分，具有极高的社会历史文化价值和经济产业发展利用价值。大运河河北段相关历史文化遗产底蕴深厚，是大运河文化遗产不可或缺的组成部分，具有很高的历史、艺术、科学、文化及社会价值。不同类型的文化遗产从不同的侧面反映了河北段运河沿岸城镇兴衰与布局、工商业发展、军事建设及宗教、祭祀文化传播的发展过程，具有较高的历史价值；部分遗产外形美观，布局合理，艺术、科学价值较高；部分遗产体现了有效利用运河及其工程自身的科学技术水平，具有较高的科学价值。这些文化遗产散落在河北大运河沿线，承载着大运河的千年记忆和深厚文化。

第一节　历史与科学价值

历史价值是文化遗产的首要价值，也是文物地位的象征。大运河河北段被誉为中国大运河最具原真性的运河段，历史遗存丰富，具有极高的历史价值，有效见证着大运河浸润着燕赵大地。同时，其运河本体、水利设施、古村落、古遗址等各类型的历史文化遗存，尤其是一些仍然在使用中的运河段、水利设施和宗教场所，为大运河及大运河沿线相关科学研究提供了一手的活态数据和材料支撑，对于研究运河沿线社会经济发展脉络具有重要的科学价值。

一、流动的历史

大运河的开凿、沟通、运输随着时代的变迁一直流淌，从最初的航运功能到现在的文化象征都汇聚了大量的人民的创造、自强不息的精神，凝聚了国人的智慧，促进了全国范围内文化的交流与融合，稳定了历史上政治局面的发展，是中国文明自强不息的精神的标识。大运河的开凿改变了以前东西向河流导致的文化封闭性，开启了南北交流的文化空间，使文化民俗得到交流，促进了文化多样性、包容性和融合性，使中国文化的发展迈向新的台阶。大运河开凿以来，沟通了沿线不同区域和不同民族，已成为民族融合的纽带。各族人民借助运河之力往来于南北之间，长期的各民族碰撞、迁徙和杂居，必然会促成各民族之间经济、文化及生活习俗的相互渗透,进而促进民族融合。按照《河北省大运河文化保护传承利用实施规划》,河北省境内大运河河道水系包括北运河、南运河、卫运河、卫河以及与大运河有水利联系并在京津冀协同发展、雄安新区等国家重大战略中有重要作用的赵王新河、大清河,全部位于海河流域。其中,北运河隶属北三河水系,南运河、卫运河、卫河隶属漳卫南运河水系,赵王新河、大清河隶属大清河水系。根据《河北省大运河文化保护传承利用实施规划——河道水系治理管护专项规划》中提供的数据,虽然河北段内的大运河由多处断流,但是整体情况仍然良好,其中北运河、南运河、卫运河、卫河虽然水量远不如明清时期丰沛,但仍然能够行使基本的运河灌溉、排涝等功能;而赵王新河、大清河则水量不足,水资源条件较差。由此可见,大运河千年来在古老的燕赵大地上仍然行使着它的使命。

大运河河北段历史文化遗存丰富,涵盖古遗址、古建筑、近现代史迹及代表性建筑、石刻等类型,伴生出京畿辅卫的畿辅文化、通河连海的商贸文化、金戈铁马的军政文化、好义任侠的尚武文化、平民江湖的杂技文化、神州一统的家国文化等大量优秀传统文化,沿大运河而生的国家级非遗名录项目27项,省级非遗名录项目146项,积淀了开放包容、重德尚义的深厚文化底蕴,形成了独具河北特色的大运河文化。大运河河北段近现代人为干预较少,堤防体系完整,完好地保留了漕运时期河道的规模与形态,是中国大运河中河道样态最为真实、原生态风貌保持最为完整的河段。沧州至衡水段河道尤其突出,从东光连镇谢家坝到四女寺枢纽全长94千米的河道内就有88个弯,沿线"河、滩、林、田、湖、草"绿意盎然,是中国大运河遗产原真性的集中体现。大运河河北段水利工程遗产凝聚了中国古代水利科学规划思想和营建技术的辉煌成就。运河线路规划选址科学、合理利用自然河道,平面布局上运用了连续的平面坐弯技术实现了"三弯抵一闸"的功能。大运河河北段现存完整的堤防系统,弯道处修建的以夯土、砖、石等为材料的各种类型险工堤坝,为调节运河水位以满足通航需要而科学规划的多处减河及其渠首工程的改建,均充分体现了规划、设计及营建技术方面的杰出成就。被列入世界文化遗产名录的南运河沧州—衡水—德州段、连镇谢家坝和华家口夯土险工"两点一段"是大运河河北段最具突出历史价值的典型代表。

大运河的开凿贯通可以使全国范围内南方和北方、东方以及西方的经济交流得到加强，沿岸城镇也可以因运河贸易往来得以扩建发展。沿线城市中的发展随着大运河的开凿通航而快速崛起，例如邯郸大名县现存的大名故城遗址成为南方和北方物资运输的必经之处，许多途径船舶在此停靠进行贸易往来，促进了沿岸商业和服务业的发展繁荣。大名府因河而兴，西汉高祖十二年(前195)建县，隋唐时期崛起，成为黄河以北广阔地区政治军事文化经济中心。目前，该地拥有不可移动文物184处，其中国文保单位4处。大运河申遗成功后，"御河兴府"的大名府也随之成为世人关注的焦点，人们突然意识到，在千年运河流经的邯郸，还保留着一座完整的古城，被列入河北省历史文化名城，成为继宣化、蔚县、涿州、定州、赵县、邢台后的第7个省级历史文化名城。而大运河河北段不仅拥有保存完好的大名府见证着运河沿线的城镇历史，同时还拥有沧州旧城、海丰镇遗址、贝州故城遗址、临清古城遗址、邺城遗址、南阳遗址、三各庄遗址等多处遗址类文化遗产，对其进行综合发掘和整理后，将成为复兴中国大运河的重要历史基础。

无论是春秋时期吴国为伐齐国而开凿邗沟，还是隋炀帝为发兵高丽开凿永济渠，开凿运河的最初目的都是为满足军事运输和粮仓补给需要，因为便利的交通在军事作战中起着至关重要的作用。如隋炀帝时期不仅面临加强国家统一的重任，同时还要抵制各种内外势力的扰乱，急需开凿永济渠以加强中央政治集权，巩固东南地区的政治军事稳定。① 运河的价值便体现在方便军队粮草快速运输、缩短军队作战距离、占据有利作战地理位置，以维护国家政权稳定、平息内乱、抵抗外辱和开疆扩土。为了配合漕运，隋唐时代在运河沿线设置了很多粮仓。如隋代有著名的洛口、黎阳、回洛等仓，隋炀帝大业初年(605—606)，"置回洛仓于洛阳北七里，仓城周回十里，穿三百窖"(《资治通鉴·隋纪》)。隋唐时期，河北平原上的永济渠是调运河北地区粮食的主要通道，也是对北方用兵时输送军粮的主要

---

① 白云扬：《隋唐大运河历史价值及其文化遗产保护》，《长江大学学报(社会科学版)》2012年第35卷第7期。

路线。同时，永济渠还承担着转运江淮地区物资北上的重要使命。唐贞观末年至总章之际，数次对辽东用兵的军粮绝大部分取自河南、河北二道。开元年间改革漕运，"凡三岁，漕七百万石"，效果显著。开元十八年（730）在魏州（今河北大名）州城西永济渠旁建楼百余间，"以贮江淮之货"。大运河河北段就保存有徐万仓遗址，是大运河衍生的古代粮食储存体系的实证，见证着大运河为沿线社会发展奠定了良好的物质基础。今天，除卫河、南运河占压的原御河地段外，地表已很难发现永济渠的踪迹，现卫河和南运河北段仍为地上河，内黄至德州之间有大片沙岗和沙淤地，这是北宋以来黄河洪流泛滥留下的，也是永济渠淤没的主要原因。笔者团队在大运河河北段物质文化遗产调研过程中，找到了目前可见有水的永济渠遗址位于河北省临西县仓上村，有地表水长度仅余百米，在全国范围内地表上仅能够看到永济渠活态遗址，历史价值极高（见图6-1）。

图 6-1　永济渠遗址航拍图

而除了永济渠外，大运河河北段还留有运河减河、引河文化遗存等7处，包括凤港减河、牛牧屯引河、青龙湾减河、马厂减河、兴济减河遗址、捷地减河、四女寺减河，这些都从侧面见证了大运河的发展历史和其发展变迁史，多处运河本体文化遗产组合起来能够让世人重新领略到千年运河风韵。

二、活态的文物

科学价值是文化遗产承载信息价值体现的重要方面，大运河不仅是纵贯南北的漕运之河，还是沟通古今的文物之河。运河遗产这一类型产生于20世纪90年代，在这一类型的基本定义中虽然提到运河应具有历史和技术方面的突出普遍价值，但在《国际运河古迹名录》的制定上却更加偏向于识别和评估运河在技术方面的价值。在这份具有国际影响力的文献中，京杭大运河不仅在单体构造中获得多项提名，并且被评为世界上最具有技术重要性的运河之一。另外，水利史研究一直是我国一个非常传统的学科，而在中国水利史方面有京杭大运河的著作颇丰，如姚汉源、史念海等学术大家的综合性著作，其中不乏对河北段相关文化遗产的分析和佐证。由于这些学术方面的沉积，京杭大运河在水利技术上的价值已经得到了广泛的认可，其技术与文化之间的深层联系也被逐渐揭开。谭徐明教授认为"米迪运河、里多运河是工业革命时期的标志性工程，而京杭大运河则代表了工业革命前水利规划和土木工程所能达到的顶峰……显示出中国运河工程技术在17世纪前领先世界的水平"。[①] 这表明中国的学者已经敏锐地捕捉到《国际运河古迹名录》中除工业技术之外其他技术体系的缺失，并且试图将工业革命前与工业革命、西方与东方不同的技术体系加以区分，为中国大运河所体现的水利技术独特性正名。

同时，除对大运河水利技术的研究之外，对于运河的相关学术研究近几年也呈稳步增长态势，大运河作为文化遗产的科学价值随之凸显，截至2022年3月，以"大运河"为关键词在知网上进行搜索，共得到10740篇各类相关科研成果，相关运河学研究的热点话题涉及运河文化、运河遗产及大运河文化带建设等。例如在河南洛阳发现的回洛仓、浚县发现的黎阳仓，不仅是隋唐时期发达的漕运体系的历史见证，也为研究隋唐时期仓城同都城的关系、官仓管理制度、粮窖结构、储粮方法等提供了重要的实

---

① 谭徐明、于冰、王英华等：《京杭运河遗产的特性与构成》，《中国名城》2008年第2期。

证。考古调查发掘出土的许多与大运河有关的遗迹和遗物，印证了大运河文化线路昔日的繁荣与辉煌，不仅使今人对我国的运河文化遗产有了更加全面而深刻的认识，同时为运河的历史变迁研究以及造船业、车制发展、瓷器外销的研究等提供了宝贵的实物资料。目前，河北省相关文物保护部门已经开始依据大运河河北段有关的历史文献记载和近年来的研究成果，持续推进河北段运河全线整体考古研究工作。对河北段沿线重要节点的考古勘探和发掘，厘清其分布范围、规模及形制，重点对早期运河故道、重要码头、沉船点、古城址、聚落址、代表性古砖窑遗址等进行研究性考古勘探和发掘，考证河北段隋唐运河(永济渠)走向和位置，挖掘古城址、聚落址的内涵，诠释古代水利工程遗址及古砖窑遗址的价值。对于暂时不具备勘探发掘条件的遗址，推进考古调查工作。位于建成区的遗址，密切关注遗址范围内的基本建设活动，配合基本建设进行抢救性勘探发掘工作。隋唐大运河的部分河道和相关遗迹经过考古勘察、发掘，为研史资政提供了宝贵的资料。在考古挖掘和整体的同时，河北省还对运河相关文化遗产进行数字化信息化的数据采集，建立完备的数字化信息化数据库，纳入河北省文物数字化信息平台，并做好遗产的动态管理和监测工作。按照文物保护相关要求建立健全记录档案并注重及时更新，为后续的保护传承利用提供科学翔实的基础资料。

第二节　线性文化价值

随着国家经济的发展和文化软实力的提升，人民对于文化生活的需求逐渐提高，这要求我们对优秀传统文化进行更深度地挖掘和文化创新，创造出更有价值的文化产物来提升人民对于自身文化的认同。本节着重在大运河所体现的独特线性文化价值进行重点论述。大运河文化认同价值在于个人对于大运河文化所有的特性、活动和沿岸的非物质文化遗产的精神活动的认同。2008 年 10 月 4 日，在加拿大魁北克召开的国际古迹遗址理事会第 16 届大会通过了《关于文化线路的国际古迹遗址理事会宪章》(*The ICOMOS Charter On Cultural Routes*，即《文化线路宪章》)，标志着文化线路正式成为世界文化遗产保护与传承的新领域。其中，对文化线路的定义是：任何交通或通信线路，无论是陆路的、水路的，还是其他类型的，必须拥有物理上的实体界限；且以其自身所具有的特定发展动力和历史功能为特征，服务于特有的、明确的用途；而且必须满足以下三个条件才能称为文化线路。

(1)它必须产生于、同时也反映了人们之问的相互交往，以及贯穿于重大历史时期的民族、国家、地区或大陆之间，在货物、思想、知识和价值观方面的多维度的持续的相互交流。

(2)它必须促进了其所影响的文化体(区)在时间与空间上的杂交融合，并通过其所拥有的有形和无形遗产反映出来。

(3)与文化线路的存在相联系的历史联系和文化遗产，必须融合成一个动态系统。①

同时，有学者曾提出一个新的概念——"廊道遗产"②，认为廊道遗产不仅本身是遗产，而且在它沿线区域分布着较为丰富的文化、自然和非物质单体遗产，因此它可被视为遗产体系；廊道遗产可以是水路或陆路的，作为交通线路使用；形状可以是线性、放射性或网络状的。但是经过分析可以看出，"廊道"本身就具备"线性"的基本特征，廊道遗产亦可看作"在拥有特殊文化资源集合的线形或带状区域内的物质和非物质的文化遗产族群"或遗产体系，其本质上却属于种线性文化遗产，还具有文化线路的特征。同时，建设"运河文化带"理念已经深入人心，其主要内涵即运河文化带不只是园林和水利的筹办，而是在以运河文化为中心的一系列综合运营。这一理念成为我国以休闲娱乐为契机而进行的科学普及、文化教育、文化传播的保护与开发结合的策略。而在相关的学术成果种可以看出，大运河既符合文化线路的特征，也是名副其实的线性文化遗产。综合大运河河北段所遗存较好的原真运河文化遗产体系，其自然具有较强的线性文化

---

① 参见刘庆余：《世界遗产视野下的线性文化遗产旅游合作研究——以京杭大运河为例》，北京：中国经济出版社2016年版，第67~68页。
② 李飞、宋金平：《廊道遗产：概念、理论源流与价值判断》，《人文地理》2010年第25卷第2期。

遗产价值，主要体现在以下几个方面：

一、加强区域文化认同

大运河文化在国内有着广泛的传播，运河沿岸历史文化遗产、名人轶事、民俗文化等都给当地人民带来了深刻的文化记忆，唤起其民族情感共鸣，使其产生文化认同感。近年来，相关机构部门建设了大运河国家文化公园、通州大运河国家 5A 级旅游景区、大运河博物馆等国家级重点文旅项目，促进大运河文化传播和沿线区域经济发展和原生态景观带打造，民众对运河文化认知由感性认知到理性认知最后上升到情感共鸣并逐渐深入。

河北大运河沿线区域，向北通过北京与东北亚丝绸之路连接，向东通过天津、沧州黄骅与海上丝绸之路连接，向西与雄安新区连接，是河北省对接"一带一路"的重要端口，是连接京津冀协同发展的重要纽带，是雄安新区建设的重要支点。河北段大运河地理位置独特，京津文化、燕赵文化、齐鲁文化与中原文化在此交汇，形成了独具特色的多元运河文化，各种类型遗产是运河文化的集中体现，其承载的文化内涵深厚，遗产保护传承利用的潜力巨大。胜芳文化体现了津冀文化交融碰撞的火花；清河是水泊梁山故事的发生地，体现了冀鲁文化在此共同绽放；邯郸平调落子体现了冀豫文化在此融为一体。大运河沿线采取各项措施在使大运河不被破坏的前提下进行了文化和非物质文化遗产的挖掘、加工和再创造。在 2020 年 6 月 13 日，沧州博物馆举办的"大运河文化带（沧州段）非遗项目"展览，包括吴桥杂技、燕青拳、义昌永冬菜制作技艺、沧州落子等非物质文化遗产并且免费讲解。这类博物馆展览使人们意识到大运河文化内容丰富，共同的文化记忆被唤醒，当大家在观赏吴桥杂技的时候、在品尝到义昌永冬菜时都能感受到大运河文化都得到了强化和感情的共鸣。挖掘和传播大运河的非物质文化遗产，使非物质文化遗产得到保护的同时重新焕发新的发展活力。

二、促进情感认同

大运河文化蕴含的中华文化精神经过了两千多年的沉淀，形成了独树一帜的特色文化，运河文化与中华文化水乳交融使人们感受到运河文化与自身的紧密连接，与时代的不断进步，这种独到的情感将转化为对大运河文化的文化认同。

大运河河北段沿线丰富的非物质文化遗产是运河沿岸生活场景的真实反映，不仅传承和印证了大运河河北段的历史，体现了不同历史时期当地生产力发展水平，同时也体现了运河文化艺术的积淀。运河沿线的非物质文化遗产对于研究运河的历史、运河与沿线城镇村落的关系、运河沿线不同历史时期的生产生活方式具有重要意义，其代表的运河沿线生活方式，是连通运河沿线人民之间情感相依的重要载体；在大运河工程几千年的发展中沉积了丰富的精神层面和物质层面的文化内涵，这种文化内涵是在融合古代吴越文化特色、江淮文化、齐鲁文化等地域文化特色基础上形成的，并带有兼容并包的文化特点。在这种兼容包容的文化影响下，大运河沿岸地区形成了与运河相关的饮食传统、民间风俗、宗教信仰。这种文化信仰使各地区的人民了解到大运河的文化精神时都能找到对运河文化的归属感。如大运河河北段留存的泊头清真寺、大名山陕会馆、清真北大寺、元侯祠、十二里庄教堂、大名龙王庙、大名天主堂等宗教场所，不能说它们完全相同，但在信仰上一定程度上连接起各个区域的民众，使其在运河沿线形成独特的情感链接。除了漕运商贸功能之外，大运河河北段还承担了辅卫京畿、拱卫京城的历史使命，从东汉的白沟、宋辽古战道、元明清漕运到近代白洋淀抗日遗迹，记录了中国人民维护国家统一的抗争历程。尤其是以抗日战争为题材的白洋淀雁翎队、小兵张嘎、新儿女英雄传、平原枪声、敌后武工队等一批经典红色文化传播广泛，这些都是全国人民耳熟能详的历史记忆，亦是大运河河北段对于凝聚中华民族情感的重要作用。这些对我们铭记光辉历史、传承红色基因、弘扬红色文化具有重要意义；它们也是大运河沿线人民的精神文化家园，具有重要的情感认同价值。

同时，大运河的物质文化遗产还反映出改革创新精神，在一定程度上与中华民族的创新精神相吻合。大运河本身开凿南北、沟通运输的伟大创举在使我国的水利技能得到提高的同时，也让大运河的治理方针在不断摸索中改革创新，探索出了与时俱进的、符合时代发展的治理方法。古人依据不断变化的大运河自然地理状况，做出治理方略的调整、治理理念的更新，针对不同的水情建立不同的管理体系，采取不同的运行方式，在建立航道、解决洪涝灾害时体现出不拘泥一种形式的创新精神。例如大运河河北段留存的南运河沧州-衡水段、连镇谢家坝、华家口夯土险工、红庙村金门闸、油坊码头遗址及险工、郑口挑水坝、朱唐口险工、捷地分洪设施、青县铁路给水所，无论在当时还是现在，都是具有时代意义的水利创新工程，是运河沿线人民改革创新的精神内涵的真实写照。

三、承载区域文化

文化是需要强大载体才能得以长久留存和发展的。区域文脉由区域文化积累而成，每个地点的区域文脉都有它的特点，包括不同地区在发展历史中形成的区域历史、文化和风俗民俗，是地方精神的一种形式。地域文化有隐形和显性之分。显性的区域文脉是指直观的、可观的直接产物或精神方面的表现；隐性的区域文脉不会被明显地察觉到但是会对区域形态产生潜在的影响，例如民俗风俗、思维方式、心理因素等方面。

大运河河北段历史文化遗存丰富，涵盖运河本体、古遗址、古建筑、古村落、石刻等多种类型，其承载着大运河辅卫京畿的畿辅文化、通河连海的商贸文化、金戈铁马的军政文化、好义任侠的尚武文化、平民江湖的杂技文化、神州一统的家国文化等大量优秀传统文化，沿大运河而生的各级非遗名录项目，积淀了开放包容、重德尚义的深厚文化底蕴，形成了独具河北特色的大运河文化，这些非物质文化遗产也需要物质文化遗产进行承载和传承。同时，大运河建造历史悠久、地势复杂、河道多变但这并没有使古代人民望而却步，而是坚忍不拔，在2500多年的历史中一代代的运河人没有停下开凿、修缮、治理的脚步。大运河存续2500多年是少有的仍在不断修缮并建设的文化遗产，正是一代代人的坚持体现了大运河所流淌的人民生生不息的坚韧不屈的运河精神，而大运河河北段留存的险工、闸口及其他运河本体类的文化遗产，就实实在在地反映了千百年来运河人民留下的辛勤汗水。

区域文脉的发展是在对原先文化的继承传统的基础上进行推陈出新，适应时代发展的同时保留之前已经形成的文化，在不同的社会阶段区域文化会发生不同适应社会的改变。例如北方茶文化的发展离不开大运河的贯通。自隋朝大运河通航以来就担负着南北物资运输的重任，这就让少有饮茶文化的北方受到了南方的影响，造就了北方茶文化的开端。唐朝期间，由于扬州作为南方茶叶集中运输至北方的中转地，为满足众多过客饮茶的需求衍生出许多茶馆，去往南方的北方人在这些茶馆饮茶后学习了南方的饮茶文化并带回北方，促进了北方茶文化的发展。到了明清时期，由于海禁政策的颁布，使大运河成为沟通南北的唯一水路，也成为南方茶叶运输到北方的重要通道。茶叶运输贸易的发展不仅促进了沿岸经济的繁荣，也推广了茶文化在北方的发展和创新。位于沧州市的正泰茶庄，正是承载这种茶文化的重要载体，也是运河沿线为数不多还在运营的老字号。

大运河作为我国古代的水陆交通要道不同地区的宗教文化随着大运河的流通在沿岸地区得到了融合发展，不仅丰富了大运河的文化遗存，也表现了大运河具有包容的特性。在明清时期，由于沧州地区作为大运河水路的重要交汇处，吸引了不少民众在此进行商贸活动，同时这促进了不同地区的宗教文化在当地的交流融合。清江浦地区的宗教建筑种类繁多，包括佛教、道教、伊斯兰教、基督教的建筑和儒家的文庙。除此之外，许多外来宗教建筑将我国本土建筑特点与外国文化相融合，出现了与中国传统建筑形式相融合的、具有明显中原建筑特征的清真寺，例如位于运河沿岸泊头清真寺、沧州清真寺等。正是运河文化的包容造就了外来宗教中国化这样多元文化融合的现象。

大运河除了在宗教方面具有包容性，在水神信仰方面也展示出开放的文化。在我国古代由于自然灾害频发、靠海生存的人们为了祈求平安信奉着不同的水神。如沿海地区的妈祖、黄河河神、漕运保护神等。其中漕运保护神又称"金龙四大王"，在史料当中有所记载，其真人原型名叫谢绪，在运河沿岸遍布着他的庙宇。随着明朝海禁政策的实行，越来越多的商品选择通过大运河运输，这也使得人们把原本用于供奉海运的水神转为漕运水神，并且通过运河的沟通使南方的水神传到北方，实现了不同信仰的融合。部分地区出现了将各个地区的水神一起祭祀的情况，展现了运河文化的包容性。而在大运河河北段中，亦有类似的河神信仰，如大名龙王庙是供奉传统的河神龙王。而位于邢台清河县的元侯祠则供奉的是滕经，是明清时期才产生的一种新的民间神话人物。滕经生于明正德十六年，自幼聪颖，十二岁补弟子员，能双手写字，目观八行，有过目之诵，号称神童。明嘉靖二十三年顺天应试，因科考失意，投河身亡，享年二十三岁。后嘉靖皇帝敕封北河平浪小圣，清康熙敕封护国镇海显佑济运平浪元侯灵应尊神。

第三节　美学与艺术价值

俄国著名哲学家、美学家车尔尼雪夫斯基在批驳黑格尔派客观唯心主义美学观的同时非常强调对现实美的研究，并在其所撰写的《艺术与现实的审美关系》一书中认为，"任何东西，凡是显示出生活或使我们想起生活的，那就是美"。① 因此，艺术应是美学一个独特的层面，美学的研究对象也应该是人的审美经验与审美心理所构建的现实审美关系。大运河河北段内蔚为大观的多种物质文化遗产天然具有美学形态特征，其内容的定型和形成理所当然地基于具体的历史动态发展和功能演变。当人们站在大运河前，很难不自然而然地心生触动，而这就是美学中的审美经验，这是由物质引发精神的过程。"审美体验是人在亲自活动中对人类活动的理想意象的瞬间把握，这一过程伴随着紧张、剧烈的内部活动，丰富活跃的兴象，热烈欢快的情感。"②然而，这正是河北运河物质文化遗产所经常被大众遗忘的地方，因为运河的衰落，人们逐渐与运河的生活开始脱节，然而运河遗产的现实美学与艺术价值是不容埋没的，大运河千百年来滋养着燕赵大地，人们的生活也千百年来与其惺惺共生。所以，深入发掘大运河河北段的物质文化遗产的现实美学意义与艺术价值，能够有效解决运河文化发展

---

① ［俄］车尔尼雪夫斯基：《艺术与现实的审美关系》，周扬译，北京：人民文学出版社 1979 年版，第 6 页。

② 王一川：《审美体验论》，天津：百花出版社 1992 年版，第 125 页。

吸引力不足、缺乏有特色的艺术审美价值等突出问题，进而满足观者的审美导向需求。运河物质遗产能够借助其独特性美学价值内容、规律性美学价值机理、意象性美学价值表达的属性，通过系统地重塑这些文化内核，让人们回想起大运河与沿线人民共同的生活印记。这些印记既是生活，又是美。

一、独特的运河美学体系

《世界文化遗产公约》规定文化遗产属于全民所有，全民有保护文化遗产的义务和权力。前国家文物局局长、故宫博物院院长单霁翔认为："在理念方面、在内涵方面，文化遗产保护比文物保护更突出两个方面一个叫更突出世代传承性，二是更突出公众参与性。"[1]而大运河沿线的物质文化遗产，就具备这种世代传承性和突出的公众参与性，因为它不是单纯的文化设施，更是与沿线人民生产生活息息相关的生产设施，它不仅仅是作为生产工具而创建——文化是文脉的基础和产物，文脉是由文化沉积而来，更是随着时间的推移而影响和重塑着沿线的文化环境，并在此漫长的过程中形成了独特的运河美学体系。而交织在这种运河美学体系中的支撑点，则是运河本体所包含的物质文化遗产。物质遗产所体现出的感性艺术形式中凝聚着古运河沿岸居民的劳动和创造，美的事物自然也成为他们智慧、灵巧和力量的标志。将散落的空间节点和艺术资源条件置于审美价值框架之下，从审美对象的元素、本质、特征等方面厘清物质文化遗产的历史文化脉络、艺术形态特征、功能空间语言、艺术地域特色等内涵与外延，可以展现其间艺术形态中的艺术分类及样式、体裁系统、美学本质、美的规律、审美关系，受众从中也必定能体会得到喜悦和美感。

"美学是美的阐释学，阐释的对象是美。"[2]基于车尔尼雪夫斯基区美学的现实主义理论，在物质文化遗产基础上首先构成的应当是生活美学。因为大运河河北段物质文化遗产构成中，保存相对完好，含金量较高的是

---

① 《文化遗产让生活更美好：单霁翔谈"文化遗产保护"》，人民网，http://culture. people. com. cn/GB/70968/151405/198675/index. html。

② 高楠：《建构一个有机整体的美学体系》，《哲学探索》2021 年第 2 期。

运河本体类和水利设施类物质文化遗产，其建设的目的主要是现实军事、政治及经济目的，不是纯粹的休闲景观建筑。所以其首先构成的应当是对于提升沿线受众的生活质量，进而润物细无声地构建运河生活美学。前文已叙，这样的美学生成完全是无意识和物质文化遗产本身引发的精神效应，诚如高楠教授所阐释的："对于本真感悟的主动回味，是通过现象学所说的意向性的意识活动进行的。这是一个主动动力学的心理机制，它的动力形态是等候、是企盼，但这又是一种不知所待的有所得，它以敏于发现的等候状况而有所待。"①文化和社会环境不是独立的，在外界环境的影响下文化是会被改变的。如果要具体阐释这种运河美学，可以想见，生活在河北运河沿线的人们，每日听着船工号子，看着码头、仓储商贸的繁荣，往来千里的各色客商、船夫、官员，在落日余晖下在运河湾内夜以继日地穿梭和流动，直至现在，还可站在香河红庙村金门闸遗址上，看到残损的闸口与现代的生活交相辉映，也可以看到被修复后的华家口险工仍然在抵御着河水对村庄的冲击。无论是游客还是生活在运河中间的人们，都会因为运河物质文化遗产构建的独特运河生活而生成运河生活美学。这种美有时候可能只有一瞬间，却是北方平原地区难得的水乡记忆，有人称之为"小时候"，有人称之为"乡愁"。笔者认为，这些都是运河物质文化遗产所构建形成的运河生活美学，这种内容意象性精神内涵正是在运河沿岸居民长期与运河和谐相处中所呈现出的具有东方神韵的人与人、人与运河、人与自然之间的对话和人生的态度，与中国哲学核心思想"天人合一"高度契合。

其次，大运河河北段内丰富的物质文化遗产，构建了独一无二的景观美学，而这种景观美学，体现在大运河中更多的是人工景观与自然景观协同之美。"协，众之同和也。同，合会也"，② 协同就是指协调两个或者两个以上的不同资源或者个体，协同一致地完成某一目标的过程或能力，而大运河河北段是这种和谐之美的典范。在大运河河北段的物质文化遗产实地调研后，发现在这一点上，举一个江南运河的例子似乎更加合适。江南

---

① 　高楠：《建构一个有机整体的美学体系》，《哲学探索》2021 年第 2 期。

② 　（东汉）许慎：《说文》。

运河河网纵横，水乡格局下的典型粉墙黛瓦建筑精致典雅、斑驳沧桑，成为运河代表性景观，许多名城、名镇、名村还保留着一条流水贯穿的景色，城市、乡镇以水为街，以岸为市，形成了水乡迷人的风光。白居易有诗云："自开山寺路，水路往来频。银勒牵轿马，花船载丽人。董荷生欲遍，桃李种仍新。好住湖堤上，长留一道春。"①街巷、画舫、小桥、流水的景象，别有一番风味。

　　而典型的运河水乡人文生态与自然景观和谐之美，在河北段内较少，主要是因为目前运河主航道沿主城区区的仅剩沧州、雄安新区，大量的运河河道位于县域、镇域，人口相对稀少，交通不便。大运河河北段历经了2000多年的历史依然承担着通航、物资运输、灌溉农田等作用，并且还承担着重要的促进区域一体化协同发展、调配水资源的重任。大运河河北段存留的更多的是运河生产功能原真性较强的物质文化遗产，构成了北方少有的丰富多彩而又独具特色的线性活态文化景观，是中国大运河中河道样态最为真实、原生态风貌保存最为完整的河段，也是中国大运河遗产原真性的集中体现。现存大运河河道后期人为干预较少，河道样态真实，堤防体系完整，大部分段落保留了原生态河道形态和景观风貌，沧州至衡水南运河段尤为突出。"弯道代闸"不仅满足了功能需求，而且与周围环境一起形成了独特的美学景观，构成了"河—滩—堤—林—田"特色突出的北方平原田野景观格局，城镇段运河已经成为城市景观和城市水系的重要组成部分。不过大运河河北段仍然有自身的景观美学亮点，如目前有望恢复和打造的河北运河水乡是河北景县安陵镇，康熙皇帝有诗云安陵镇运河之美："大块光风。春畴一望，满目从容。桂棹初摇，牙樯始立，淑色烟笼。堤边对对宾鸿。村庄里、安平气融。乐志情深，读书意远，与古和同。"可以凭借大运河河北段沧州市中心大运河湾公园中巨型的"Ω"形状运河道，建设范围北起鲸川路、南至王希鲁闸、西至堤顶路西侧、东至清池大道的区域。运河河道贯穿中间，其在市中心高楼林立的背景中，犹如璀璨的钻石，形成了一片以运河为中心的静谧之地。很难想象在一百年前，运河上

---

① （唐）白居易：《武丘寺路（去年重开寺路桃李莲荷约数千株）》。

还航行着各类船舶，往来不息，而现今却成为市中心的核心景观。又如河北省吴桥县的孙福友故居①，其在当地独一无二的砖石欧式建筑是沧州吴桥近代文化的重要载体。而这种变化，在廊坊胜芳的张家大院、王家大院上也不约而同地有相同体现，其民居整体形态虽然不及孙福友故居那样更加欧式和纯粹，仍然采用传统中式布局和建筑特征，但是不同于其他区域内的建筑，其在建筑上罕见地使用了很多西洋现代装饰元素，中式和欧式建筑在同一建筑院落内和谐辉映。同样地，这些留存在运河沿岸的物质文化遗产，也成为胜芳商贸文化的重要载体。虽然建筑本身的存在和发展受到平原地理气候和自然条件的制约以及地区宗教、政治、传统文化、风俗文化因素的影响，但却造就了中外融合、淳朴自然的建筑形式。这些建筑借用材料与结构表达功能让观者置身于原生态的环境中体验建筑物周边环境的自然美，运用近代西洋元素以及建筑自身的结构美、色彩美、材料美等运河文化独特的外在美，唤起独立于世的喜悦之情和审美情感。这种个人近代民居建筑在整个中国大运河沿线都极为少见，从外在美的真实过渡到观者感悟下的意象美的世界，感悟着运河先民凝聚智慧、力量、灵巧的感性形式所带来的意象美感。

最后，是大运河河北段衍生出的深刻的运河气韵美学。运河为水，何以有"气"，这是一种从哲学层面深入理解运河文化的重要方面。《国语·周语下》言："夫山，土之聚也；薮，物之归也；川，气之导也；泽，疏为川谷，以导其气。"《国语》所表达的内容，已然表明水与气实则相通。中国文化之"气"遍布天地人间，四周弥漫，由"气"发散开去，具象与抽象、实物与精神、知与行、情与志等可以描述、抑或不可言说的存在都有"气"的入侵。老子说"万物负阴而抱阳，冲气以为和"（《老子第四十二章》），庄子则云"气聚则生，气散则亡"（《庄子·知北游》）。谢光前先生在《运河文化之"气"论》②中，详细阐述了大运河所蕴含的霸气、王气、财气、人气、

---

① 孙福友故居，位于河北省沧州市吴桥县沟店铺乡孙龙村，建于 1933 年，是"世界杂技之父"孙福友生前唯一留世建筑，为欧式风格。2008 年 10 月 23 日，孙福友故居被河北省人民政府公布为第五批省级文物保护单位。

② 谢光前：《运河文化之"气"论》，《江南大学学报（人文社会科学版）》2020 年第 3 期。

仙气、人气等多种"气"并进行了详细阐释，这在运河文化哲学研究中是较为新颖的角度，笔者认为在大运河文化研究学术界具有先见之明。在大运河构建的美学体系中，气韵美学与生活美学、景观美学不同，大运河的气韵美学更加抽象和深刻，形成了运河文化在"气"上的在独特性美学价值结构的有形要素，通过借助特定的艺术表现语言和结构形态所塑造出来的独特艺术内涵，具有更为深层的审美底蕴和审美价值。加之我们正在面临近世界百年未有之大变局中，更需要借助我们优秀的文化遗产重塑民族之气，强化文化自信。

元代以前的大运河形成于隋唐，以中原腹地洛阳、开封等为节点，向北京、杭州两个方向展开，略呈弓形分布。元代，祖籍河北邢台的郭守敬通过山东段运河的开凿，使京杭之间不再绕道洛阳，航道被拉直和缩短，此后形成了京杭大运河，大运河这才跨越鲁中丘陵，进入燕赵大地，使京杭之间的水路运输行程缩短近 800 千米。此外，他还设计并亲自主持了通惠河的修建，使漕粮可以直运京城。他采用"闸化运道"的方法控制大运河水位实现逆水行舟，济宁到临清 100 多千米航道上有 30 余座闸，仅大都城区至通州段便设计了 24 座闸。这些如同琴弦品位般精确有效的设计至今仍在发挥着重要的功能。近代以来，大运河河北段长期因被冷遇而逐渐丧失在国家战略中的重要地位，特别是随着现代交通体系的形成，运河的运输功能退化，导致其日趋沉寂。在建立大运河文化遗产保护系统的同时，更应该从更深刻的层面追寻民族的文化基因，强健民族的文化根脉，使得运河中蕴含的中华民族优秀文化创造性转化、创新性发展进程中造就的千年气韵绵延不绝。

河北省主体民族为汉族，少数民族有满、回、蒙古、壮、朝鲜、苗、土家等 55 个，覆盖了全部的 56 个民族。河北大运河沿线城市覆盖了其中大部分民族地区，纷繁交融的特殊地理环境，形成了华北平原宁静平坦的自然环境。几百年来的运河使者融杂成不同的风俗习惯，东西往来的贸易让各自的宗教信仰在运河沿线生根发芽。这些都造就了运河气韵独特的文化艺术形式和内容，在运河沿线的物质文化遗产中呈现出风格多样的运河美学气韵。目前大运河河北段沿线县市范围内特色小镇共有21个，其中已公示特色小镇10个，新申报特色小镇11个。河堤外2千米范围内已公示特色小镇7个，新申报特色小镇5个，数量位居全国前列。除了这些仍然保有和恢复的沿线特色小镇外，笔者在运河沿线的调研过程中，感受到运河的特殊气韵和美感。这种气韵和美感突出表现在大运河河北段的沧州旧城、大名府故城、临清古城、徐万仓、油坊码头、南阳遗址、三各庄遗址等早已荒芜的遗址。它们几乎没有留存什么建筑遗迹，能证明其位置的也几乎只是文物保护碑刻，但是在运河滋养的土地上，他们的夯土遗迹和斑驳的文化层，都无言地诉说着运河的故事与人。它们曾经是风华正茂的集镇、古城，如今则更像是历经风霜的耄耋老人，像流淌了千年的运河一样，温暖而慈祥，厚重而坚韧。在这些运河遗址上，人能够清晰地感受到运河之于燕赵的博大气韵。通过观想这些遗迹，再嗅到运河水的气蕴，这种亦真亦幻的景象能够让观者身临其境的同时进入美的梦境，将人的视觉、听觉、味觉、嗅觉、触觉等各种感官调动起来。在真实物象的视觉冲击下，这样的自然美可以培养观者的审美情操，使其真知实觉中自然而然按照美的内部规律发展变化产生主题的意象感受，通过意境中的含蓄深邃探幽引发联想共鸣，这就是不同于其他物质文化遗产的运河气韵。这种完全的意象性审美本身所传达出来的运河意蕴、意境、格调、品位等内涵形式，借助审美意象内外表现结构的互动关系、文化属性、审美认同及其本体意义的意向性表达，对于传达创造的感性形式和观者内心情感具有重要意义，能够在美学上达到一种内外和谐。

二、滋养运河艺术生态

党的十九大明确提出加快生态文明体制改革，建设美丽中国。党的十九届五中全会再次强调"推动绿色发展，促进人与自然和谐共生"。大运河似乎完美地涵盖了生态文明中的所有要素，而其孕育滋养出的运河艺术生态，则是物质文化遗产传承保护与利用更加要注意的重要方面。艺术魅力体验具有一定的心理功能，有助于河北大运河文化艺术遗产的特色之美保存和创新，并推动这一地区文化艺术事业繁荣发展，也将对运河类遗产艺术美学价值内核研究具有一定的导向作用。"艺术生态与生态艺术不同，它指的不是环境艺术，而是艺术环境。从这种意义上来说，艺术生态类似于文化生态。"①

大运河衍生出的艺术生态至少包含以下三个层面的内容：

一是因应运河而产生的生产生活技艺。大运河河北段沿线丰富的非物质文化遗产是运河沿岸生活场景的真实反映，不仅传承和印证了大运河河北段的历史，体现了不同历史时期当地生产力发展水平，同时也是运河文化艺术的积淀。运河沿线的非物质文化遗产对于研究运河的历史、运河与沿线城镇村落的关系、运河沿线不同历史时期的生产生活方式及科学技术水平具有重要意义。同时，作为运河文化遗产的重要组成部分，非物质文化遗产既是运河的生命记忆和活态基因，也是确定运河文化特性、激发运河创造力的重要因素，是运河的精神家园，具有很高的精神价值。如雄县古船制作技艺、运河船工号子、雄县古乐、沧州武术、吴桥杂技、河北梆子等，这些与运河发展息息相关的传说、故事，主要流行于船工、脚夫以及运河两岸百姓之间。这些原本通俗易见的生活生产技艺，在历史的发展中逐渐没落了，但不可否认，这些生产生活技艺的艺术性，鲜活地呈现了运河先民的劳动场景和内心世界，是他们赖以生产和生活的重要内容，具有强烈的运河生活气息。

二是历代由运河衍生出的艺术作品。大运河沿线衍生出中国艺术史上的重点作品，如戏曲、音乐、舞蹈、话剧、音乐剧、美术等多种艺术形式，其创作不仅仅是反映河折射大运河悠久历史、灿烂文化和美好未来，更是借助运河作为艺术生长的土壤，不断地为时代奋笔疾书。笔墨当随时代，自宋代以来，开封、杭州、北京等运河城市，相继成为国都，与此前的京城不同的是，它们既是政治中心，亦是商业中心。运河促进了商业的繁荣，也促进了市井文化的兴盛。服务于市民阶层的文艺形式大放异彩，

---

① 彭锋：《生态艺术与艺术生态：因不同而欣赏》，《美术观察》2022 年第 1 期。

说书、唱曲、杂剧、杂耍、讲笑话、皮影、马戏等，不唯形式繁多，而且数量庞大，活跃于勾栏瓦舍之中。名著《东京梦华录》《梦粱录》《武林旧事》《扬州画舫录》、名画《清明上河图》等都记录了大量关于运河沿线生活的点点滴滴。

著名文史学者荀德麟认为，中国四大名著其实都诞生于运河城市，与大运河千丝万缕的联系。《三国演义》的罗贯中出生于山西太原，但早年就远走江南，生活在大运河边的杭州、苏州等地。有学者指出，罗贯中是在大运河边的淮安完成了《三国演义》。施耐庵对"运河之都"淮安非常熟悉，他将《水浒传》的故事完结于大运河边，征方腊归来的宋江被封为"楚州安抚使"，死后葬于楚州城外的"蓼儿洼"。《西游记》作者吴承恩来自运河边的楚州（楚州是淮安的古称），有研究者考证，《西游记》中保留了大量的古淮安方言。康熙五十四年（1715），《红楼梦》的作者曹雪芹生于南京，在他很小时，就曾沿京杭大运河往来于北京和南京之间。明代白话短篇小说中，也有大量和大运河相关的故事。冯梦龙的"三言"中，《杜十娘怒沉百宝箱》《金玉奴棒打薄情郎》《沈小霞相会出师表》等故事有大量情节发生在运河之上。宋元杂剧、明清小说、戏曲等文艺的崛起，也曾得益于运河。大运河文化透出浓厚的商业性和市井性，大运河市民文艺以通俗性和娱乐性为审美主调而大运河河北段在艺术作品上的高光时刻主要体现在近现代文学史上，集中在以孙犁为代表的荷花淀派，其描写了大量地反映华北平原白洋淀人民的文学作品，如记录在《白洋淀纪事》中的《荷花淀》，全文充满诗意，被称为"诗体小说"。在激烈残酷的抗日战争里，一个关系着民族存亡的大背景下，小说选取小小的白洋淀的一隅，表现农村妇女既温柔多情，又坚贞勇敢的性格和精神。《芦花荡》则是一篇诗情画意扣人心弦的小说。小说主要描写了一个老英雄，帮助部队运送资源和护送同志，用自己的本事同敌人进行英勇无畏的抗争。同时期的叶圣陶创作的《多收了三五斗》，反映的则是江南运河沿岸农民"丰收成灾"的悲惨命运，以及农村急遽破产的现实。

基于大运河对于艺术千百年来的滋养作用，在新时代对运河保护传承河利用的过程中，应当加大对运河商贸、历史名人、传统技艺、民间戏曲、宗教文化等的研究阐释，从漕运盐运历史、南北文化交流、运河商帮文化、镖局票号、水乡风韵、码头城镇兴衰、中外文化交流等方面，讲述大运河河北段水上文明史，展示大运河在融合多元文化发展、推动南北经济交流，促进沿线城市繁荣中的积极作用；加强对大运河人工弯道、险工、减河等水利工程科学文化价值的挖掘整理，讲述传播中国古代水工智慧与天人合一的自然生态理念；通过河北特有的哈哈腔、民间音乐会等艺术形式，创作讲述运河故事的曲艺作品，传承运河文脉，生动展现运河历久弥新的生产生活故事；通过文学、绘画、舞蹈、话剧、纪录片及电影等多种现代文艺形式创新讲述运河故事，深化全社会对大运河文化的认知，切实增强文化自信，弘扬河北大运河文化精髓；搜集与运河相关的见闻、回忆、民谣、传说、风俗民情、民间文学、民间艺术等历史故事；运用新观念、新思路、新方法，多层次、多角度开展运河故事研究，挖掘大运河千年文化在现代社会的价值，焕发河北大运河的"时代特色"。

　　三是由运河而生的文人。历史是由人创造的，但大运河沿线文人的创作源泉却离不开大运河。这些文人成为千年运河史上璀璨的明珠，他们的文艺作品用文字将运河之美辐射到华夏大地，影响了全世界。文人士夫，或常驻运河城市，或四处为官，或周游天下，留下难以计数的运河题咏之作。如唐代诗人李白、杜甫、白居易、高适、孟浩然、刘禹锡、杜牧、李商隐、刘长卿等，宋代词人欧阳修、晏殊、司马光、王安石、苏轼、秦观、黄庭坚、姜夔等，这些最知名的文人墨客，皆有题咏运河之作。他们或描写运河风光，或抒发羁旅之愁，或对景凭吊、怀古伤时，其审美基调，常带着文人的伤感。明清时期，江浙乃人文荟萃之地，生长于运河区域的文人，数量庞大，如明代高启、徐祯卿、王世贞、唐顺之、归有光、张岱、徐霞客、吴承恩、冯梦龙、凌濛初等，吴门画派的沈周、唐寅、文徵明、仇英、祝允明、徐渭等人，其籍贯皆在运河区域。文人对运河的描写与创作主要集中在两个方面：乐游与伤离。隋唐大运河开通后，运河是人们出行最常经由的路线。"文人游历运河，不仅亲睹了运河的经济、文化概貌，而且他们本身便是这文化中的一元，他们在运河行旅中的所想所感、举止吟咏都融入运河文化，成为其中不可或缺的一部分。"①唐代诗人张继著名的《枫桥夜泊》中，"月落乌啼霜满，江枫渔火对愁眠"，就寄托着这种文人的伤感。明代内阁首辅徐阶诗云："颇忆三江远，乘流意若何？水深秋气入，竹密雨声多。熟果当尊落，惊禽拂棹过。柳荫催系缆，欹枕听渔歌。"②体现出一种与运河风光融为一体的清净与闲适。清人爱新觉罗·敦敏诗云："潞河曲港通渔溪，溪边钓艇春烟迷。晓来拂柳行两岸，绿荫深处莺声啼。得鱼不须上城市，沽酒且向蓬窗里。一声欸乃下沧浪，月上疏林回船尾。"③诗作描写了运河周边的惬意渔乡生活。康熙《潞河诗》描绘了运河周边多彩善变的四时风景和生态面貌："东风吹雨晓来晴，春水高低五闸声，兰浆乍移明镜里，绿杨深处座闻莺。"

在现当代作家艺术家群落中，运河区域的亦复不少。他们的作品里面，呈现出运河文化的某些审美共性。当代运河文学的创始人刘绍棠笔下的运河风光"无柳不成书"，如《瓜棚柳巷》，开篇就是浓得化不开的绿柳风光："十八里运河滩，像一张碧水荷叶；荷叶上闪烁一颗晶莹的露珠，那便是名叫柳巷的小小村落。 村外，河边，一片瓜园。这片瓜园东西八篙宽，南北十篙长；柴门半掩，水柳篱墙。篱墙外，又沿着河边的一溜老龙腰河柳，打起一道半人高的小堤。棵棵河柳绿藤缠腰，扯着朵朵野花上树；枝枝桠桠，上上下下，大大小小的鸟窝倒挂金钟。小堤下，水涨船高，叶叶扁舟，从柳荫下过来过去。"④孙犁笔下的白洋淀，更是结合了时代背景与运河景色，将人物、故事和运河环境融为一体，描写颇为奇妙："夜晚，敌人从炮楼的小窗子里，呆望着这阴森黑暗的大苇塘，天空的星星也像浸在水里，而且要滴落下来的样子，到这样的深夜，苇塘里才有水

① 李菁：《解读运河——大运河与唐代社会经济、文化深层关系之考察》，厦门大学 2002 年博士学位论文，第 79 页。

② （明）徐阶：《夏日吴侍御邀游通惠河》。

③ （清）爱新觉罗·敦敏：《春忆杂诗》。

④ 刘绍棠：《瓜棚柳巷》，见《蒲柳人家》，北京：北京十月文艺出版社 2018 年版，第 165 页。

鸟飞动和唱歌的声音，白天它们是紧紧藏到窝里躲避炮火去了。苇子还是那么狠狠地往上钻，目标好像就是天上。"①运河所保留下来的带有人工痕迹的文化遗产所展示出的艺术审美独特性、规律性、意象性价值内涵与本质，达到了人与自然间的和谐，某种程度上运河与文人的文思互相成就，构成了当代河北大运河遗产廊道中重要的艺术宝库。这些审美构成元素通过文人作品和文人故事可以调动观者的知觉、想象、理解等功能交相运动，为提升现代人的精神生活作出贡献，并在当代社会的精神和谐构建中具有不可忽视的重要地位和作用。

第四节　经济与产业价值

"'经济价值'是指任何事物对于人和社会在经济上的意义，经济学上所说的'商品价值'及其规律则是实现经济价值的现实必然形式。"②经济价值分直接经济价值和间接经济价值，而河北大运河沿线的物质文化遗存既能创造直接经济价值，又能够促进间接经济价值，全面带动相关产业的发展。

一、现代文旅产业发展的基石

大运河河北段的文化遗产效应带来的直接经济转化的价值首先体现在现代文旅产业。学界对于文化与旅游关系的讨论早在 20 世纪 80 年代就已开始，陆立德等（1985）认为社会文化本身就是重要的旅游资源；于光远（1986）则将旅游本身看作成为一种文化生活；喻学才（1987）将旅游文化定义为一个民族的共同的文化传统在旅游过程中的特殊表现。伴随着文化与旅游的连接日益紧密，学界研究视角从对于文化与旅游二者关系的讨论转为呼吁建立"旅游文化学"，张国洪将"旅游文化学"视作研究旅游及相关要

①　孙犁：《芦花荡——白洋淀纪事之一》，见《白洋淀纪事》，北京：中国文联出版社 2018 年版，第 1 页。
②　潘于旭、李德顺：《经济价值与人文价值——论区分两种价值的理论基础和意义》，《哲学研究》1995 年第 7 期。

素的文化属性、结构、功能及其变迁规律的学科，不仅要研究旅游消费与旅游生产的平衡关系，还要对旅游文化的发展趋势作出描述和总结，指导旅游文化建设，解决旅游文化变迁发展中的问题。① 基于此，学界开启了对文旅产业发展研究的新纪元。

在政策指示上，早在 1978 年邓小平同志"黄山谈话"中就指出，要努力挖掘地方文化吸引外国游客，其实质内涵就是将地方文化发展为具有经济价值的旅游资源；2009 年，文化部和国家旅游局联合下发《关于促进文化与旅游结合发展的指导意见》，初步探讨了文旅融合发展的实施路径；2018 年，文化部和国家旅游局合并成为文化和旅游部，从国家制度上使文旅融合发展迈向新的台阶。而对于传统文化的创造性转化和创新性发展，习近平总书记也曾作出多次指示，他曾说"让收藏在禁宫里的文物、陈列在广阔大地上的遗产、书写在古籍里的文字都活起来"。② 流淌千年的大运河正是中华文化宝库中的宝贵遗产，"活态"是运河遗产最重要的特征，要保护好、传承好、利用好大运河，发展运河文旅产业无疑是传承运河文化、延伸运河经济价值的有效手段。

在河北省整体政策层面上，也开始整体布局大运河沿线文旅产业发展，利用大运河国家文化(河北段)、河北大运河文化带的建设契机，通过一系列与运河相关的文化公园、博物馆的建设，使运河文化得到大众了解的同时促进了运河文化经济的转型。要增多大运河文化与人民大众交流的机会，提升人民大众对大运河文化的了解，定期举办例如展览、文艺汇演等运河文化相关节目，将风俗文化与旅游资源相融合，在对文化进行保护的前提下进行文化开发。此外，大运河纵贯南北，带动了南北商贸往来和物资共享，使茶叶、宣纸等南方特产传入北方，促进了宣纸、茶叶的传播和发扬，同时也使全国范围内的物资得到共享。运河建设在促动区域经济发展的同时，也加快了对外开放的步伐，尤其是对丝绸、陶器、茶叶的对

---

① 张国洪：《旅游文化学：研究选位与学科框架》，《旅游学刊》1999 年第 1 期。
② 习近平：《习近平谈治国理政》，外文出版社 2014 年版，第 161 页。

外传播也起到了极大的促进作用。2021 年 10 月 28 日，河北文旅在第三届大运河文化旅游博览会上亮相，河北省积极组织沧州、衡水等大运河沿线城市文旅部门和相关企业参展参会，搭建特装展厅吸引了大批旅行商驻足咨询，展会期间共有 10 余万人次观众参观，全面展示了河北大运河文化旅游的精华资源产品。同时，河北省设计并发布了 20 条运河文化旅游精品线路，极大满足了广大游客的需求，同时也向人民群众展示了大运河文化的丰富多彩。文旅融合很好地使大运河文化融入人民日常生活，以人民的角度，让大运河与自身生活产生紧密的联系，加强人民对大运河文化的认知，使人民群众在休闲放松的同时加深对大运河文化的了解，让运河文化得到人民的喜爱和情感上的深度认同。

"体验"概念是和生命相联系的。体验并不仅仅是一种生活经历，它更强调在生活经历中对生命的感悟。体验就是特指一种"生命体验"，英文常译为"experience of life"。相对于一般的经验和认识而言，"生命体验"是一种更为热烈、深刻、神秘、活跃的体验，是指源于人的个体生命深层的、对人生重大事件的深切领悟。[①] 大运河文化旅游产业需要有强烈的体验性项目作为支撑。平原地区虽是河北省旅游发展较为薄弱的地区，但据前面章节数据统计，大运河核心区流经的 21 个区县，共涉及国家 A 级景区 51 家，其中 5A 级景区 1 家、4A 级景区 12 家、3A 级景区 22 家、2A 级景区 16 家。另外，大运河沿线有省级文化产业示范园区 3 家、省级文化产业示范基地 18 家。廊坊市、沧州市成功创建"国家公共文化服务体系示范区"，清河县成功创建"省级公共文化服务体系示范区"，是全省文化旅游发展格局中不可缺少的重要一带。另外，大运河河北段沿线村镇密集，平均每两千米就有一个村镇，而且文化特色鲜明、传统产业基础良好，除了有邢台、邯郸、大名、大名县金滩镇、霸州市胜芳镇、霸州市信安镇等历史文化名城名镇之外，还有杂技之乡——吴桥、中国铸造名城——泊头、金丝

---

① 赵春艳：《自由生命的完善、丰富与提升生命视野中的旅游审美活动》，贵州大学 2006 年硕士论文。

小枣之乡——沧县、董子文化之乡——景县、轴承之乡——临西等特色县，以及粮画小镇寿东村、黄瓜小镇翟庄村、羊洋花木小镇李沿村、教育小镇王桃园、丽君小镇邓台村、回乡小镇东营村、红色小镇纪庄村、北方小宋城东马厂村等特色村镇，是河北省文化和旅游资源的富集区、隆起带。

河北段大运河北串京津、南联鲁豫，具有先天的区位优势，以大运河为纽带和桥梁，能够有效地把京、津、冀、鲁、豫乃至南到江浙的优质文旅资源串联起来。而且路网发达、交通便捷，铁路、公路、航空有机衔接的综合立体交通运输网络基本形成。同时，在大运河河北段沿岸还有一处承上启下的核心区域——雄安新区，2017年中共中央国务院决议设立河北雄安新区，是以习近平同志为核心的党中央作出的一项重大历史性战略选择，是千年大计、国家大事。雄安新区位于大运河河北段的核心区域，《河北雄安新区旅游发展专项规划（2019—2035年）》提出，要推动雄安新区建设文化和旅游有效融合、全域旅游管理体制改革和生态旅游创新发展的先行先试区，建设中国旅游业高质量发展示范区、京津冀有重要影响力的国际旅游目的地、世界著名旅游城市，这就意味着大运河河北段将成为践行中国特色社会主义先进文化的实验区与先行区，成为整个大运河文化和旅游高质量发展的新样板与引领极。

二、水运贸易复兴的催化剂

从新石器时代到新中国成立以来，我国水运发展有着悠久的历史，因我国东部地区分布有漫长的海岸线、内陆横纵交织的大江大河及人工开凿的大运河，都为水运的发展提供了良好的条件。相较于陆路运输，水运最大的优势就在于运输量大、运输成本低，适合大宗货物的长距离运输，据《后汉书·虞诩传》记载："水运通利，岁省四千余万。"因此，历史上水运贸易极为兴盛。

运河开凿之初是因军事需要，但经多年发展，运河的经济功能日益凸显，逐渐成为南北商品流通、贸易往来的重要水路运输线，至清朝，伴随商品经济发展和南北贸易联系加强，因水运廉价的运输价位及由此带来的丰厚利润，运河在水运贸易中的地位越来越重要。据《钦定大清会典事例》和《中国省别全志·直隶省》所记载的水路网信息，19世纪京津冀地区至少存在3条连接府(州)交通的水路航道：大运河航道、子牙河航道、大清河航道，其中大运河航道流经顺天府、天津府和河间府3个府；子牙河航道流经顺天府、天津府、河间府、正定府、深州、定州和冀州7个府(州)；大清河航道流经天津府、顺天府和保定府3个府。① 以大清河航道流经的保定府为例，因保定到天津水路航程仅190千米，4~6天便可到达，与铁路运输时间相同，却节省了大量运输费用，加之府河、大清河水量充足，适宜载重50~100吨民船航行，因此水路运输成为联系保定与天津重要交通干线。在保定至天津的水路运输线上，每年从天津沿大清河、白洋淀一线分拨到保定的漕粮有3100余石，而保定作为棉花盛产区，每年由水路运往天津的棉花可占总量的十分之七，此外往来贸易还有煤炭、瓷器、药材、日用百货等货物，通过水路运输的货物可占据贸易总量的三分之二，由此可见水运在联系津保贸易中起着重要的枢纽作用。②

此外，因运河水运发展也给沿线留下许多特色的文化遗产，如码头遗址、沉船遗址、堤坝、险工等水利设施遗产，其中以清河县全国重点文物保护单位——油坊码头较为出名，历史上，油坊码头是明清时期较有名气的水陆码头和物资集散交流中心，因油坊码头建设而发展起来的商贸古镇——油坊古镇，成为当时河北清河、威县、南宫、故城以及山东高唐、夏津、武城等地的商品集散地，因当地地处水陆交通要道，往来船只众多，被誉为"北方的小上海"。还有因运河水运发展而产生的非遗文化如造船技艺、沧州武术、运河船工号子等。以沧州武术为例，因漕运发展需雇佣镖师以保证货物安全运输，而沧州正处险要位置，当地百姓为谋生计，

---

① 胡鹏、李军：《19世纪京津冀地区的交通网络与粮食贸易线路——基于理论层面的量化和统计分析》，《中国历史地理论丛》2019年第34卷第4期。

② 陈卫卫：《论水运与清代保定商品经济的发展》，《安徽文学》(下半月) 2010年第12期。

多有尚武风气，沧州武术发展至今，已有燕青拳、劈挂拳、戳脚翻子拳等多种武术拳种，成为当地特色的非遗文化。

如今，运河航运价值虽以大大减弱，但伴随着大运河申遗成功，以及大运河保护传承利用工作的推进，到2021年6月，北运河40千米河段已实现旅游通航，为实现京杭大运河全域通航及大宗货物的水运贸易创造了条件。此外，京杭大运河江苏段也为实现运河通航实施"八个转型提升"，即推进航道建设重点由通道网络转型、推进港口发展规模向集约转型、推进运输船舶向环保高效转型、推进航运组织向联盟合作转型、推进运输方式向集装箱运输转型、推进发展理念向强调生态绿色转型、推进发展方式向智慧创新驱动转型、推进航运功能向文旅交融合发展转型。① 大运河河北段运河通航发展也可借鉴江苏发展经验，在顶层设计层面进行具体规划，促进运河航运转型，带动沿线区域经济发展。

三、产业结构转型升级的突破口

在中国经济结构转型的过程中，最为重要的两个方面是产业结构(供给端)和需求结构(需求端)的转型。旅游业发展一方面有助于促进产业结构优化，带动第三产业比重上升；另一方面可以促进消费贡献度上升，拉动需求，增强经济发展活力。有关文旅产业拉动区域经济发展有两种理论：一种是乘数理论，认为旅游产业拉动区域经济发展，具体带来多少贡献，可通过乘数理论明确，具体包含旅游收入指数、投入产出乘数、收入与就业乘数；一种是生命周期效应理论，认为旅游业对于经济增长的贡献，并不能时刻保持稳定，大致可以分成贡献率较低、贡献率较高、稳定三个阶段。② 2014年，习近平总书记在北京、天津、河北三地充分深入调

①　江苏省交通运输厅：《省交通运输厅出台落实习近平总书记指示推进运河航运转型提升实施意见》，http：//jtyst. jiangsu. gov. cn/art/2021/1/28/art _ 65478 _ 9657102. html.

②　文渊：《新时期旅游产业对区域经济的拉动作用探析》，《商展经济》2022年第3期。

研的基础上，提出了京津冀协同发展、促进区域经济的总体战略要求；2015 年，京津冀协同发展总体战略正式快速上升为一个国家战略。《"十四五"文化和旅游发展规划》《京津冀协同发展报告（2021）》等文件中，进一步提出构建京津冀"一体两翼六带"空间布局，推进文化和旅游产业深层次融合，促进区域间融合互动。旅游业在促进区域经济发展、拉动内需、培育经济发展的新增长点中起着极为重要的作用，河北运河沿线文旅项目的打造，需要抓住京津冀一体化的发展机遇，加强资金、技术、人才等方面的区域合作，以科技创新加快高品质差异化产品供给，培育强势运河文旅品牌，开发京津冀运河沿线精品旅游线路，发展壮大运河旅游特色优势产业，形成多层次、全方面、立体的区域协同发展格局。发展大运河相关第三产业，不仅可以带动当地经济产业结构的转型，还可以成为区域经济发展的名片，带动区域经济转型升级突破口。

2021 年 11 月出台的《河北省建设全国产业转型升级试验区"十四五"规划》中明确指出：建设全国产业转型升级试验区是京津冀协同发展的重大任务，是建设经济强省、美丽河北的核心内容。在此背景下，河北省开展了实施服务业高质量发展专项工程，突出增强石家庄等 6 个国家级物流枢纽承载城市功能地位，雄安新区金融创新先行区加快建设，全域旅游示范省初步建成，现代商贸物流、金融服务、科技服务等领域基础设施、产业规模、服务效能得到进一步提升，现代服务业占第三产业增加值比重达到59.1%。而大运河河北段沿线，除了雄安新区以外，其他县区多以传统农业和工业为主导产业，产业链条短、附加值低，结构调整、转型升级迫在眉睫。文化产业作为综合性产业，具有产业关联度高、综合带动能力强等特点，是现代服务业的主要组成部分和主要形式，物质文化遗产传承和利用，有助于河北文化产业的创新与突破，运河沿线可以由原来的第一产业为主体主编转变为以第三产业为主体，并辐射、带动其他方产业调整。整体大运河文化带的建设、旅游产业的发展有助于促进沿线区域经济的结构调整，链接大运河沿线整体产业循环体系，在产业结构优化方面发挥着重要作用。同时，文化和旅游与其他产业融合，不仅可以形成文旅新业态，而且可以提高产业发展水平和综合价值，将产业链向服务业延伸，对于提升传统消费、培育新型消费、发展服务消费，扩大内需升级加力，内需体系加快完善，内需潜力有效释放，居民消费能力不断提升、消费空间不断拓展、消费结构不断升级；新基建、新型城镇化、低碳转型等有效投资持续增长都有重要推动作用，能够切实为区域经济社会发展注入新的活力。

所以，物质文化遗产实际上是大运河文旅产业发展的基石，没有实实在在的历史文化遗产做支撑，没有具有历史唯一性的文化吸引力，很难通过人造景观来形成产业效应。充分发挥物质文化遗存在文化产业中的基础作用，能够使得大运河文化产业形成综合发展，主要对沿线县区经济产业结构的影响上主要体现在两个方面：一方面，运河文旅产业自身带来直接经济收入的增加，可提升第三产业在当地经济发展中的占比；另一方面，运河文旅产业的发展具有很强的关联性，可带动交通运输、餐饮住宿、房屋租赁等相关第三产业行业的发展，促进第三产业尤其是现代服务业经济的发展。在对需求结构的影响上，大运河文旅产业是目前京津冀一体化大战略下可行的突破口，其产业发展促进旅游门票消费、餐饮住宿消费、文创产品消费、相关服务消费等游客消费行为，都可提升对当地经济发展的贡献度，提升当地居民的收入水平和消费水平，同时还可拉动相关部门对旅游景区相关配套设施、公共服务供给的投资需求，促进旅游发展的良性循环。

第七章 河北大运河物质文化遗产保护存在的问题

第一节 保护层面

一、保护意识淡薄

公众参与性强调的是每一个人都有保护文化遗产的权利和义务的时候，文化遗产才是最安全的。河北境内大运河在新中国成立初期仍然具备通航能力，后因修建水库、引走水源、水量枯缺，致使航运能力锐减，至20世纪70年代全线断航。从事实上看，大运河河北段在相当一段历史时期是处于被忽略的状态下的。水量不足以承载航运，"断航"对于河道生命力的打击实际上是巨大的。很多地方过多的追求眼前利益与单纯的经济发展，误以为投入大量资金即可完成对遗产的保护，走向了盲目开发与大拆大建的错误道路，完全忽略了运河文化遗产、生态环境、人地关系的连接，更没有形成和谐、友善、文明的人地关系，"重开发，轻保护"的状况更是严重，政府与公众对于大运河物质文化遗产保护的参与度是相对滞后的。

由于运河缺水、断流，其通航、灌溉功能衰退，人们对运河价值的认识也趋于单薄化，对河道遗址的保护往往不能上传下达、行之有效。各级地方政府存在重利用轻保护、重开发轻管理的行政心态。大运河遗产及环境保护受到忽视，因不当的旅游活动造成运河遗产遭受新的破坏。个别地方政府和相关部门，为了政绩对运河遗产随意开发。如有的地方未经文物部门批准，将宗教建筑直接建在运河遗产缓冲区；有的地方在运河遗产主航道上架设观光桥，破坏了运河的景观；有的则打着运河旅游的旗号，在旅游规划上从未停止对遗产资源的过度利用，破坏了大运河文化遗产的历史真实性与风貌完整性，在现实上对运河的保护和利用造成了严重阻碍。大运河申遗成功后，经过国家层面的大力宣传，公众对世界遗产的保护意识虽有所强化，但是由于政策背景和经济原因，地方政府层面对具体的保护措施却知之甚少，自觉自愿的遗产保护意识尚没有形成，对一些过度开发行为无动于衷，相关的遗产保护、生态保护法律法规也未健全，政府和公众参与运河遗产保护管理的主体意识淡薄。正是因为保护意识的淡薄，在城乡建设、生产生活的活动中，大运河遗产及环境受到忽视、局部破坏乃至威胁的情况仍然存在。

保护的前提是弄清保护对象是谁，目前对于河北境内大运河物质文化遗产的摸底与评测还处于起步阶段。大运河河北段相关历史文献和研究成果未进行过系统的搜集和整理，对规划范围内(包括大清河流域)遗产的全面调查尚需深入进行，永济渠遗址、重要古城址等遗存考古勘探工作尚在起步阶段。各地对运河遗产的调查、研究尚处在自发阶段，缺少统筹、协调和交流，未形成整体脉络，大运河遗产综合认知度不够。大运河物质文化遗产类型多样，兼具文化景观、文化线路等多种遗产特性，不同类型遗产的保护要求不同，较单一类型的文物保护更加复杂，需要多专业配合。在保护理念上，一些沿线城市仍存在着"重申报、轻管理"的思维，后续管理不济。在水体保护上，污染控制不足、监测能力薄弱，垃圾随倒、污水直排的现象依然存在；在文化保护上，一些城市拆掉真遗址，建设假古董，正是开发失当才造成了历史遗存的严重损坏。运河自然生态系统保护力度还不够，比如取土、湿地的开垦、沿河工业发展带来的水体污染的治理力度跟不上。河道不通航后，堆满垃圾，码头也随之被埋没。申遗时，环境卫生有些改观，但有些地方情况仍旧不容乐观。另外一些老的码头，可能因为不谨慎的新工程建设惨遭埋没，造成历史信息的丧失。

大运河作为大型综合遗产涉及范围广，个别段落保护范围与村庄交错、界限难以厘清，遗产存在被损毁、侵占、盗挖等破坏现象。由于环境变化、人口流动，一些非遗项目面临后继乏人、受众减少问题。部分非遗生成的条件发生根本改变，导致自然消亡，或被新的形式替代。谢家坝地处河北省沧州市东光县境内，大运河世界文化遗产申遗点之一，全国重点文物保护单位，由于保护不力，日常管理失职。往来游客随意攀爬，影响坝体的整体安全和保护，造成部分坝体出现裂缝，对物质文化遗产造成了不可逆转的损伤。早在 2010 年前后，出现了众多所谓的"挖宝人"，他们或是文物爱好者，或是文物收藏家，或是文物贩子，在干涸的河道上"挖宝"，将运河古道挖出数千坑洞。2010 年 6 月，有媒体报道，河北故城县与山东省武城县交界处的京杭大运河内有一百多人在挖宝，在两三百米长的河道内挖了数不清的深深浅浅的坑，并且挖出的东西当场就有文物贩子前来收购。这些"挖宝活动"不仅干扰了河道修复工程，也给古河道文物出土与保护带来了阻碍。除此之外，青县运河也曝出过河道无序取土、从河道护坡大量挖土填宅基地的新闻；沧州运河沿线违规建筑屡屡吞噬大运河景观，对眼前的经济效益的狂热追求与对大运河实际意义对错误认知致使大运河多年来遭受破坏。

2018 年 1 月初，沧州市东光县、南皮县、泊头市与衡水市阜城县交界处南运河河道遭盗挖。盗挖范围东西宽约 25 米，南北长约 780 米，盗坑 500 余个。大运河遭盗挖问题的发生，说明当地政府和相关部对于大运河的保护意识不够强，主体责任和监管责任落实不到位，也能看出河道安全和文物安全始终存有隐患。非法排污、设障、捕捞、养殖、采砂、采矿、围垦、侵占水域岸线等活动偶有发生，北运河违规挖沙掘堤案件也频频发生。

与此同时，遗产保护与经济发展、城乡建设矛盾依然存在。在物质文化遗产的传承利用过程中，存在为追求经济价值而忽视对遗产本身价值的现象，随意开发、过度开发，随意破坏人文生态环境，导致物质文化遗产脱离了本身的文化属性。在新型城镇化建设中，部分区域借助世界文化遗产知名度，片面追求经济利益，开发建造的高层住宅小区、经济综合体等，与运河景观极不协调，造成大运河历史风貌被破坏。

综上，"公众参与"在大运河的保护上处于缺位状态，大运河文化遗产保护的公众参与尚处于初级阶段。文化遗产的保护，尽可能地把原有的东西留下来是根本，要达到更高层次的保护，应该有社区、居民的广泛参与。公众若不能认识到大运河文化遗产的实质内涵，将只顾经济利益和眼前利益，错误地认为带动地方经济发展最有效、最便捷的途径是直接开发利用遗产资源。对遗产资源的过度利用与掠夺性索取，在短期内的确可以实现地方经济暂时的发展和繁荣，但从长远来看，文化遗产的历史真实性与风貌完整性将遭受灭顶之灾，盲目开发利用的功利心态对大运河造成了难以逆转的损伤。

二、保护状况参差不齐

（一）地区政策差异造成的保护状况差异

随着城市化进程的加快，对河流和水体的任意占领仍在继续。岸线管理不统一，岸线发展混乱。部分城区存在渠化、硬化、生态功能丧失等问题，影响运河原有历史风貌，威胁大运河遗产的传承。

沿岸城市在旅游开发之前不可否认地进行了规划与保护。如沧州生态恢复公园，对其原本的植被和地形地貌予以保留，利用大运河清淤出来的土方，进行了景观微地形的营造，将最高点控制在 3 米以内，有效丰富了景观层次和空间。与此同时，不合理的规划、开发也不在少数。对可利用区域与保护区域的界线划分模糊甚至有误，有些开发商为追求经济效益，空有其名地修建运河文化广场、运河公园。过量建设楼群，随意对运河河道进行改造，使大运河的原貌及沿岸的文化遗产遭到不同程度的破坏，运河的历史文化价值遭到破坏，而其期待的利益获取也往往不可能长久持续。

运河流经的河北各市经济发展的程度不一样，经济实力的差异导致对于大运河保护的重视程度不同、管理方式不同、保护状况不同，这些情况的差异和一些利益关系大大增加了运河保护工作的难度。2021 年，沧州市以 GDP 总量 4163.4 亿元排名河北省第三，占全省 GDP 总量的 10.4%，沧州市对于大运河河北段内基础设施及生态修复提升改造项目等一批关于运河保护的重点项目批准、落实。但是同样作为大运河沿线的廊坊、邢台、衡水三市，其2021年GDP总量约为7700亿元，与沧州市差距较远，这种经济发展程度的不同，必然造成沿线文化遗产保护水平存在差距，也存在着短期难以改变的产业梯度。以邯郸代表的大运河谋转型的资源型城市和重工业城市，在大运河的利用新兴业态方面上升空间依旧很大。

(二) 保护级别差异造成的保护状况差异

物质文化遗产的保护等级差异制约着其保护待遇，一些保护级别不够高，重视度相应的也会降低。很多物质文化遗产因其所带来的经济效益小，旅游路线规划和开发实际涉及的也比较少，对其保护和开发也就相应地处于比较原始的状态。但是被列入"全国重点文保单位"状况就有所不同了，例如大名府故城，作为宋代古遗址有着参观游览、考古科研的重要价值，众多专家学者根据相关考古成果，积极推进遗址保护与考古遗址公园建设，建议将大名府故城文物保护工作纳入大运河文化带建设规划。

针对世界文化遗产——华家口夯土险工，仅是景县在县级层面上就有三大保护举措，一是修订完善《中国大运河华家口夯土险工保护管理规定》，明确了华家口夯土险工管理界限，细化了管理责任。该县通过设立告示牌、悬挂横幅等方式，严禁人员和牲畜踩踏，加大对华家口夯土险工生态保护政策和有关法律法规的宣传力度，切实提高群众保护世界文化遗产的意识。二是通过加装防护栏、安装监控等措施，进一步加强对华家口夯土险工监管，扎实做好华家口夯土险工生态保护工作。三是制定巡查制度，建立以华家口村"两委"班子成员为主的日常巡查队伍，明确巡查员职责、巡查频次等。2021年以来，镇村两级对华家口夯土险工段共开展巡查650余次。

相比"国保"级遗产，其他的物质文化遗产受到的关注和重视实际上是相对较弱的。如保存状态堪忧，对于财力有限的政府开支，对于可开发性不高的文物保护单位，能够将有限的财力、物力、人力加诸某一类文物保护单位上，其回报率确实较低。更何况对于一些经济发展实力较弱的县，更倾向于将资金等投入高回报的产能当中。在落实资金、建设专业保护机构的考量上，物质文化遗产的保护级别势必影响着其受保护程度。

三、跨区域联动保护难度大

大运河作为跨越北京、河北、天津、山东、江苏和浙江六省市的大型线性文化遗产，需要由国家层面总体规划，沿线城市协同实施；但是目前大运河各区段物质文化遗产保护各自为政的情况仍然存在，造成相关大运河文化遗产的保护利用愈加同质化，造成重复建设问题。同时，由于不同地区的保护政策法规差异较大，运河保护单打独斗的现象也非常突出，直接导致各种资源整合效率低下，运河文化遗产的系统性、文化生存语境都遭到严重破坏，全国政协委员阎晶明曾指出"一条大河，不能'各自表述'"。①

（一）省内层面

由于天然的地界分割，大运河往往成为两个县、两个镇、两个村的界河，在沧州、衡水段，大运河不仅是村庄的分界线，也是县、设区市的分界线，故而行政区划的分隔也导致保护工作的失衡。各个支点城镇容易陷入圈地为营，甚至个别沿河城镇存在随意拆建的情况。大运河水源减少，水质较差，部分河道枯竭，本就使得运河的管理困难；而运河管理又因行政规划的原因分割成沿途不同的省市管理，运河治理的整体性就被大大减弱。不同省市的治理举措往往无法兼顾运河上下游的协调，也容易存在跨省市的方案调度难行的状况。

虽然河北省内就大运河协同发展局部地区尝试进行跨区域合作，如沧、廊、衡三地的"运河旅游营销联盟"于 2015 年在沧州成立，但至今河北省运河文化带的各地区还没有形成常态化的合作机制。如今的文旅产业已经不是单一的部门行为，它需要大规模的资源整合和大范围的产业融合，而大运河文化旅游又是纵跨多区域的庞大项目，涉及诸多区域的经济社会资源，尤其是需要旅游资源、文化资源、生态环境、公共服务、体制

---

① 《一条大河，不能"各自表述"》，《人民政协报》，2019 年 5 月 27 日。

机制等进行全方位、系统化的优化提升，以实现多区域、多资源的有机整合、产业融合、社会共建共享和区域间协调、可持续发展。

河北运河旅游的开发涉及众多利益相关者，由于政策落实不力，各方难以达成深度共识，整体协调意识较差，没有形成良性的产业集群成长环境，现有的文旅项目之间缺乏联动机制和明确分工。如何对运河非遗旅游进行统筹规划，实现多地区、多产业、多资源的协同发展目标，还任重道远。

（二）省外层面

大运河河北段与北京段、天津段连接互通，水脉相通、文脉相连、血脉相融，共同构成北方运河不可分割的水网体系。但在管理层面，大运河沿线城市各自为政。大运河涉及6省2市，以及各地有关环保、规划、城建、文物、文化和旅游等诸多部门。在各省市，大运河的保护存在各自为政，各管一段，缺乏统一协调、统一规划、统一治理的机制等现象，从而使大运河实际上成为各段各地的"小运河"。

①京津冀区域联动仍待加强。在国家层面积极推动的京津冀一体联动的口号，但从水污染治理到运河文化协同开发，再到安排大运河生态文化旅游线，都没有较高的联系度。仅在北运河香河段有尝试建立京津冀大运河文化带建设试验区，香河段运河的通航或将能打开京冀运河在地理上的联动，触发协作连环。目前，《香河县与通州区文化和旅游协同发展战略合作框架协议》于2020年在北京签署，大运河河北段与北京段、天津段连接互通，对目前的状况略有缓解；但是大运河是线性文化遗产，京津冀三地一齐组成了北方运河不可分割的水网体系，水脉相通而又文脉相连，把大运河文化带建设作为落实京津冀协同发展的一个重要方面才是正举。

②冀鲁豫区域联动较差。在南运河和漳卫运河流经的区段内，河北与山东、河南共是大运河上下游的关系。大运河水系互通，山东、河南是河北省大运河主要水源地。因此，从现实意义上看，河北省建设大运河文化带，需要与山东、河南建立协作联动机制，搭建协同建设协调机制。但就目前看，在运河河道归属、运河水源调配、水环境治理、运河文化整理、

建设项目安排等方面，冀鲁豫明显缺乏制度沟通和政策协调，三省单独进行行动居多。在实际调研过程中，与山东接壤的运河段，可以明显看到一桥之隔，河北段运河水量充沛，沿线保存相对完好，而在山东段则保护状况不佳，河道几近干涸。目前江南运河段由于运河一直未间断航运使用，江苏、浙江段运河协同保护状况相对较好。

围绕大运河文化带建设深耕厚植，应进一步强化资源整合和共建共享，形成更加有效的区域联动发展机制，全面贯彻新发展理念，坚持高质量发展要求，支撑京津冀协同发展战略深入实施，努力创造新时代高质量发展的标杆。以文化引领区域协调发展，深入挖掘以大运河为核心的历史文化资源，才能充分调动运河沿线城市的资源和力量。构建大运河保护、传承、利用的共同体，任重而道远。

第二节　传承与利用层面

大运河河北段物质文化遗产的传承与利用，首先是传承问题。传承什么，用什么方式去传承，河北在这一方面的工作做得还不够；也就是说对于大运河沿线的物质文化遗产底数还不完全清楚，对其蕴含的历史文化价值探索得还不够。这也就使得对于传承方式的选择过于保守，导致很多河北大运河文化建设存在吸引力不足、公众参与度不够的问题。

在物质文化遗产利用层面，应改变"经济中心主义"，正确理解"以人为本"。物质文化遗产利用中应当坚持遗产中核心的"人文主义精神"，先尊重遗产，再去做到利用。政府和公众不应只考虑自身短期的经济利益，而不顾人文和自然生态环境的破坏；应当克服"征服自然"的工业文化形态的片面性，理性抵制因旅游开发建立"假古董"，抵制因房地产开发、工业发展带来的对文化遗产的破坏和对现有遗产的滥用。在大运河河北段，部分地区对其重要性认识不深，对运河文化遗产的正确、理性活化利用不够，文旅发展和重点工作与大运河战略对接不足，缺少针对大运河文化和旅游产业的统筹谋划和科学规划。

一、物质文化遗产内涵价值挖掘不深

在文物专家的眼中，文化遗产"气象万千"，是因为文化遗产专家更加重视文化遗产的历史价值、科研价值。然而在公众的眼中，文化遗产却是"一无所有"，是因为公众不知道"看什么，有什么可看的"。如大运河河北段上的红庙村金门闸遗迹就是如此，它具有珍贵的科学和历史价值，却鲜有人去参观，政府在宣传层面也从未大力宣传这种伟大的水利工程对于人类生存发展的深刻含义。又如大运河故城段，故城县依河而居，因河而兴，在漫长的岁月和长期的治水过程中，故城人民的智慧逐渐显现，其中"龙尾埽"景观就是治水的结晶。《武城县志》载，当年，为保护此处险工，县令厉秀芳别出心裁，号召两岸百姓广植柳树。现存的古柳林是当年柳林的根系繁衍成林，距今已有 172 年的历史，并由此创造出非物质文化遗产"龙尾埽"。2012 年，故城县委县政府把此处命名为"运河第一湾"，至今仍保留着清光绪年间的古柳林。所以，目前大运河河北段的物质文化遗产不能只着眼于文化遗产的历史价值、科学研究价值及"大遗产"的文化概念，而忽视文化遗产的美学价值和意义，要重视对文化遗产美学更为系统的理论研究和深入探讨。

正是由于对大运河文化内涵挖掘不深、融合不够，使得许多项目显得简单粗放，缺乏创新性传承与创造性转化的有效路径与载体，没有深刻挖掘运河文化内涵，导致运河文旅价值转化失效。这表现在两个方面：第一，对大运河历史文化发展脉络把握不清。对大运河文化的精神内核尤其是对大运河与流经城市的地域文化传统、民俗特色、历史变迁、水利管理成就、城市风貌之间的内在关联未进行深入研究，旅游项目策划和旅游产品的设计显得尤为粗糙化、表面化。第二，没有厘清文化遗产与运河的关系。不同形态的传统工艺、美术、表演艺术等在运河沿线的传播、交流与融合等，赋予了大运河实体生命力。在促进产业融合、做大产业载体、融入运河旅游网等方面，无疑降低了运河文化资源优势转化为文化产业发展优势。尤其是诸如此类蕴含在其外显形态之中的隐性的内涵、价值观、审美心理与生活方式等，而人们缺乏凝练成重要的文化元素及符号的意识，使运河上凝结着历史记忆与人民智慧的物质外化形态终止于运河上的实体遗存，这对于运河文化遗产传承与利用来说是不可逆的致命伤。

二、文化旅游资源整合尚不到位

大运河文化资源本身就庞杂而分散，文化及相关旅游资源分布零散、不均衡，资源之间的关联性和集聚性较弱。而大运河文化活化开发利用所需的多种资源要素一般分散于政府、企业、高校、科研机构、社区居民等不同主体，且资源的开放性和流动性较差，这增加了资源整合的难度，导致资源配置效率低下。地方政府、社区和非遗传承人掌握着丰富的大运河遗产和文化资源，但不具备足够的资本、技术和市场资源；企业尽管具有资本和技术优势，但缺乏优质的遗产和文化"IP"①资源；高校和科研机构有充足的人才储备，但往往难以获得及时、准确的市场信息。资源结构的缺陷、创新要素的分散和资源配置的低效阻碍了资源向产品的转化及产业间的充分融合，造成了资源利用效率和层次偏低。同时，大运河旅游叫好不叫座，河北目前还没有推出有影响力的运河旅游产品，文化旅游资源的开发利用还处于较低水平。大运河文化内涵的探索和整合不够深入，许多项目显得简单而粗放，缺乏有效的创造性继承和创造性转化的途径和载体；模式创新较少，围绕渠道知识产权，特别是虚拟价值和形式的开发，尚未形成一系列产品和服务。当然，这与大运河河北段随着航运功能的衰退、主要流经区域目前皆位于镇域或村域、"因河兴城"的城河共生关系日渐松散等原因无不相关，运河与城市经济、社会、生态的关系重塑注定艰难。

在运河文化的宣传中，同质化严重，忽略了遗产的"原生态"，过度的包装使宣传失去了特色，降低了运河遗产的吸引力。大运河沿线文化资源利用率低、文化企业规模小、文化产品品牌少、文化园区集约程度低、文化产业竞争力弱，归根结底都是要解决文化资源整合不到位的问题。通过文化资源的整合和文化资源的"重构"，从整体上实现分散在不同时空领域

---

① IP，网络用语，Intellctual Property 的简称，泛指具有一定价值的文创作品，后文也指此意。

的各部分资源以具体文化项目的形式的有效衔接和组合，价值和效率的质变可以有效避免低水平同质重复建设和恶性竞争，充分发挥文化资源产业化的辐射和促进作用。文化资源特质具有相似性，打破文化资源的行政界线和地理界线，进行文化资源的空间整合是大势所趋。在传统计划体制下，从中央到地方各省、市、县都设立各自的文化单位，各文化单位拥有相应的文化资源及其服务的区域和对象，在一定程度上限制了文化资源的空间整合。

大运河河北段目前多地下大力度进行运河文旅基础设施建设，在建或改造提升的文旅项目有：中国大运河非物质文化遗产公园（沧州）、沧州南川楼和朗吟楼商业街区、沧州百狮园、沧州南皮县张之洞文化小镇、衡水故城县大运河国家文化公园、邢台清河县大运河综合文化长廊，以及杂粮小镇、黄瓜小镇、红木小镇等特色小镇。经考察，在建项目的突出问题一方面是除香河、沧州市区、吴桥城区的个别景观之外，大多数项目距离大运河水体较远，分布零散，各自孤立为"点"，无法串联运河文化旅游廊道；另一方面，项目的文化特色各异，或是停留在生态修复、环境治理，或是追求休闲康养、乡村体验，或是呈现某一特定主题文化，而与大运河文化有效融合的项目不多，大运河文化得不到彰显，没有达到资源整合与利用协调的状态。反观江南运河，早在 20 世纪 80 年代就开展了大运河旅游的发展，使得大运河旅游以其悠久的历史文化、独特的人文景观和浓郁的民俗风情而成为江南旅游业的一枝奇葩。江苏省的无锡、苏州、扬州等市均开发了古运河旅游项目，并于 1981 年 4 月开辟了全长 220 千米的苏州—扬州大运河旅游专线。近年来，随着大运河申遗和运河廊道遗产旅游的兴起，大运河旅游热度持续提升，苏州推出环城夜游项目；无锡举办"无锡古运河文化节"，推出了无锡古运河风情游项目；常州推出"游运河——必到常州"运河专题旅游项目；扬州推出了"古运河水上之旅"。与之相比，这些产业资源整合性、品牌性强的项目在河北还出现较少。

现在大运河河北段文化旅游产品谱系不完整，体验性、互动性、科技感不强。在中心区段一些文旅融合开发中，景区、景点、展示场馆、辅助设施及相关活动中应该有什么内容的文化，还存在泛化模糊的问题。由于大运河是一条活态运河，管理部门众多、职责不一、沟通不充分，导致文化与旅游融合不足。文物部门注重从文物保护的角度考虑运河旅游的发展，缺乏对市场需求的思考、缺乏对文化旅游一体化发展的规划和思考、缺乏与旅游一体化发展的实践。旅游管理部门注重旅游服务和市场化运作，对运河文化的研究缺乏尝试，导致文化资源缺乏支撑，运河旅游发展状况肤浅。一些以"运河"为主题的文化旅游项目简单粗放，实质性内容与运河的关联度低，运河文化和运河非物质文化遗产的展示和传播效果差，文化与旅游融合困难。

目前大运河沿线资源还未实现统一公园化管理运营，将多元性与复合性的包括中国大运河河北段的水工遗存、各类伴生历史遗存、历史街区村镇等物质文化遗产和武术、杂技、戏曲、节庆、民俗、典故、传统技艺等非物质文化遗产一并进行空间、形态上的整合，呈现整合型运河大文旅产业链条。文化创意、高科技元素在河北运河旅游产品融合中的应用较少，产业链的纵向延伸不充分，缺乏参与市场化运营的主动性。运河旅游产品、工艺品、艺术作品表演等转化为文化产品的能力有限，现有的文旅融合精品产品缺乏具有竞争力及市场影响力，大运河文化旅游品牌体系、营销推广体系尚未建立，文化旅游产业影响力和吸引力远不能与世界级文化遗产相称。

三、资源缺乏综合利用

现在一提到大运河物质文化遗存的传承利用，就会不由自主地提出文旅产业。这是一种片面的观点，物质文化遗产资源应当是综合性地利用，绝非只有文旅产业一条路。目前大运河河北段的物质文化遗产利用，各类文化生态资源活化利用形式和途径较为单一，各区域间项目同质化建设问题严重，部分优质资源长期闲置，对文化遗产资源的多种利用方式不多，主要集中在建设文旅产业，而对于物质文化遗产的深度开发，例如文化产品、创意产品、数字产品等新兴业态的发展基本处于停滞阶段。即使是在文旅产业范畴内，运河沿线有不少传统旅游景点和文化遗存，有些表达形式老套、产品雷同，缺乏新体验、缺少好内容。目前沿线"运河之都""运河小镇"之类的概念重复提出，且项目的同质化严重，需要实现"各美其美"方可实现"美美与共"。而江苏对于运河文化遗产的运用则是多元而综合的，例如苏北运河在疫情期间通过航闸智能运行系统和"船讯通"App 软件，实现了船员"零上岸"和"零接触"，保证苏北运河 24 小时不间断运行，拉动了长三角地区区域经济发展。同时，运河航运是最为绿色节能的运输方式，2019 年苏北运河货物周转量 667 亿吨千米，与公路运输方式相比，节约运输成本 299.49 亿元，节约柴油消耗 418.8 万吨，减少二氧化碳排放 1101.47 万吨。此外，大运河扬州段整治后，"水上快速通道"逐渐形成，邵伯船闸年货物通过量高达 2.5 亿吨，平均日货物通过量 108 万吨，屡次刷新全国内河船舶日通过量。江苏平均每年投入航道及船闸维护经费达 2 亿~3 亿元，确保大运河航运功能高效发挥，主要船闸货物通过量和货运密度甚至超过莱茵河、多瑙河国际知名的几大河流。

目前大运河文化遗产的保护状态更倾向于静态的、单向度的遗产保护，而没有走向动态保护与遗产保护、文化传承与资源之间的活化利用，文化遗产的内涵没有得到深挖，价值的没有完全体现。虽然部分运河物质遗迹和工业遗存实现了转型和再利用，如邢台清河大运河油坊码头和朱唐口险工遗存、廊坊香河金门闸遗址等，但河北大运河大量文化资源要素呈碎片化零散分布于城市和乡村，处于待发掘或浅层开发的状态。河北运河非遗的影响范围小，大部分没有获得有效传承和利用，与大运河旅游、节事活动的融合度较低，鲜有非遗项目能够获得高品质的文化创意设计和推广，至今未形成深入人心的大运河非遗旅游品牌，与当前民众对于传统文化与旅游等特色产业融合的需求是脱节的。对运河文化发展过程中一些具有稳定序列的文化因素缺乏梳理，对这些物质文化因素的成因理解模糊、难以觉察，难以凝练出文化遗产中蕴含的文化价值。

大运河河北段主要流经的冀东南地区地形以平原为主，特色景观少、大运河水量少、水源条件较差、自然遗产和名胜古迹相对匮乏，远不如南方运河各具魅力的景观风貌。河北省大运河沿线城市建设存在同质化现象，建筑设计和城市功能基本一致，往往拥有风格类似的公共建筑物和居民区、千篇一律的商业区和游憩地，对自身的地域文化和历史文化根脉挖掘不足。大运河沿线的诸多村镇也暴露出同样的问题，乡村中的产业以传统的农业、工业、手工业为主，产业结构欠合理，新兴产业较少；生产生活方式的地域特色、民族特色不鲜明。

这种现象也不仅仅存在于河北，如京杭大运河沿线有聊城市的中国运河文化博物馆、淮北市的中国隋唐大运河博物馆、淮安市的淮安运河博物馆、杭州市的京杭大运河博物馆，以及河北故城大运河博物馆等在内的几座以运河文化为主题的专门性博物馆，这些主题博物馆在展览的形式与内容上存在雷同，且观众层次需求千差万别，大多是"漫无目的地闲逛"，博物馆并没有发挥对运河资源活态传承的作用。所以运河博物馆的建设应该摆脱内部空间陈列的展出状态，打造真正的"线性运河博物馆"，外部空间与内在文化和谐交融，展示区域内独特的工程遗产、文物收藏、非遗价值等文化资源。只有找到运河各运河段独特的大叙述方式，突出运河区域特色，诉说中国文化史上的意象符号，与自然环境一起保证文化遗存的完整性与持续性，使公众能身临其境地去体验河北大运河文化的真实存在，多元综合运用大运河物质文化遗产资源，才能彰显运河文化可持续发展的顽强生命力。

第三节　相关配套层面

一、宣传力度不足，社会推广力度低

大运河后申遗时代下对物质文化遗产的宣传的局限性仍然存在，即便在"申遗"成功背景下，宣传的力度也逐渐减弱。部分地区为了申遗，大张旗鼓地进行宣传，而后申遗时代宣传却不比以前。对保护运河文化遗产资源的意识不够，会导致力量参与热情与程度不高，进而导致物质文化遗产附近的人民对身边的运河知之甚少。当下河北省对于大运河的新媒体显然不足，整个燕赵文化传播状况也不容乐观。河北媒体也在不断推发关于运河一系列报道、宣传，如《河北日报》的长城系列、大运河系列报道，河北省文化和旅游厅与河北广播电视台推出的《探索有故事的河北》《行走长城》

《新遇见・大运河》等。但从效果上看，其宣传还不够深入，作品多而精品稀，受众少、吸引力小，仍有很大提升空间。

从现在的大运河宣传内容形式和内容上看，媒体主要在政府的指导下开展大运河保护与利用的宣传报道，这种以政府为导向的宣传方式虽然能够保证传播内容的正确性和科学性，但媒体的宣传积极性和主动性、内容产品的创新性还远远不能在眼花缭乱的广告、电视剧、纪录片的包裹下杀出重围。当前，媒体正处于融合发展的深化期，面临新观念与传统观念、新模式与传统模式等多重冲突。而在此背景下河北省的大运河文化宣传、旅游宣传的方式和内容未免过于传统和保守，对于绝大多数青年群体，或者说是消费群体的吸引力远不及其他省份。文化主题作品少、精品更少且表现形式比较单一，大运河文化保护、宣传人才和队伍数量不多、专业化程度不高，大运河文化保护与宣传实践缺乏创新性，最终导致群众认可程度和参与程度不高。

而在运河景区的营销宣传上，河北大运河文化带沿线的诸多旅游景点虽有5A、4A的等级评定，但其市场化运营效果参差不齐，缺乏足够的营销手段。沿线景区宣传手段多通过拍摄纪录片、投放电视广告等传统宣传方式，未能迎合新时代年轻群体为主的旅游消费主力军。在游览运河景区过程中，由于缺乏创新，旅游产品中缺乏现代科技元素，文化内涵的展现形式没有因时而变，未能有效发挥5G、超高清、增强现实、虚拟现实、人工智能等新技术的支撑作用；基于高科技的沉浸式与体验型文旅产品内容较少，游客缺少新鲜感，没有实现打造现代运河文旅品牌的效果。

二、人才短缺，专业度不高

文化遗产的综合保护、传承与利用看似是一个大众课题，但实际上是一项很专业性很强的工作。现代文化遗产学与传统文物保护工作不同，文化遗产保护需要大量的基础数据支撑和多样化的应用专业技术手段支撑，涉及文化遗产的调查、评估、保护、开发及综合管理，突出地具有整体性、系统性、综合性、概括性、典型性、原则性、交叉性和应用性等特征。

所以文化遗产保护，尤其是像大运河这样的跨区域重大文化遗产保护，不能简单地由政府相关部门作为主导，应当成立具有现代文化遗产保护的专业团队进行专业、科学的推进工作，才能保证河北大运河物文化遗产保护的高质量发展。如江苏早在 2009 年就成立了全国第一个运河主题的非营利性组织——世界运河历史文化城市合作组织（WCCO），目前已有 153 个世界运河城市和相关机构个人加入"运河文明体"的"朋友圈"，WCCO 每年举办的"世界运河城市论坛"，已经成为中国大运河文化带建设展示成就、交流经验的品牌活动，在国内外产生了广泛而深远的影响，10 多年来培养了大批的专业人才。

独具燕赵文化特色的大运河河北段流经廊坊、沧州、衡水、邢台、邯郸五市及雄安新区一区，主要分为四大河段——北运河、南运河、卫运河、卫河以及永济渠故道遗址，总长 530 千米，约占全国大运河全长的六分之一。由于地域环境不同，运河文化带各具特色，旅游品牌的一体化开发需要求同存异。各地市运河段与地域独特的地势地貌、风土人情繁衍了各具特色的运河文化，因此建立河北大运河物质文化遗产保护工作耗时长、难度大，人力、物力成本较高。基于多元的运河文化的传播和传承需要多个领域的知识体系的融合，对文化遗产保护提出了较高的要求，从传播资源、手段到传播人才、队伍，既要有运河地域研究的条件，又要有专业人才储备，更要有一定的文化研究实力。河北运河段深层次挖掘和保护所需的专业人才还比较欠缺，目前河北还没有一所高校开设文化遗产学相关课程，河北内人才队伍基础与跨越发展的要求不相适应，文化和旅游行业高端人才短缺，人才服务保障体系不够完善。文旅行业人员的服务技能和业务水平，河北省文旅行业高端人才短缺的问题在河北省内都是一个重要的人才问题。河北省内创新创意能力的人才或机构，也会忽视对传统文化的深入学习和挖掘，文化产品的创造范式往往具有同质化倾向，文化创意产业、旅游产业，经过多年的粗放式发展，形成某一种或某几种模式或套路，难以和真正有特色的本民族、本地区的文化精髓贯通融合起来，创造出更加深入人心、有中国气派的好作品、好项目。在做大运河文化宣传的志愿服务等方面，往往需要知识储备更充足、实战经验更丰富的专业人才。大运河河北段人才短缺的问题十分突出，专职专业人员严重不足，人才引进工作有待加强，人才缺口亟待补齐。

更为重要的是，在当前这样一个崭新的历史发展时期，大运河资源开发利用所需要的人才培养日趋多元，覆盖文化历史研究、大运河专项研究、人工智能技术研究、数字媒体展示研究、跨域设计思维研究、文化产业研究、外语跨文化交际研究等多个领域，某一领域的单一型人才不能满足这一需求，人才的素养的提升必然是一项系统工程。

三、非遗文化融入较少，软性文化体验性差

大运河非物质文化遗产涉及文化、生产、生活、民间工艺、表演艺术、礼仪习俗等多个领域，既是当地群众文化生活多样性的重要体现，更是中华民族传统文化的瑰宝。河北段涉及非物质文化遗产极为丰富，依据河北省文化和旅游厅发布的《河北省大运河文化保护传承利用实施规划——文化和旅游融合发展专项规划》，大运河河北段包括国家级非物质文化遗产 27 项、省级非物质文化遗产 146 项。依据非遗与运河的关联程度及运河对非遗的影响方式，可以将大运河非遗划分为四个层次：一是在运河建设过程中形成的，与运河原生性功用（漕运）直接关联的活动，包括运河的开凿与疏浚、附属设施建造、漕船制造、船舶过闸等方面的传统实践技能等；二是由漕运及沿岸生活所派生的，在船工、渔民及沿岸居民中广泛流传的文化活动，包括运河故事、传说、歌谣等口头文学，以及社会风俗、礼仪和节庆，如运河元宵灯会、开漕节等（河北段基本缺失，或者无直接关联）；三是由于运河交通的助推而产生，或因漕运和商贸而带动其发展的非物质文化遗产，包括各类传统技艺和传统医药，如邯郸魏县的土纺土织技艺、衡水故城县龙凤贡面手工制作技艺、沧州泊头传统铸造技艺、三井十里香酒酿造技艺等；四是在运河沿线地区形成或发展、运河在其传播和传承的过程中产生了重要影响的文化活动，包括传统美术、音乐、舞蹈、戏剧、曲艺等艺术形式，如南运河船工号子、京东大鼓、木板

大鼓等，以及传统体育、杂技和游艺活动，如沧州武术、吴桥杂技等。

目前在运河物质文化遗产传承与利用方面，河北段主要表现为：重视运河景点，却忽视运河非物质文化遗产，非遗文化资源与旅游结合不深，没有形成完整的文化生态。2014 年大运河申遗成功后，运河沿线省、市政府均高度重视对运河遗产的保护和发掘，但在保护过程中，仍面临着重"有形"遗产、轻"无形"遗产，重静态保护、轻动态保护，缺乏整体性保护，文化遗产保护与城市建设脱节等问题，使遗产与遗产地的原生自然环境和人文背景相脱离，遗产的原真性和完整性遭到破坏。非物质文化遗产失去了历史生成载体与现代存活语境，物质文化遗产也失去了存续创造的活力因子与代际薪传的精神连接。河北运河文化带非遗项目主要分布在乡村，在廊坊、沧州、衡水、邢台、邯郸等地零散点缀开来，随着日新月异的城镇化进程和经济发展浪潮的不断冲击，非遗传承者，特别是那些农村当中传统技艺类、表演类的传承人想要通过固有的传承方式获得丰厚物质回报的愿望变得越来越难以实现，造成这些传承人必须另谋出路，传承渠道越来越窄，最终出现传承乏人的结果。

反观北京、杭州等城市文化产业发达，文化资源被合理利用的程度高，尤其是南端的杭州、苏州、扬州等城市集群，依托大运河和当地文化发展多元化新兴业态，成效显著。总体来看，河北运河城市对文化产业的理解还不深刻，对文化资源的合理利用和创新性发展还处于起步阶段，在资源赋存和资源转化方面没有形成优势。运河非遗精神内涵及当代价值的挖掘和阐释不足，非遗活化传承和创造性利用方式有限，非遗保护与旅游开发的互动关系尚处于初级阶段和较低水平，且存在较多阻滞和障碍，这些都与文化产业发达城市形成了鲜明对比。

四、文旅产业设施配套程度低

我国建设大运河国家文化公园建设是世界首创，无现成经验可循，也无固定模式参照，以旅游的名义开发文化资源，不应只是单纯复原历史的时空，而要基于文脉梳理、文物保护和文化传承，让大运河成为沿线省市城乡居民的品质生活空间，让所有认同大运河、向往大运河的游客方便到访，并获得更有品质的体验。

在大运河河北段实际调研中发现，除了沧州市区、雄安白洋淀、廊坊北运河香河段以外，大部分物质文化遗产所在区域的文旅设施缺失，很多重要的遗产点如永济渠遗址、东光码头沉船遗址、徐万仓遗址、泊头石劢厕挑水坝、陈窑窑址、齐堰窑址、崔家坊河堤遗址等几乎处于保护真空状态，更不用说相关的文旅产业配套，很多著名的文化遗产点甚至基础的卫生间、餐饮服务都不能提供。旅游交通是旅游者完成旅游的先决条件，旅游者外出旅游时，首先要解决从居住地到目的地的空间转移问题，通过采用适当的方式抵达旅游地点。一般情况下，具备一级公路、航线直达或专门的旅游专线是旅游者对目的地的首要考量。对于运河旅游来说，水上通航的游览方式可以说是最为合适和具有吸引力的。但从河北段的实际状况看，河北段的全线通航恐怕还需要一定的时间。大运河河北段水量少，淤积大量泥沙，疏通难度大。南运河包含的沧州—衡水—德州段，除沧州市区、青县、泊头、吴桥等地运河景观内蓄水外，其他河道内均无水，引水期水面宽度 30~60 米，水深 2~3 米；此外，卫运河和卫河包含的邢台、邯郸段，除临西段以外一般常年无水，仅引水期有水，邯郸段的永济渠遗址更是已经废弃。截至 2021 年年底，河北段通航长度为 21 千米，短时间内实现河北段的局部专线旅游通航，甚至是河北全线通航的难度过高。真正意义上的"运河游"在短期内无法实现，这也造成了路上运河旅游的可打造性和可串联性大打折扣，其原因在于陆地的旅游景观和旅游设施分管于不同县市，其线路联动与接待设计势必存在着各式各样的差异与问题。这样一个大跨度、高难度的工程短期内同样无法实现，也就使得运河旅游的基础物质设施的托载力大大降低；对于普通游客而言，可进入性较差。

河北大部分地区各类运河文化和旅游资源多以文献资料和实物的形式保存在当地的文化馆、档案馆、博物馆，非遗展览和主题活动也主要发挥宣传、教育的功能，不具备文旅产业功能。政府主要从遗产管理的视角对大运河文化进行静态的、单点的、项目性的保护，而没有从产业开发视角，对大运河文化和旅游资源进行整体规划，缺乏市场化的定位和创意化的展示利用手段，旅游配套设施和服务体系也相对不完善。在创新文化保护传承形式的过程中，公共文化服务体系始终缺位，数字技术、互联网技术等高新技术在文化创作、生产、传播、消费等各环节的应用也未见精品，基于大数据、云计算、物联网、人工智能等新技术的新型文化业态发展缓慢。

第八章 全球视域下物质文化遗产 "保护"与"开发"的博弈

世界上最早的运河是公元前 1887—前 1849 年在古埃及的古苏伊士运河。16—18 世纪欧洲运河大发展，欧洲各国纷纷修建运河满足国内外的贸易往来。1642 年，法国开凿布里亚尔运河，沟通了卢瓦尔河与塞纳河，作为世界文化遗产的法国米迪运河也是在这一时期诞生的。英国在 1761 年开通布里奇沃特运河，德国开通马恩—莱茵运河等都为本国经济贸易发展贡献了很大力量。19 世纪后，世界各国运河开凿更加火热，各地开通的运河包括瑞典的约塔运河、美国的伊利运河、加拿大的里多运河等，它们也都成为今天重要的国家或世界遗产。19 世纪下半期至 20 世纪初，工业革命完成和世界市场逐步形成，这一时期运河建设的目的主要是缩短环球运河航运航线，主要运河工程包括巴拿马运河、苏伊士运河及基尔运河等国际著名航道。

在讨论运河的"保护"与"开发"的关系之前，必须明确一个概念，在运河还有航运功能时期，其不被作为文化遗产，所以其不存在这两个问题的矛盾与对立，其初始目的并不是作为公共文化设施而建设，其是作为交通设施而建设。综上，运河在国外的发展时间只有 300 年左右，但是不可否认，西方的文化遗产保护意识非常强，虽然我国的大运河有两千余年的历史，但是将运河作为文化遗产而进行全方位的保护还是主要在改革开放之后，对其作为文化遗产的开发更是晚至 20 世纪 80 年代，而且截至目前还未完全铺开。

文化遗产的开发与保护问题一直被国际社会关注，20 世纪以来，国际权威机构已制定有近 50 部文化遗产保护国际法规，全方位反应文化遗产保护与开发关系的演变，对文化遗产的"保护"是国际法规制定的基本原则和根本目的，而文化遗产的"开发"从一开始就被看作遗产保护的对立面，到国际法规逐渐认可其价值和意义，开发利用的方式和内容亦不断得到深化与扩展。① 但是在物质文化遗产保护上，在全球视野下，"保护"与"开发"仍然一定程度上存在着博弈与对立，不能忽视这种博弈，在看到其他国家对于文化遗产，尤其运河类线性文化遗产的保护与开发所走过的路，有助于我国科学地开展文化遗产保护、传承与利用工作，使得祖先的遗产得以保留，今人得以利用，后人得以传承。

第一节　文化遗产"保护"与"开发"的关系

一、"保护"与"开发"的对立性

文化遗产"保护"与"开发"的对立性指"保护"与"开发"二者本身便存在矛盾，这种矛盾体现在若对文化遗产实施封闭性专项保护管理措施，便不能对其有效开发，因此也丧失了文化遗产的展示功能；若相关部门为了追求商业利益，对文化遗产进行侵入式开发，便会破坏遗产本身的原真性，做不到对文化遗产的有效保护。长期以来，相关部门都将文化遗产的保护与开发视为二元对立关系，认为二者不能做到平衡，在对待文化遗产的态度上或侧重对其进行保护，或侧重对其进行开发，但现实中往往造成越是对其封闭保护，越是将其束之高阁，越是无人问津；越是过度改造开发，越是淹没了不同文化遗产独有的历史气质和文化韵味，甚至丧失其自身的独特价值。

(一) 侧重保护观点

在对文化遗产的保护管理措施上，一种观点认为对文化遗产进行封闭管理，不采取开发利用措施造成文化遗产的破坏，但这种保护方式过于保

---

① 张朝枝、郑艳芬：《文化遗产保护与利用关系的国际规则演变》，《旅游学刊》2011 年第 1 期。

守，有违习总书记提出的"要让陈列在广阔大地上的遗产'活起来'"的指示，长此以往会造成历史文脉的流失与消弭。另一种观点强调还原历史文化遗产的原貌，进行原真性修复，但历史文化遗产历经时代变迁，不同时代遗址分布位置、历史样貌、典藏文物和承担功能也大有不同，还原难度较大，且标准难以统一。

(二)侧重开发观点

这种观点强调对本地分布的文化遗产采取积极利用措施，借助文化遗产的历史价值，打造相关经济文化产业链和文旅项目，开发其商业价值和旅游价值。这种观点看到文化遗产需进行活态传承，符合现今对文化遗产创造性转化、创新性发展的要求，有利于当地文旅产业发展和经济创收。但现实中，相关机构却很难把握开发的度，往往造成对文化遗产的入侵式、破坏式开发，使商业化元素遮盖住文化遗产本身，打造千篇一律、空洞无味的历史街区和景点往往破坏了文化遗产自身独有的文化韵味和特殊魅力。

二、"保护"与"开发"的统一性

文化遗产的"保护"与"开发"，根本上说是一体的，即保护是为了合理地开发利用，合理地开发利用是为了更好地保护，将保护与利用对立的观点从根本上背离了二者的统一性。① 特别对于运河遗产而言，仍在现实中有着重要的使用价值，依然发挥重要作用，从遗产特征上来看属于"活态"遗产，不能将其从现实社会脱离纳入特定环境下进行封闭保护，这一做法也阻碍了文化遗产价值的发挥和展示。对文化遗产的保护含有对其进行适度开发利用的含义，不能将二者分割或是侧重表达某一方，只有保护历史文化遗产原始面貌，挖掘其文化内涵，并进行合理开发，以全新表现形式展示给民众，文化遗产的价值才可得到传承和发扬。

从文化遗产保护与城市发展建设的关系来看，二者也是互相促进、协

---

① 连冬花：《大运河遗产保护与利用协同的路径探析》，《系统科学学报》2016 年第 24 卷第 2 期。

同发展的，不能将其视为对立关系。不同的历史文化遗产，是随不同时空范围内的历史文化、风土人情动态发展变化而来，带有特定的地理和文化元素，凝聚着城市历史发展的文脉。若将文化遗产保护与城市开发建设割裂开来，一方面单纯强调遗产封闭保护造成大量历史文化被封印，不能与城市发展轨迹有效融合；另一方面单纯强调城市发展建设又会造成文化遗产的入侵式破坏，难以保留城市文化特色。只有将保护与开发统一起来，使历史文化遗产作为"活"的遗产展示，运用新形式、新技术对历史遗产进行创造性保护，保留城市传统文化底蕴，留住城市的"根"与"魂"，才能为城市发展注入新活力。此外，找到现有文化遗产与城市发展规划的结合点，将文化遗产融入城市发展建设，发展相关特色文化产业打造城市发展名片，挖掘城市发展的特色之路，可实现文化保护与经济发展双赢局面。

第二节　国际物质文化遗产的"保护"与"开发"

一、欧洲

(一)保护模式

自"二战"以来，伴随着城市化进程和全球化程度日益加快，欧洲国家开始逐渐重视全球视域下的历史文化遗产保护，1987 年欧洲理事会(The European Council) 首先提出"文化线路(Cultural Routes)"概念，按照《文化线路宪章》规定，文化线路指任何无论是水路、陆路还是其他类型的线路，以清晰物理界限和特定活力以及历史功能为特点，以服务于一个特定的明确目的，并满足"产生于并反映人类的相互往来，跨越较长历史时期的多维度的相互交流、在时空上融合并在物质和非物质遗产上反映出受其影响的文化、集中在一个与历史联系和文化遗产相关联的动态系统中"三个条件。[①] 1988 年文化线路科学委员会(International Scientific Committee on

---

①　张华锋：《线性文化遗产保护评价体系研究——以京杭大运河京津冀段、京承古御道为例》，河北师范大学，2019 年。

Cultural Routes)设立，标志着"文化线路"作为新型遗产理念得到国际文化遗产领域认同。1993 年西班牙最早展开对文化线路研究，其后，1994—2008 年在国际古迹遗址理事会(ICOMOS)倡导下，召开 9 次有关文化线路的科学会议，自 2008 年《文化线路宪章》被世界遗产专家认可，文化线路基本形成了较为完善的理论体系，其将文化线路定义为："文化线路是陆路、水路或其他类型的交流线路，其形成源于不同民族、国家或洲际间多维度的持续交流，并把相关的历史联系和文化遗产整合为统一的动态系统。"①"文化线路"的提出对促进世界文化多元性保护和沿线文化遗产旅游资源的开发利用具有重要意义，当前在世界遗产保护中的作用愈发重要。

(二)保护措施

1. 立法保护

欧洲是目前世界上拥有世界自然遗产和世界文化遗产项目最多的大洲，欧洲国家很早就开始重视文化遗产立法上的保护，并针对本国历史文化遗产保护体系，形成了相对完整的遗产保护的法律框架。② 如意大利是对文化遗产保护立法最早的国家，率先在全球范围内提出对历史街区的整体保护，将保护对象扩展至对生活方式和文化氛围的保护。目前意大利依然保留着世界上 70%的文物古迹，是当之无愧的文化遗产大国。早在 1872 年意大利便颁布了第一部文物建筑保护法，1932 年制定《文物建筑修复标准》，帮助文物建筑修复工作展开。此外，还将文物保护作为一项重要国策写入宪法，明确规定国家对历史遗产的保护责任。

法国文化遗产保护运动从 18 世纪法国大革命对文物毁灭性破坏背景下展开，1793 年《共和二年法令》最早提出"领土内任何一类艺术品都应受到

---

① 转引自王丽萍：《文化线路：理论演进、内容体系与研究意义》，《人文地理》2011 年第 26 卷第 5 期。
② 张维亚、喻学才、张薇：《欧洲文化遗产保护与利用研究综述》，《旅游学研究》2007 年第 2 期。

保护";① 1887 年《历史纪念物法》强调对建筑、纪念物的保护，之后逐渐扩展保护范围；1906 年颁布《景观地保护法令》，强调对自然景观的保护；1962 年颁布《马尔罗法》，确立"保护区"的概念；2004 年颁布《法国遗产法典》，形成了相对系统的文化遗产保护法体系。

英国文化遗产保护运动始于 19 世纪中叶，1882 年第一部文化遗产保护法案《古迹保护法》诞生，1900 年经修订，将中世纪以来具有历史意义的文物古迹纳入法定保护范围，之后 1932 年《城乡规划法》、1953 年《历史建筑和古迹法》使历史建筑保护制度更加完善。到 21 世纪之后，英国遗产保护开始追求可持续发展模式，开启了一系列遗产保护管理体制改革，通过《历史环境：未来的力量》《遗产保护总结》《21 世纪的遗产保护》等一系列法案说明改革的具体方案和执行办法。

2. 建筑保护

欧洲文化遗产保护从最初只限于建筑物保护，逐渐扩展到对建筑群、历史地段、整个城区的保护，并在此过程中形成了系统的保护方式和保护原则。对于具有重要历史影响的历史建筑物和建筑群，强调整体性保护原则，主要有防止衰变、维持现状、加固、修复、使用、复制和重建 7 种方法；对历史地段和遗址环境的保护，通过对当地历史特色的挖掘和最大限度的遗产活化，充分体现其区域历史价值；对城市格局的打造，通过平衡城市建设与文化保护传承的关系，构建传统与现代交融、自然与人文交织的城市景观。

3. 财政支持

在对文化遗产保护的财政支持上，欧洲国家依然名列前茅。如意大利每年用于文物保护的财政支出大约有 20 亿欧元，并规定从每年彩票收入中扣除 8% 用作文物保护资金，仅这一项便有 15 亿元欧元的资金收入，极大地推动了文化保护工作的开展。而在英国，文物保护资金的重要来源主要

---

① 唐晓岚、张佳垚、邵凡：《基于国际宪章的文化遗产保护与利用历史演进研究》，《中国名城》2019 年第 9 期。

是由国家和地方政府提供的专项拨款和贷款，其中英国遗产保护协会资金收入的80%来源于政府财政拨款，可见政府每年拨付文化遗产保护资金的数额之大。法国在政府财政拨款之外，还实行自我筹集的方式，即通过提供周到的服务吸引游客参观遗产景区，带动旅游相关产业如交通业、餐饮业、酒店业的发展，以此来增加政府税收支持文化遗产保护。

4. 公众参与

在欧洲文化遗产保护行动中，民间组织的力量和社会公众的参与，发挥了极为重要的作用。在意大利，民间组织的意见对政府文化遗产保护决策具有极为重要的参考意义，甚至一些组织已发展成为地方政府的专业咨询机构。此外，在意大利的法律规定上，凡涉及文化遗产保护范围内的建筑改造、街区拆迁及重建等事宜，政府必须取得当地有关社团组织的许可，种种措施都极大激发了民间组织文化遗产保护工作的积极性。在法国，共有大大小小民间组织18000多个，其工作主要以古迹和古建筑保护为主。从民间组织在法国地位来看，法国政府签署了国家与协会契约宪章，充分肯定民间组织在遗产中的地位，并给予他们在制定有关遗产政策中的参与权，还将"国家遗产日"主题定位为"遗产与协会"，让更多公众了解到民间组织在文化遗产保护方面做出的工作成果。[1] 英国民间组织发展较早，早在1877年，便创建了英国最早的保护组织"古建筑保护协会"，到1882年，全国及地方性的民间保护组织已开始迅速发展，既名目繁多，又数量庞大。

二、美国

(一)保护模式

19世纪下半叶，美国工业化和城市化的发展使城市环境不断恶化，城市景观设计师引入绿道运动，许多州通过立法进行风景道建设，推动城市

---

① 郝士艳：《国外文化遗产保护的经验与启示》，《昆明理工大学学报(社会科学版)》，2010年第10卷第4期。

向生态宜居方向发展。此外，历史遗产保护越来越受美国社会关注，遗产保护区域化在实际操作层面得以实现。遗产廊道（Heritage Corridor）综合美国绿道运动、风景道建设和区域遗产保护理念得以应运而生，自1984年美国国会立法指定伊利诺伊和密歇根运河为国家遗产廊道，标志着遗产廊道概念正式确立。[1] 首先，遗产廊道的发展与美国绿道运动和历史遗产区域化保护密切相关，它关注景观生态和系统平衡的同时又强调历史文化保护与区域经济发展。其次，遗产廊道作为一种线性廊道，是拥有将特殊文化资源集合起来的线性景观。此外，遗产廊道还是一种综合性保护措施，强调自然、经济、文化三者综合发展的多目标保护体系。

（二）保护措施

美国历史文化保护运动从19世纪初萌芽，大致经历了发展、活跃、调整和完善等几个发展阶段，20世纪60年代之后形成了较为完善的保护体系，建立起由联邦政府、州政府、地方政府、民间团体和私人共同参与的保护体制。

1. 各级政府

从美国立法保护体系来看，已形成联邦立法、州立法和地方立法相结合的保护方式，1966年美国出台《国家历史文化保护法》，标志着美国历史文化遗产保护基本体系的建立。此后，又通过推行《国家环境政策法》《税制改革法》《历史建筑修缮标准和修缮导引》等系列法规，奠定了美国历史文化遗产保护的法理基础。

在文化遗产管理制度上，美国实行国家公园制度，由联邦政府每年拨款给国家公园管理局20亿美元，支持文化遗产保护事业。国家公园管理局是联邦政府内政部下属部门，在对国家公园管理上，将全国50个州划分为7个大区，分别管理全国200多个不同类型的国家公园，管理人员由总局直接任命，直接对国家公园管理局负责。

---

[1] 王吉美、李飞：《国内外线性遗产文献综述》，《东南文化》2016年第1期。

　　从文化遗产保护的财政政策来看，美国政府通过政府税收优惠政策（如所得税减免、物业税减免等）、经济优惠措施和财政投入带动社会投资等方式，吸引民间资金投入保护当中，并且收效明显。① 与此同时，联邦政府还通过税费减免和降低门票价格鼓励社会各界对文化遗产保护进行投资。

　　2. 民间组织

　　美国民间保护组织从 20 世纪 30 年代开始迅速发展，可大致分为保护联盟、历史保护社团和社区组织三类，其中建筑历史学家社团、美国州与地方历史协会、历史文化保护国家信托组织、古籍保护行动组织等组织有着较大影响力。美国文化遗产保护呈自下而上的发展特点，很多重要文化遗产保护运动是由民间组织发起引导，民间力量在其中发挥重要作用。

　　由于美国文化遗产多保存在私人手中，在推动文化遗产保护立法上，美国民间组织的作用也是极其重要的。如《国家公园体系法》是在约翰·缪尔及其所属协会的共同推动下通过的；《历史遗址与古迹法》则是在"美国历史建筑调查组织"以及"平民保护组织"的推动下完成的，许多文化遗产保护方面的专项立法是因民间组织的努力而得以出台。②

三、日本

　　日本文化遗产保护意识萌芽于 19 世纪中叶，伴随着经济发展和城市化进程加快，历史文化遗产保护工作和立法进程不断深入发展，目前在亚洲范围内，日本在传统文化遗产保护方面仍处于领先地位，有着值得借鉴的经验。

(一)保护体系基本构架

　　日本文化遗产体系基本构架由保护对象定义、分类和组织形式共同构

---

　　① 张如彬：《美国的历史文化遗产保护及其与其它发达国家的发展比较》，《中国名城》2011 年第 8 期。

　　② 张顺杰：《国外文化遗产保护公众参与及对中国的启示》，《法制与社会》2009 年第 32 期。

成，也是近代以来日本文化遗产保护工作的核心内容。在日本，"文化遗产"被命名为"文化财"，即"文化财富"，可见日本对传统文化遗产的重视程度和高度评价。对文化财的定义，基本形成了三个共识：其一，文化财是历史性的，是传统的文化；其二，文化财涵盖对文化本身的价值判断，最具珍贵价值的文化才是文化遗产；其三，文化财是全民的文化财富。[①]从文化遗产分类看，主要分为有形文化遗产、无形文化遗产、民俗文化遗产、纪念物、文化景观和传统建造物（街道）6大类，这种分类方式是以"工作对象"为目标的分类，是在对文化遗产管理和顺应变迁的发展过程中逐渐累积形成起来的。而组织形式主要为文化厅提供的财政资金支持，包含信息宣传与人才教育、启发普及、活用为目的的整治行动三种形式。

在国家文化遗产保护行政机构上，由文物保护和城市规划两个相互独立的行政管理部门共同负责，与文物保护相关的事务归国家文部省文化厅，与城市规划相关的事务归国家建设省城市局。此外，为了给政府决策提供更好的参考，在地方政府机构中还设立审议会，负责建言献策和监督审查决议。

（二）立法保护

日本文化遗产保护立法最早可追溯至19世纪中期，明治维新运动之后，由于推行改革，崇洋思想盛行，大批传统文化遗产如佛教寺庙面临损毁风险，明治政府开始重视对文化遗产的普查和保护，1897年《古社寺保护法》的颁布，标志着日本文化遗产保护进入法制化管理轨道。"二战"之后，因战争导致政府财政支出紧张，社会动荡，通货膨胀现象严重，许多文化遗产保护工作被迫终止。1949年法隆寺金堂大火使建筑壁画毁于一旦，由此文化遗产保护问题再一次成为议论焦点。1950年《文化财保护法》通过实施，提出"无形文化遗产"理念，极大扩展了文化遗产的保护空间，

[①] 路方芳：《日本历史文化遗产保护体系概述》，《华中建筑》2019年第37卷第1期。

强调对"人"的关注和文化遗产的活用。① 这是日本关于文化遗产保护工作的一部重要法典，其后又经历 1975 年和 1996 年两次修编，是日本文化遗产保护立法中最具全面性、系统性的一部。

在对日本自然风景区的立法保护上，日本先后颁布了《自然保护法》《自然公园法》《都市计划法》等 16 项国家法律，以及《自然环境保护条例》《景观保护条例》等法规文件，② 在此基础上，逐渐形成了较为完备的日本自然景区保护管理法律制度体系。

(三)保护资金

日本文化遗产保护资金以国家和地方政府提供的补助金、贷款和公共事业费为主，辅以社会团体、慈善机构及个人的捐助。各级政府依据保护对象重要程度及实际需要划拨保护资金，如对传统建筑物群的保护国家及地方政府各承担 50% 补助费，对古都保护法所确定的保存地区，国家和地方政府分别负担 80% 和 20% 的补助费，而由城市景观条例所确定的保护地区一般由地方政府筹措保护资金。③

四、南非

(一)机构建设

南非文化遗产保护起步虽较晚，但对于世界文化遗产的保护与管理也积累了一定经验，首先便是加强相关专业保护机构建设，设立文化艺术部负责主管南非文化艺术工作。该部门下设文化艺术、遗产、电影局和政策、项目与评估局两个机构，负责文化艺术部的政策执行和管理指导工

① 苑利：《日本文化遗产保护运动的历史和今天》，《西北民族研究》2004 年第 2 期。

② 张朝枝、保继刚：《美国与日本世界遗产地管理案例比较与启示》，《世界地理研究》2005 年第 4 期。

③ 王星光、贾兵强：《国外历史文化遗产保护机制及其对我国的启示》，《广西民族研究》2008 年第 1 期。

作。此外，还设立四个独立的遗产管理机构，分别是国家史迹委员会、国家地名命名委员会、国家遗产委员会和南非遗产资源署。

(二) 立法、财政政策

南非文化遗产保护法案的设立起步于 20 世纪 80 年代，1983 年颁布首部《文化发展法案》。自 90 年代起，文化遗产立法工作全面展开，先后颁布了《艺术、文化和遗产白皮书》《南非国家档案和文献部法案》《国家艺术委员会法案》《文化机构法案》等多部法律，特别是自 1999 年南非首批遗产被列入世界遗产名录，《国家遗产资源法案》《国家遗产委员会法案》《世界遗产公约法案》三部重要法案生效，[1] 奠定了南非世界遗产保护、利用和管理的法律基础。

此外，南非政府十分重视对遗产保护的资金保障，在《艺术、文化和遗产白皮书》《国家遗产委员会法案》《国家遗产资源法案》等相关法律规定中，都有明确对文化遗产保护和管理的专项资金拨款政策。《国家遗产委员会法案》和《国家遗产资源法案》推行宗旨均是为完善遗产资源管理机制，保护国家重要遗产资源，并明确规定由议会拨出专款，支持世界文化遗产保护管理。《艺术、文化和遗产白皮书》中也明确指出，南非每年设立遗产保护和管理的专门项目，预算由国家遗产委员会审核，极大地调动了遗产保护项目立项的积极性。

第三节　国际文化遗产"保护"与"利用"现实困境

一、保护层面与开发层面仍然具有现实矛盾

文化遗产是人类文明发展的重要见证和全人类的共同文化财富，如何对其科学保护利用已成为全球化背景下各国政府需共同探讨和面对的问

---

① 李模：《南非世界文化遗产的保护和管理》，《西亚非洲》2009 年第 1 期。

题。回溯国际法规，1931年《雅典宪章》是第一部关于文化遗产保护的国际法规，在此基础上，1964年《威尼斯宪章》明确规定有关文化遗产展示和利用的必要性，随后《世界遗产公约》《国际文化旅游宪章》《巴拉宪章》等一系列法规对文化遗产保护利用的内涵做出不同诠释和发展。在此背景下，不同国家文化遗产保护利用活动快速发展，尤以英法美日等发达国家为代表，文化遗产保护起步较早，有着本国特色发展的文化遗产保护模式，相关法律发展较为完善，文化遗产保护管理工作已走在世界前列，且政府财政和民间组织保障资金供应充足，公众参与保护意识强烈，数字化保护水平较高。但是随着世界经济形式的变化，很多传统文化遗产保护强国业面临经费缺乏、专业人员流失、保护力度减弱的现实困境。例如2008年2月，韩国"一号国宝"，被誉为"国门"的崇礼门木造二重楼阁遭到人为纵火焚毁，仅存石基。在复原过程中人们发现很多传统技艺已经失传，建筑材料也需要向外国进口，其是否还能作为名副其实的韩国"一号国宝"受到质疑。2019年4月15日，作为西方带并行世界文化遗产的法国巴黎圣母院发生火灾，整体建筑受损严重。2020年12月，文化遗产组织Europa Nostra宣布，把希腊阿莫尔戈斯岛、基莫洛斯岛、锡基诺斯岛、蒂诺斯岛和基西拉岛象征性地列入濒危文化遗产名录，以避免在上述岛屿过度开发风电场，造成对景观以及生态的破坏。同时相对一些发展中国家，相关文化遗产保护法规尚不完善且起步较晚，甚至为加快城市化进程发展将历史文化遗产保护视为发展阻碍，往往在有经济效益的前提下才会考虑文化遗产保护利用工作，经济目标优于保护目标。例如印度的马丘比丘古城，建于公元15世纪，是历尽沧桑、几近凋敝的印加文化遗址，被考古学家喻为"天空之城""失落之城"。不过，近些年来，由于其处于地质断层带，再加上大规模旅游者的访问和间接破坏，使古城的基础日益不堪重负，处在濒临消失的边缘。又如世人皆知的吴哥窟，疫情前也面临每年超过200万游客的压力，对于吴哥窟的过度开发质疑。2020年10月，柬埔寨旅游部部长唐坤透露，为了缓解吴哥窟的旅游压力，同时促进文旅产业的总体发展，吴哥窟周边地区新增大型旅游景区计划将被列入《暹粒省旅游业发展总体规划草案(2020—2035 年)》,以促进实现 2035 年暹粒省接待国际游客达 700 万人次。所以,全球范围来看,"开发"似乎已经占了上风,虽然保护优先一直是各国遵循的优先项,但是现实是如果没有强大的经济支撑,无论是发达国家还是发展中国家,都会面临资金缺乏、人才短缺、公众参与保护意识不足的通病。这些问题已成为当前文化遗产保护的最大困难,由此造成各国之间文化遗产保护水平参差不齐的现状,也是"保护"与"开发"的矛盾的重要表现。

二、传承利用效率不高

当前世界的物质文化遗产传承和利用较低,主要体现在三个方面。第一,文化遗产资源开放程度不高,社会力量参与文化遗产保护程度相对较低。一方面大多数民众、社会文创机构与文化遗产之间仍存在信息鸿沟;另一方面各地区和文化单位的文化遗产信息共享平台条块区隔现象较普遍,文化遗产的信息开放性、便利性、联动性较低。如各类博物馆官方网站的遗产名录多限于文字记录,较少有影音呈现。有效宣传供给不足阻滞了文化遗产信息开放和传播,降低了文化遗产知识的大众传知度,扩大了大众与文化遗产间的信息鸿沟。同时,世界范围内众多具有原真性度高的文化遗产,通常处在人迹罕至的地区,与大运河类似,其相关的配套设施机器缺乏。第二,文化文物机构的文创产品数量和质量都有待提升。除了大英博物馆、大都会博物馆等少数名牌博物馆之外,大多数文化文物单位文创工作相对沉寂,馆藏文化资源创意开发效率较低,难以促蕴藏在文物中的"历史"与当代生活对话。第三,文化遗产保护利用的业态创新不足,文化遗产与旅游、设计等行业融合不充分,存在创新短板。旅游等业态融合发展较快,但往往文化不能通过产品得到鲜活表达、产品不能容纳文化呈现鲜明个性,文化遗产的活化产品的形式设计和内容创作等缺少创新。这些不仅仅是中国文化遗产、中国大运河传承利用的问题,而是一个世界性的问题。很多世界著名文化遗产的衍生品还停留在纪念衫、纪念币或者小工艺品的范畴,对于其进行系统性的传承利用还很少,利用的形式也以传统的景区为主，未有像我国这样举国打造国家文化公园工程。同时，世界文化遗产知识产权保护不到位，产品的外观、内容和商业运作模式抄袭严重，这也是文化遗产保护理念不同、尊重程度不同所导致的。

三、国际化协同开发程度低

目前，国际化协同开发程度较低，首先各国行政管理体系不同，无法形成系统性的管理制度。很多发达国家的遗产管理体系设有较为完善的监督管理机制，例如美国、加拿大以及日本等国家，这不仅保证了体系的有效性，还确保了执行上的时效性。但一些发展中国家缺乏相应的监督机制，管理水平相对较低。其次各国针对物质文化遗产的法律体系不同，国际通用的协同法律较少。发达国家十分重视物质文化遗产的立法工作，每隔一段时间就会修订相关法律，扩大其适用性。但一些发展中国家对遗产遗迹及历史名城等的保护与管理还没有一套专门应对的法律法规，所以国际化协同开发程度较低。2022年3月，俄乌战争爆发，国际战争这种非常规情况事件，对于文化遗产的破坏是不可逆性的。早期如1798年拿破仑侵略埃及时，在狮身人面像上留下的炮痕，近期如2001年阿富汗塔利班炸毁巴米扬大佛。所以，联合国教科文组织就乌克兰局势发表声明，对正在乌克兰发生的军事行动和暴力升级深表关切，并呼吁防止破坏文化遗产。国际古迹遗址理事会下设机构国际蓝盾委员会也发表公开声明称，随时准备协助保护乌克兰的文化遗产。联合国教科文组织在声明中呼吁各方尊重《关于武装冲突情况下保护文化财产的海牙公约》(1954)及其两项议定书，包括武装冲突各方必须尊重文化遗产；禁止毁坏、损害或以任何形式盗窃、抢夺对每一民族具有重大意义的文化遗产；从被占领区非法输出的文化财产应返还被占领土等。但在暴力冲突和战争面前，文化遗产保护往往是软而无力的，因为涉及国际问题，即使是具有约束的联合国决议仍然有各方力量不予遵守，更不要说在战争状态。例如2011年，埃及总理府附近的埃及研究院被暴徒焚烧，大量文献、手稿和珍本书籍被烧毁，包括无价之宝、20卷本《描述埃及》手写本。此外，被誉为"空中花园"的伊拉克巴比伦城遗址历经 36 年申遗却屡遭战争破坏。所以，从世界范围角度讲，能够让纷繁的国际各方势力协同保护世界文化遗产尚存在难度，协同开发就更具有难度。不过可喜的是，我国已经在向外国输出物质文化遗产保护的中国智慧，积极参与国际文化遗产保护行动，先后开展了柬埔寨吴哥古迹周萨神庙、茶胶寺保护工程，尼泊尔加德满都杜巴广场九层神庙震后修改工程，缅甸蒲甘地区佛塔震后修复工程，乌兹别克斯坦花剌子模州历史文化遗迹修复工程等，在肯尼亚、孟加拉国、埃及等 20 多个国家开展多项联合考古，为世界文化遗产抢救、保护作出了重要贡献，将"中国经验"分享给国际社会，成为文化遗产国际合作的中坚力量。

第四节　世界物质文化遗产保护性开发协同发展路径

一、政府提高国际协同意识

通过日本、韩国、法国、英国等国的发展历史及现状不难发现，不论意识形态、社会制度及民族特性如何不同，任何国家或民族传统文化的传承保护与开发利用都离不开其政府的强有力支持与介入，而这也是由各国物质文化高度的民族性与国家性所决定的。在政府权力系统的高效运作下，物质文化遗产的影响力凭借政府的公信力与国家相关部门的推介而不断扩大，在引起民众重视的基础上也为开发利用奠定了基础。同时，众多发展中国家及部分发达国家珍贵物质文化遗产被过度开发或者保护不利，有的遭受重大损失，有的直接损毁，这是全人类的不幸。犹如 2008 年汶川地震，在一个国家爆发的危机实则牵动的是全人类的心，对此在汶川地震中，全世界多国向中国提供援助物资，有专业救援团队的国家派遣了专业救援力量支援抗灾，有效减少了灾情对我国人民生命财产安全的损失。目前新冠疫情仍在肆虐过程中，全世界更是紧紧团结在一起，互通疫情数据，共同开发疫苗和治疗药品。作为全球抗疫典范，我国更是向诸多发展中国家无偿提供防疫物资、疫苗等协助抗疫，这些都是人类面对重大问题国际协同发展的重要例证。各国政府必须正视，人类目前生活在同一个地球村，应当充分以人类命运共同体大格局看待本国的物质文化遗产，不应因为政治原因而隔绝对于全人类都具有重要意义的文化遗产保护工作。

所以，各国政府的重视及有效管理是各国包括物质文化遗产在内传统文化得以实现较好地保护继承与开发利用的命脉所在，一方面政府提供强有力的政策保障，另一方面把对物质文化遗产的重视上升到国家意志，也为其在现代社会生活中的发扬与继承构建了坚实的运行机制。与此同时，物质文化遗产的最大特点在于其能够与历史产生关联，然而其能否较好地融入当今社会并较好地满足现代社会生活需求则存在不确定性。对于珍贵的物质文化遗产，应当有为全人类保护和传承利用的心态，在秉持传统文化固有属性(如民族性、国家性等)的基础上，突出其诸多公益性(如教育功能、社会服务功能等)，并合理运用国际智慧协同化、规划化、民主化的管理利用手段促进其与当代不断变化着的社会文化生活实现有机融合，为全人类的物质文化遗产提供强有力的政策保障。

二、健全财政保障体系

由于各国的国情和发展程度不同，不能够强制要求所有国家将有限的人力、物力尤其是财力投入物质文化遗产的保护中。但是不同的国家可以从理念和制度上规范物质文化遗产保护，因为健全财政保障体系是物质文化遗产"开发"与"保护"的重要基础。物质文化遗产的保护工作是一项非常繁杂的系统工程，要花费大量的人力、物力和财力才能做好，从普查到挖掘，从人员培训到资料整理，从规划保护到抢救利用，都需要资金作支撑。

首先，各国对各国物质文化遗产保护应当有基础财政资金支持和正规国内外捐赠通道，并且在法律框架内允许市场资本进入。经济基础好的国家可以更加充实保障资金，经济基础较差的国家可以对物质文化遗产有基本保护，通过政策实现多元财政保证。其次，应当对重点世界级物质文化遗产保护专项资金数额，提高有限资金的利用效率，重点投入具有较高开发价值的物质文化遗产，逐步完善其基础配套设施。按照国际标准全力打造世界级物质文化遗产的品牌项目，针对不同地区的实际情况，找到一套既能够保护原生态的物质文化遗产项目，又能够促进生产发展，还能够提高群众生活水平的解决方案。最后，探索物质文化遗产与非物质文化遗产的综合活化利用，推动二者互相保护和发展相融合，世界上有众多物质文化遗产首先是通过非物质文化遗产如民间传说、民俗技艺等而享誉世界，积极探索文化遗产保护与利用有机融合的新路径，形成与教育、旅游、产业融合发展的良性模式。

三、国际化专业人才队伍建设

前文已叙，世界物质文化遗产保护和开发是一项专业性极强的工作，其不仅仅涉及传统的文物保护工作，其还涉及国际法律、文旅产业融合、区域综合规划等多种专业，对于一国较为重要的物质文化遗产的保护和开发应该是并行的，所以发展物质文化遗产的保护和开发离不开国际化专业人才队伍，而专业人才队伍的建设需要多方共同努力。

第一，与院校合作，优化人才结构。高校是人才成长的摇篮，政府部门应与高校开展合作，以物质文化遗产保护与利用的需求为导向，培养文物保护、规划、考古、保护管理等创新型复合人才。同时对于基层物质文化遗产保护的在职人员给予高校培训的机会，提高队伍素质，做到联合培养。另外，它山之石可以攻玉，可吸收国外院校和行业内的专业人才，填补当前我国物质文化遗产保护存在的空白。

第二，国内的专业化人才要走出去，利用各种机会与国内外线上线下交流，学习国外物质文化传承策略，培养国际物质文化遗产保护思维。我国派遣专业的物质文化遗产保护团队曾进驻诸多发展中国家，传授中国物质文化遗产保护的经验和技术，这样不但可以提高我国自身文化遗产保护的交流与学习机会，更能够实现全人类智力资源的优化配置，为全人类保全和发展更多的物质文化遗产，为各国物质文化遗产提供多元的传播渠道，开拓国际新视野。

第三，推动人才激励机制建立，最大限度地发挥人才力量。目前，教育全球化早已经普及，我国改革开放后至今 40 余年的留学潮已经为我国的经济文化发展作出重要的贡献。同理，在物质文化遗产保护的人才问题上，可以建立完善的专项人才激励机制，开设更多的线上线下专业课程，构建普惠性的全球物质文化遗产保护人才数据库，让国际化的物质文化遗产保护专业人员能够得以"全球配置"，更好地发挥人类人才资源优势。我国早在 2016 年就颁布的《关于进一步加强文物工作的指导意见》指出，要求创新人才机制，构建发展的长效机制。所以不仅要成立物质文化遗产保护传承利用的专业团队，还要联合人力资源、财政部门配套增加资金投入和编制岗位，真正形成规范化的人才激励机制。

四、完善全球化的保护管理法律体系

文化遗产是文明的标志，人类智慧的结晶，是对人类思想道德、风俗习惯以及艺术、制度等人类文化活动的继承与延续，它时刻为人类传递着自身的历史文化内涵与底蕴。因此对文化遗产进行保护便是对我们过往传统与历史的保护，同时也为历史文化的发展与延续起到了积极的作用。

自 20 世纪 20 年代以来，各国就相继提出通过国际合作来保护人类的共同物质文化遗产。1956 年，联合国教科文组织、国际遗迹、遗址委员会三方共同起草了针对世界文化遗产的保护工作的公约。同时，针对自然遗产部分，世界自然联盟组织与美国针对自然遗产的保护进行探讨。1972 年联合国教科文组织最终通过了《保护世界文化与自然遗产公约》，把世界文化遗产和自然遗产纳入保护范围。随后各国也逐渐意识到保护文化遗产与自然遗产的重要性，相继制定了相关自然文化遗产的保护法案，使物质文化遗产保护工作从理论延伸为全球性、国际性法律化的行为。

但发展到现在还存在许多问题，如立法层次较低，部分部门立法的法律文件缺乏严格的立法程序，导致不同法律、法规之间相互矛盾。法律文件原则性过强，操作空间不足，对于保护管理的程序、国家和地方及各部门的职责及相互关系、保护资金的来源及违反罚则的规定过于笼统，缺乏

全面的具有针对性的特殊规定，使法律的实施缺乏有效的体制和措施保证，在很大程度上影响了法律的约束力。所以，对于世界文化和自然遗产以及今后预备遗产的保护，有必要进行统一的立法，尽快完善国际物质遗产保护法律体系。

五、充分利用数字化保护与利用

物质文化遗产经过时间的洗礼，很容易出现损坏的情况，尤其是在文物的保护以及运输过程中，因此会对物质文化遗产的传承和发扬造成影响。但通过数字化技术的运用，能够使文物的传承突破时间与空间的限制，使全国各地的人们都看到文物的外观与样貌，更好地对物质文化遗产进行开发。

最早开创文化遗产数字化保护的是美国国会图书馆，1990 年，美国国会图书馆开展了名为"美国记忆"的项目，首先，利用数字化技术储存高价值的图书、影像、录音等文化资源。其次，利用互联网把这些数字化的文化资源转变成公共信息资源，这引领了各国文化遗产数字化保护利用的进程。其他如联合国教科文组织于 1992 年开展"世界记忆"项目、英国于 2003 年开展"文化在线"项目、新加坡于 2011 年开展的"新加坡记忆工程"等。2015 年，前文所叙被阿富汗塔利班政权炸毁的世界文化遗产巴米扬大佛，被中国的张昕宇、梁红联合美国阿富汗文明研究专家南希·哈奇·杜普里共同运用数字 3D 投影手段在原址复原。而后，中国技术团队将数十万美元的整套光影设备赠送给阿富汗当地政府，其完全是民间公益力量主导，充分运用了现代数字技术，凝聚了中国、阿富汗、美国等多国专家、技术人员和政府多方的努力，共同还原了已经消失的世界文化遗产，是 21 世纪以来对世界物质文化遗产保护和开发国际协同保护的最成功案例之一。

十八大以后，我国开始数字中国建设，这也无可避免地要涉及物质文化遗产保护工作。2014 年科技部批复设立了与文物数字化保护领域相关项目，制定了一系列的数字化保护框架，研发了文物数字化保护标准体系管理平台。其成果在故宫博物院和敦煌研究院进行了应用示范。该项目所制定的文物数字化保护标准框架，覆盖文物数字化分类体系的全部类别和生命周期的各个阶段，是现阶段较为全面、权威性的标准规范。同时该平台设计了多维度的文物分类主题一体化词表，填补了我国文物数字化工作中缺乏统一的、基于知识层面的分类体系和数据值标准的空白。时至今日，"数字故宫"工程早已经成为世界物质文化遗产保护的典范。2022 年 3 月，故宫博物院与腾讯共同签署深化战略合作协议，未来 3 年双方将聚焦科技应用与学术创新，通过"数字化+云化+AI 化"，在文物数字化采集与文化研究等领域深入助力"数字故宫"工程进入新的数字技术层次，其必将再次引领世界文化遗产保护发展。

六、创建综合传播体系

现代传播的力量，足以促进一个地区短时间的经济发展和国际级的关注程度，在全球范围内的新鲜事 24 小时内能够完全覆盖大部分地区，如今的俄乌战争即是如此，直播战争在手机端不断更新战况，现代传播体系的力量不可忽视。而世界物质文化遗产保护在传播领域也不得不正视一个事实，新媒体已经成为主流媒体，其需要的传播内容必须符合网络媒体的规程，必须创建线上和线下的综合传播体系，才能有效传播文化遗产所蕴含的文化信息。

加强物质文化遗产保护建设，首先必须与新媒体建立强力联系，要建立属于自己的微信公众号、微博账号、头条号、小程序等平台，以介绍景区服务功能为依托，主动宣传具有新鲜影响力的文化信息。如京杭大运河杭州段就建立了一个全面且系统的公众号，提供门票购买、参观须知、最新资讯、文物介绍、语音导览等多个功能。其次是与现代"文化代言人"合作。由于历史原因，众多物质文化遗产在岁月的长河中虽然保存了下来，但是最初的使用者、建造者都已经消失了，人们除了看到物质文化遗产的本体外，实际上更想看到当时的"文化生态"；原有的保护形式中有实景演出、换装的工作人员的等传统方式，但是在融媒体传播时代，选择气质和领域契合文化遗产的代言人未必不是一个好的选择。例如2020年，丁真因为一脸纯真朴素的笑容意外走红网络，成为"新晋顶流"。走红后的丁真已成为理塘县的旅游大使，为当地旅游贡献力量。同年丁真为家乡拍摄的宣传片《丁真的世界》正式上线，有效提升了当地的知名度和影响力，一个15秒的短视频，可能超过一个物质文化遗产所在地政府几十年宣传推广的力量，这就是现代传播的力量。最后，积极开展跨界合作，思考"文化+"活动。如《如果国宝会说话》就是"文物+短视频+直播"的形式向观众展现全国各地的文化遗产、文物保护和利用，用更贴近受众的语态解读文物，拉近和受众之间的距离。运河物质文化遗产也可以与音乐、电影、游戏方面积极开展合作，为文化遗产的开发提供更多可能性。

目前，在世界范围内的世界物质文化遗产像我国如此如火如荼地开展营销活动不同，很多国家对于其本国物质文化遗产仍然需要继续线下开展丰富多样宣传活动，以物质文化遗产为中心，打造独具特色的文旅产品，除了参观满足公众对物质文化遗产视觉的同时，应当注意通过主题节庆、知识普及等活动中满足人们对物质文化遗产的听觉、嗅觉、味觉等多重感受，营造真正的"文化生态"。同时，充分挖掘物质文化遗产人物IP，开发与IP相关文创产品，例如大英博物馆的文创商店开发较早，并且目前已经入驻我国的天猫商城，但是其主打的文创IP并非英国本土文物，而是诸如阿努比斯、贝斯特、罗塞塔石碑、盖亚·安德森猫等埃及文物IP，这是建立在殖民侵略时代的文化印记。对于大英博物馆所产生的文化价值也只能是见仁见智，但不可否认的是，大英博物馆让物质文化遗产进入大众的日常生活，有效扩大了文化的传播面积和传播宽度，实现了物质文化遗产的品牌化传播。

第九章　河北大运河物质文化遗产开发条件

2014 年 6 月 22 日，大运河在第 38 届世界遗产大会上获准进入世界遗产名录，成为我国第 46 个世界遗产项目。2017 年，习近平总书记的重要批示在国家战略高度对大运河进行保护、利用、传承，鼓励保护大运河文化。大运河的统筹保护、利用和开发由此上升成为国家战略。此后国家、省、市三级开始了对区内大运河的整体保护建设规划，经过几年的时间，各省市几乎都编列和制定了自身大运河建设发展的相关政策文件。大运河河北段作为中国大运河北方的重要代表区域，已经从省级层面构建了完善的"1+6+1"规划体系，同时将大运河文化发展等相关问题列入 2022 年政府工作报告，从政策层面上首先给予了充分的政策保障。大运河河北段自身物质文化遗产的特色非常鲜明，即遗产地域分布和组合特征良好，原生运河水利类物质遗存丰富，沿线的生态环境基底良好，其中沧州至衡水段河道尤为突出，从东光连镇谢家坝到四女寺枢纽全长 94 千米的河道内就有 88 个弯，沿线"河、滩、堤、林、田、草"蓝绿交织，至今保留着原生古河道形态，更是一种人工与自然结合极佳的美学景观，为"美丽运河"建设提供了良好条件。此外，沿线区域交通便捷，自然资源丰富，产业基础良好，综合发展潜力巨大。

第一节　国家战略支撑，规划体系完整

全面发展建设大运河是党中央、国务院作出的重要决策部署，是国家推进实施的重大文化工程，是中华文明标识体系建设的重要举措。大运河

是中华民族繁荣兴盛的重要历史见证，是祖先留给我们的宝贵遗产，也是中国特色社会主义文化的优质载体。大运河河北段是中国大运河重要段落之一，承载着历史悠久、内涵丰富、独具魅力的燕赵文化。随着大运河的保护与开发逐渐上升为国家政策层面、融入国家战略，一带一路发展建设、区域协调发展、长三角区域一体化、京津冀协同发展与大运河文化带建设互通互融等政策得到了推动，并致力于构建大运河区域发展新格局。早在 2019 年，国家就出台了《大运河文化保护传承利用规划纲要》(本章简称《纲要》)，这是我国首个以文化引领区域发展的规划政策，明确了大运河文化带的整体建设方向、主要任务、重点目标，为未来的大运河沿岸区域的整体布局和统筹建设奠定了重要基础。《纲要》从文化保护到环境管理、从城乡发展到文旅融合，在加强传统文化遗产保护的同时，将大运河的开发利用与促进其他城市共同发展，带动周边区域相结合，充分利用大运河的文化、航运、生态功能进行对周边城市的经济带动开发，促进各个城市互相交流。同时明确了未来的发展道路和目标，就是要建设以大运河文化为引导作用的大运河沿岸区域共同发展，在保护大运河的基础上传承大运河沿岸的物质和非物质文化遗产。

《纲要》突出强调：深入挖掘大运河文化内涵，让大运河文化传统在当代焕发新的生机，更好地展现大运河的文化历史；对大运河的空间布局进行进一步划分，将大运河区域划分成为核心区、辐射区和拓展区，对大运河的空间布局进行合理化，使大运河更好地带动周边区域协调发展；在大运河文化开发过程中以历史文化为基础进行外延，将城市与沿岸乡村进行协同发展，加强对大运河文化的传承。通过大运河把区域文化进行连接，促进整体协调，发扬中华文化，推动中华传统文化的发扬和文化交流合作。促进大运河对外交流，通过大运河与陆上丝绸之路的共同合作，增强文化自信，让大运河成为中华文化的代表之一。协调的理念也在《纲要》这一国家策略中有所体现，为了使大运河得到更好的保护发展，对大运河建设的任务进行了多个部分的划分，例如河道治理、交通建设、文旅融合产业的开发、管理制度等，这些安排对大运河的进一步开发奠定了基础。国家统筹对大运河进行总体布局发展新理念，坚持在建设文化带的过程也是使传统文化进行保护传承的过程，使大运河及其周边地区的非物质文化遗产得到发扬为更多人所知，例如早些年间因为守护航运货物而的发展的沿岸沧州武术和吴桥杂技，在大运河文化得到传承创新的同时得到了进一步发扬。大运河文化带在打造国家形象、打造文化自信方面作出了重大贡献。以文化引领创造大运河的经济和文化共同发展，相互促进，区域和经济文化共同发展。国家发改委和大运河沿岸地区的协同建设取得了积极的成效，使大运河的保护利用和国家文化公园的建设都有了收获。国家政策的建设与发展健全了大运河保护与利用的各个部门之间的协调，使工作的开展更加高效，配合更加顺畅。中宣部成立了国家文化公园建设工作领导小组，国家发改委成立了大运河文化保护传承利用工作省部辑联席会议工作机制，推进大运河保护利用和国家公园的建设。同时大运河沿岸的省市都成立了工作领导小组，有关部门和沿岸地方都建立了针对大运河治理与保护完善的工作机制，以更好地合作研究解决大运河各大专项问题。

为了推进高层建设，引导规划作用加强，国家发改委同相关部门建设了大运河沿岸及其相关文化遗产展示、河道疏浚、环境修复、文旅融合四个规划，沿岸沿线同时推出了八个规划，形成了"四梁八柱"规划体系，使大运河的建设更有规划，并实现权责分明。为此，需加强各个部门之间的分工和配合，使目标完成更加顺畅，使沿岸的省份互通互融共同合作，共同对大运河的生态环境做出保护与治理和修复。与此同时，开展大运河遗产的展示工作，利用节假日开展文化宣传，号召市民参与进来。加强大运河治理与保护的系统性，为大运河的文化效益转化成为经济效益做出努力，使大运河文化带能够更好地带动周边地区进行发展，推动经济转型。将大运河的发展与"一带一路建设""环渤海经济带"建设相结合，加大宣传大运河文化遗产。

河北省为统筹推进河北省大运河文化保护传承利用工作高起点规划、高标准建设，由河北省发展改革委牵头编制了《河北省大运河文化保护传承利用实施规划》，于2020年1月由省委办公厅、省政府办公厅印发实施。

在此基础上，河北省文化和旅游厅、河北省自然资源厅、河北省生态环境厅、河北省水利厅、河北省交通运输厅、河北省文物局牵头编制完成了《文化遗产保护传承专项规划》《河道水系治理管护专项规划》《交通体系建设专项规划》《生态环境保护修复专项规划》《土地利用专项规划》及《文化和旅游融合发展专项规划》6个专项规划及实施方案，于2020年3月底陆续印发实施。为加强大运河沿线景观和城市建筑风貌的规范统一，河北省发展改革委编制完成了《河北省大运河整体景观和城市建筑风貌规划》，于2020年3月初由省大运河文化保护传承利用工作联系会议印发实施。至2021年，河北省大运河构已经正式构建了"1+6+1"省级规划体系，标志着河北省大运河文化保护传承利用工作已进入全面实施阶段。2022年河北省政府工作报告中明确指出："打造大运河文化带，抓好河道水系综合整治、生态修复、文化遗产保护、文旅开发，提升大运河保护、传承、利用整体水平。"[1]

第二节　遗产地域分布和组合特征良好

河北省境内的大运河包括隋唐运河以及京杭大运河两个部分，主要由北、南运河和卫运河、卫河四个部分组成，沿河集中了古码头、古炮台、古碑刻、古城镇及古村落等遗址达300多处，附属文物点多达100多处。大运河河北段水利工程遗产凝聚了中国古代水利科学规划思想和营建技术的辉煌成就。运河线路规划选址科学、合理利用自然河道，平面布局上运用了连续的平面坐弯技术实现了"三弯抵一闸"的功能。大运河河北段现存完整的堤防系统，弯道处修建的以夯土、砖、石等为材料的各种类型险工堤坝，为调节运河水位以满足通航需要而科学规划的多处减河及其渠首工程的改建，均充分体现了规划、设计及营建技术方面的杰出成就。被列入

---

① 《王正谱在河北省第十三届人大五次会议上的政府工作报告》，河北省人民政府网站，http://www.hebdi.gov.cn/hebei/14462058/14471082/14471750/15309930/index.html。

世界文化遗产名录的南运河沧州—衡水—德州段、连镇谢家坝和华家口夯土险工"两点一段"是大运河河北段最具突出价值的典型代表，全省遗产地域分布和组合特征良好。

一、遗产分布体系完整

大运河贯穿河北省的廊坊、邯郸、邢台、衡水、沧州及雄安新区 6 个地区，文化遗产和非物质文化遗存数量众多并且沿岸分布。马厂炮台、连镇谢家坝等 8 个遗产点已经被列入我国申请的世界文化遗产点。河北省内大运河依靠着燕山，沟通着海河和黄河，在华北平原流通总长将近 600 千米，从北方的杨洼闸作为起点进入河北省，途径故城、大名、魏县、清河等 15 个县市和沧州地区。大运河遗产则沿岸分布，组成了大运河的重要部分，河北省境内的大运河遗址分布线路清晰，有完整的河道和体系。其中河北段的大运河衡水景县华家口夯土险工、沧州东光县连镇谢家坝、沧州至德州段运河河道的"两点一段"被列入申遗范围的大运河遗产。申报的遗产选取的都是典型的河道和重要的遗产点，整个大运河遗产包括 27 段河道、58 处遗址。沧州段作为大运河文化遗产最为集中的河段，有文化遗存 176 处，其中有 2 处世界文化遗产、7 处国家级文保单位，有国家级非物质文化遗产项目 18 项、省级非物质文化遗产 102 项、市级非物质遗产项目 346 项，国家级别的名录项目代表性的传承人 15 名、省级的名录项目代表性传承人 101 名、市级的名录项目代表性传承人 225 名。大运河沧州段位于沧州市中部，自南向北流经吴桥、东光、南皮、泊头等 8 个县域单位，全长 250 多千米。大运河沧州段保持了古代时期的河道形态和河流规模，从谢家坝至山东德州段的 94 千米河道中有 88 个弯，沧州境内有大约 230 个弯道。在吴桥县境内的 25 千米直线距离内有 34.8 千米的河道长度，形成独特的"九曲十八弯"的运河景观。

二、遗产数量丰富

2006 年，河北省对大运河文化遗产展开了调查工作，通过航拍与实地勘测等高科技手段对大运河进行勘察，发现桥梁、船闸、沉船点等文物遗存共 325 处，与大运河有直接关联的文化遗存 120 处，占全部遗存的 36.9%，与大运河有间接关联的文化遗存 34 处，占全部遗存的 10.4%，其他分布在运河两岸的文化遗存 171 处，占全部遗存的 52.6%。《河北省大运河文化保护传承利用实施规划》对大运河遗产第一阶段的保护作了具体说明，其中水利水运工程及其他历史遗产 56 处、非物质文化遗产 10 项。大运河北段集中了古码头、炮台、碑刻、古城镇和村落等遗址，重点河段有泊头城区运河河道、捷地减河等。沿河分布着泊头清真寺、大名府故城等重要遗产点。经过国家文物局的考察，南运河主线的捷地减河与南运河交汇处至泊头与阜城县交界段、南运河的谢家坝至四女寺枢纽段这两处河道、红庙村金门闸遗址、捷地分洪设施、马厂炮台及军营遗址、东光码头沉船遗址、郑口挑水坝等 8 处遗址被列入大运河申报世界文化遗产名单。在其他 56 处遗产当中水利工程 25 外、水运水利工程遗址 5 处、古建筑 11 处、近现代建筑 5 处、古遗址 8 处、古碑刻 1 处。衡水市的专家学者对于故城县的文化遗产遗迹进行了梳理和调查共 70 多项，完成了 5 个县域的 110 多个遗产点的勘察。

大运河河北段沿线主要运河本体遗存

1. 大运河河道(5 处)：北运河、南运河、卫运河、卫河、永济渠遗址。

2. 大运河减河、引河(7 处)：凤港减河、牛牧屯引河、青龙湾减河、马厂减河、兴济减河遗址、捷地减河、四女寺减河。

3. 水运工程设施(20 处)：红庙村金门闸、捷地分洪设施、连镇谢家坝、华家口夯土险工、郑口挑水坝、油坊码头遗址及险工、朱唐口险工、土门楼枢纽、崔家坊河堤遗址、安陵枢纽、北陈屯枢纽、泊头石晶屃挑水坝、东光码头沉船遗址、东南友谊闸、肖家楼枢纽、周官屯穿运枢纽、戈家坟引水闸、安陵桥遗址、穿卫引黄枢纽、尖庄水工设施。

大运河河北段沿线主要相关文保单位

1. 全国重点文保单位(10处)：马厂炮台、泊头清真寺、沧州旧城、海丰镇遗址、贝州故城遗址、临清古城遗址、大名府故城、大名天主堂、开福寺舍利塔、邺城遗址。

2. 省级文保单位(11处)：胜芳张家大院、胜芳王家大院、正泰茶庄、青县铁路给水所、清真北大寺、孙福友故居、沧州文庙、八里圈清真寺、十二里庄教堂、大名古城墙、沙圪塔诚碑。

3. 其他(21处)：宝庆寺、胜芳杨家大院、陡工段落碑、永济桥碑、齐堰窑址、馒头城址、水月寺遗址、连镇铁路给水所、沧州市面粉厂旧址、益庆和盐店旧址、拆堤开沟碑、元侯祠、陈窑窑址、北留固石灰窑、徐万仓遗址、大名山陕会馆、大名窑厂村窑址、大名清真东寺、金北清真寺、大名龙王庙、龙王庙石灰窑。

资料来源：《河北省大运河文化保护传承利用实施规划——文化和旅游融合发展专项规划》。

三、文旅开发价值高

大运河河北段主要的特征之一就在于其存在的原生大运河遗址及沿线物质文化遗产较多，沿线文化旅游景点发展多年，具有良好的产业发展基础，拥有国家A级景区35家，文化产业示范园区和基地21家，相较于其他河段的大运河来说，具有较高的文旅开发价值。大运河河北段拥有众多文化遗产，需要对外树立更加具有吸引力的对外形象和品牌特征来吸引京津冀周边地区的潜在游客，做好文化创意产品的研发，成立专门的研发中心对大运河的文化在深入了解的前提下对大运河文化进行创新，创造出与大运河有关的日常用品，增强人们对于大运河文化的了解和喜爱。对于大运河河北段来说，打造独具大运河河北段特色的文旅产业项目，树立良好的旅游文化形象和品牌形象，将成为大运河河北段的重要发展趋势。

大运河河北段沿线国家 A 级景区

1.5A 级景区(1 家)：安新白洋淀景区。

2.4A 级景区(5 家)：香河第一城、金钥匙家居、东光铁佛寺、吴桥杂技大世界、寿东粮画小镇。

3.3A 级景区(11 家)：雄安保府酒文化园、霸州李少春纪念馆、华夏民间收藏馆、胜芳古镇、文安富祥温泉生态农庄、沧州规划馆、沧州市博物馆、纪晓岚文化园、清河羊绒城景区、临西县万和宫、水岸潮白景区。

4.2A 级景区(18 家)：益津书院、海之蓝大型水上乐园、青县青云观、青县司马庄蔬菜观光园、青县广旺农庄、觉道庄景区、沧县御碑苑、沧州铁狮子文化产业园、沧县神然生态农业园、沧县旧城文化展览馆、苍林农庄、泊头清真寺、泊头三井·大运河酒文化产业园、阜城刘老人百年梨园景区、本斋纪念园景区、清河华夏张氏祖庭、大名石刻博物馆、宋辽边关地道景区。

大运河河北段沿线文化产业示范园区和基地

1. 省级文化产业示范园区(3 家)：河北(青县)中古红木文化产业园、吴桥县杂技文化产业园区(吴桥杂技大世界文化产业基地)、沧州文化大厦文化产业园。

2. 省级文化产业示范基地(18 家)：白洋淀异国风情园有限公司、河北华都影视剧制作有限公司、霸州市鸿兴捷图照明设备有限公司、霸州海润俱乐部、吴桥杂技大世界旅游有限公司、吴桥金鼎古籍印刷厂、吴桥华艺杂技演出有限公司、冀春实业集团有限公司、河北青竹美术颜料有限公司、阜城县王集乡国良剪纸烫金厂、馆陶思月陶艺有限公司、馆陶县陶漆工艺厂、馆陶县海增粮艺有限公司、馆陶县翔杰陶艺有限公司、魏县龙翔粮油食品有限公司、大名县工艺品工厂、河北永不分梨酒业有限公司、河北秀谷旅游开发有限公司。

资料来源：《河北省大运河文化保护传承利用实施规划——文化和旅游融合发展专项规划》。

对传统大运河文化产业进行集中建设可以从如下方面展开：提高品牌知名度建立产业集群，形成区域经营；对外加强与不同产业的合作，对内丰富产业特点和功能，将艺术演出、旅游、消费结合成为一体，形成满足消费者需求和洞察消费者心理。通过合理定位大运河文化品牌的建设并进行有效的宣传，以使大运河文化得到更大限度的开发；使文化资源获得竞争优势，使特色文化艺术得到视频方面包括纪录片、宣传视频的宣传；更好地展现大运河的风采、提高大运河文化遗产的知名度，将文化与经济联动；从大运河的宣传联系到沿岸城市面貌的宣传，在大运河得到宣传的同时展现城市风貌。与此同时，也要加强对遗址的保护，如对有历史价值的文物进行保护性展览，对遗产规模较大的露天场所进行修复展示并设置明显的提醒游客标识。在必要情况下，对有记载的历史文化、画卷进行遗址恢复，使游客观察到遗址全貌，在对历史有全面了解的同时拥有更好的旅游体验。众多的历史文化遗存需要得到好的开发，树立良好的大运河文化品牌。将不同的功能、区域特点进行不同的功能分区，将大运河沿岸区域分为环境保护、文化旅游开发、传统传承三个部分，需要根据自然环境、文化底蕴等区域进行投资、开发和保护。

对于历史文化遗存，文旅创意项目的开发必不可少。大运河沿岸丰富的文化资源应当得到充分发挥，与旅游资源进行结合创新，对旅游路线进行精细规划，让游客获得更加丰富的体验，对特色文化遗存进行研究传承，充分发挥杂技、武术等优秀传统的传承，将旅游与传统技艺的体验进行结合，让游客对传统技艺进行体验，吸引更多的游客来了解传统文化并产生兴趣。通过建立互动性强的展览广和博物馆对大运河文化进行展现，让游客有更好的体验，让运河文化有更多的人了解。对运河及其沿岸文化传统进行演绎，将旅游文化中的演艺活动进行支持让旅游文化中让游客不仅感受运河文化还参与其中，在观赏武术、杂技表演的同时获得更为直观的感受；创新表演形式，增强与观众的互动性，吸引更多的游客参与到运河的文化旅游中。这些举措不仅能够推动非物质文化遗产的演艺复兴，还能更好地将传统文化得到宣扬，促进大运河文化向旅游经济转型。

这些丰富的文化遗产促进了区域协同发展的同时使遗址在文旅融合、传统利用和进一步建设等方面有了更多的开发利用价值。在对遗产的保护前提下通过以冀风运河品牌为依靠建设特色大运河河北段的经典旅游，将大运河公园建成文化与旅游产业共同发展的示范区。在区域保护的前提下建成生活区域，对大运河公园的建设提供支持，可以将众多文化遗产设立成为不同区域，例如文化遗产展示区、旅游区、生态产业区，治理因为旅游产生的生态环境的破坏。依靠传统文化遗产应当完善管理体制，进行统筹有序的开发，按照国家部委的要求提高大运河文化遗产的开发利用价值，拓宽资金进入渠道，利用这些资金在保护遗产的基础上对传统文化进行传承方式的创新。不断丰富展览形式，利用新技术对文物进行展示，例如利用 AI、VR 等技术让观众更直观地感受遗产样貌，提升博物馆水平，对大运河文化遗产进行创新传承。同时，打造别树一帜的旅游环境和线路，在旅游项目中加入古代遗址保护和展示区域。在河北省政府领导下进行强化学术研究，成立专门的大运河遗产资料、文化保护中心，借鉴其他省市的大运河文化遗产保护中心的工作方式，完善管理体制。

第三节　沿线生态基底良好

大运河宛如一条蜿蜒的"生态链"，在开凿过程中充分连通了沿线自然水体与湖泊湿地，将人工工程与自然生态有机结合，逐渐形成人文自然、土壤植被、水文气候相互影响的有机生态系统，是中国历史文化遗产宝库中重要的"活态"遗产。以河北段为代表的运河遗产，其开凿影响了所经过地区的自然特征和人文环境，形成了以运河水为脉络、周边人类活动为依存运河生态文化空间，构建出河北段丰富多彩而又独具特色的线性活态文化景观及自然与人文共生共存的景象。大运河河北段是中国大运河中河道样态最真实、原生态风貌保存最完整的河段，是中国大运河遗产原真性的集中体现。现存大运河河道后期人为干预较少，河道样态真实，堤防体系完整，大部分段落保留了原生态河道形态和景观风貌。其中又以沧州至衡水南运河段尤为突出，"弯道代闸"与周围环境一起形成了独特的美学景观，构成了"河—滩—堤—林—田"特色突出的北方平原田野景观格局。目前沧州市正大力开展运河生态保护修复工作，提出了"1+3+N"大运河保护规划体系建设、"南运河沧州市区段综合治理工程""大运河文化旅游基础设施及生态修复提升工程""大运河生态修复展示区"①等多项大型运河保护工程，为大运河沧州段生态保护与发展提供机遇。

从大运河河北段流域水质看，根据《河北省大运河文化保护传承利用实施规划——生态环境保护修复专项规划》，2019年，大运河河北段列入国家考核的74个地表水水质监测断面中，达到或好于Ⅲ类水质比例为54.1%，劣Ⅴ类水质比例为6.8%。全省八大水系总体为轻度污染，其中，永定河水系和辽河水系水质为优，滦河及冀东沿海水系为良好，大清河水系、北三河水系、漳卫南运河水系和子牙河水系为轻度污染，黑龙港运东水系为中度污染。16座水库和白洋淀、衡水湖的监测数据显示，岗南水库等12座水库水质达到了Ⅱ类水质标准，陡河水库、邱庄水库、洋河水库和衡水湖水质达到Ⅲ类标准，官厅水库和白洋淀达到Ⅳ类标准。近岸海域海水环境质量总体稳定，8个考核点位水质均达到Ⅱ类及以上，符合考核要求。2019年，北运河土门楼断面为Ⅳ类水质；南运河青县桥断面为Ⅴ类水质；卫运河油坊桥断面为Ⅴ类水质，秤勾湾断面为Ⅳ类水质；白洋淀淀区为Ⅳ类水质，南刘庄为Ⅴ类水质；赵王新河-大清河出境台头断面为劣Ⅴ类水质；黑龙港河东港拦河闸断面为Ⅳ类水质；青静黄排水渠团瓢桥断面为

---

① 李亚娟、保秀芳、张金芳、贾冬青：《大数据时代大运河生态文化发展策略研究——以沧州段为例》，《中国商论》2021年第6期。

Ⅴ类水质；江江河张帆庄断面为Ⅳ类水质。当前大运河河北段沿岸经过系列河流水域整治措施、水污染防治及相关河道管理政策的颁布，水体污染问题已得到明显改善，农村垃圾、污水处理能力显著提升，水源环境正逐渐呈现向好趋势。

党的十八大以来，以习近平同志为核心的党中央围绕生态文明建设的重大理论与现实问题，提出了一系列新理念新思想新战略，创立了习近平生态文明思想。"生态兴则文明兴，生态衰则文明衰"，推动运河文化的永续传承发展，就需要牢固树立习近平总书记有关绿水青山就是金山银山的理念，把生态环境保护修复融入大运河发展的各方面、全过程。当前国家层面已出台相关大运河生态保护的法律法规便有《大运河河道水系治理管护规划》《大运河生态环境保护修复专项规划》《京杭运河通航管理办法（试行）》等，河北省运河沿线市区也纷纷出台相关方案推动运河生态保护，如沧州市发布《沧州运河生态文化带市区段项目近期建设实施方案》《建设国家公园体制总体方案》《生态文明体制改革总体方案》，邯郸市审议通过《关于加快大运河文化保护传承利用的决议》等，为地方运河生态保护工作提供了重要指导和方向。系列法规、方案、决议的推行发布，对运河生态环境保护修复，推动发展与保护相适宜、文化与旅游相融合，促进大运河璀璨文化带、绿色生态带、缤纷旅游带的打造具有重要意义。

第四节　区位、交通优势明显

一、毗邻京津

当前河北省运河文旅发展，应充分利用京津冀一体化发展战略优势，加强与京津两地的沟通对接，开发京津冀运河沿线精品旅游线路，发展壮大运河旅游特色优势产业，构建京津冀协同发展格局，携手推进对大运河的保护、传承和利用。在地理位置上，河北省毗邻京津，得益于京津两地发展之便，区位优势明显。伴随近年来京津冀一体化的战略布局逐渐深入，京津冀地区交通网络构建不断完善，以北京、石家庄、天津等众多城市为中心开通近40多条线路、800辆车辆，能够覆盖包括大运河在内的环绕京津的众多旅游景点，为游客提供了出行的便捷条件，也为京津冀旅游协同发展提供了基础保障。

以大运河河北段沿岸廊坊市为代表，这里地处京津冀城市群核心地带，与京津两地距离各为60千米，西邻北京，东邻天津，三地成一条直线。而北运河又是沟通京津两地和廊坊的运河河段，北运河自北京市昌平区发源，流经廊坊市香河县、天津市武清区，最终汇入海河。优越的地理位置为廊坊市加强与京津两地合作，推动北运河旅游通航，打造"京畿首驿·如意香河"旅游品牌提供了便利条件。

二、交通便利

从大运河河北段水路情况来看，这里上连京津，下接鲁豫，由北运河、南运河、卫运河、卫河及永济渠遗址组成。历史上河北段大运河作为京杭运河的一部分，原可通行100吨货船，清朝时期，由大清河航道从保定至天津的水路运输成为当时联系两地的重要交通干线，每年从天津沿大清河、白洋淀一线分拨到保定的漕粮甚至可达3100余石。① 运河沿线油坊码头、龙王庙卫河码头、东光码头沉船遗址等物质遗产分布，还有沧州武术、运河船工号子、造船技艺等非遗文化的发展，也均与当时水运贸易有关。但自20世纪70年代末运河水量减少，河流陆续断航，目前仅以防洪、排涝、输水、灌溉为主要功能。

目前大运河河北段沿线主要以公路网贯通，截至2019年年底，流域核心区域内公路网总里程为23087千米，其中干线公路2558千米，既有及规划干线公路共有57条，其中与大运河并行的纵向干线有16条，包括京沪高速、京台高速、衡德高速故城支线、京德高速(在建)、大广高速、国道

---

① 河北省保定市地方志编纂委员会，《保定市志》(第二册)，方志出版社1999年版，第566页。

G104、G105、G106、省道 S220 沧州-德州(规划)等；横向干线有 41 条，包括京哈高速、荣乌高速新线(在建)、荣乌高速、津石高速(在建)、沧渝高速、曲港高速(规划)、黄石高速、邯港高速(规划)、衡德高速、青银高速、东吕高速、邯馆高速、青兰高速、国道 G509、G336、省道 S326 滩里-满城(规划)、S342 建国-昔阳等，这些干线公路为大运河文化带发展奠定了很好的交通基础，还可实现大运河文化带与既有的大兴国际机场、石家庄国际机场、邯郸机场等民航机场以及白洋淀站、沧州西站、衡水北站、邢台东站、邯郸东站等高铁站的有效沟通和联系。①

三、旅游市场兴盛

河北是旅游资源大省，孕育出红色、历史、自然、现代等丰富的旅游文化资源，在最近印发实施的《河北省文化和旅游发展"十四五"规划》中，省政府办公厅将文化和旅游列入全省十二大主导产业，并提出构建河北文旅"一体两翼六带"空间布局："构建一体"，即对接京津共同打造京津冀文化和旅游发展协同体；"形成两翼"，即以雄安新区为核心的南翼，以张北地区为核心的北翼；"打造六带"，即环京津文化和旅游带、长城文化和旅游带、大运河文化和旅游带、太行山文化和旅游带、沿渤海文化和旅游带、坝上草原文化和旅游带，为发展河北旅游产业提供基本遵循。

从河北旅游游客数量看，2020 年国庆假期全省累计接待游客数3523.25 万人次，旅游收入达 270.69 亿元；2021 年"五一"期间河北接待游客 3474.52 万人次，旅游收入达 236.57 亿元。受新冠肺炎疫情影响，游客人数较 2019 年旅游人数均有所下滑，但通过河北省文化和旅游厅提前谋划、积极筹备，丰富河北文旅产品供给，完善旅游基础设施供应，依然引发了旅游消费的热潮。②

从河北省文旅产业发展来看，据河北省税务局的数据显示，河北省文

---

① 河北省交通运输厅：《河北省大运河文化保护传承利用实施规划——交通体系建设专项规划》。

② 根据《河北日报》2020 年、2021 年两年数据统计。

旅产业发展积极向好，企业经营指标恢复至疫情前水平。2021年，河北省文旅企业实现营业收入192.17亿元，同比增长26.79%，盈利面同比提升3.37%。13581户文旅企业享受小微企业普惠性税收减免1.37亿元，同比增长45.92%。① 由此可见，河北省环京津、长城、大运河、太行山、沿渤海、坝上草原6个文化和旅游带的资源优势日益突出，京津冀文化和旅游发展协同体影响力不断增强，旅游市场发展潜力巨大。

---

① 《去年河北文旅企业享受小微企业普惠性税收减免1.37亿元》，河北新闻网，http：//travel．hebnews．cn/2022-03/23/content_8757440，2022-03-23。

第十章 河北大运河物质文化遗产保护性开发策略

大运河河北段沿岸物质文化遗产资源数量众多、类型丰富、历史悠久，具有较高的历史文化价值和生态协同价值。目前对大运河河北段沿岸物质文化遗产进行保护性开发，既是实现物质文化遗产可持续发展传承的需要，也是改善运河沿岸发展样貌，满足当地居民日常休闲文化生活的需要。为深入贯彻习近平总书记有关"保护好、传承好、利用好大运河"的重要批示指示精神，真正做到在有效保护的前提下"合理利用"，特提出以下发展策略。

第一节 整体发展策略

一、保护优先，杜绝盲目开发

2014年中国大运河申遗成功，如何进行大运河文化遗产的保护与利用，平衡好经济发展与运河生态文化保护的关系，成为当前运河文化遗产保护传承的重要研究议题。2019年2月，《大运河文化保护传承利用规划纲要》正式印发实施，规划明确要按照"河为线，城为珠，线串珠，珠带面"的思路，构建一条主轴带动整体发展、五大片区重塑大运河实体、六大高地凸显文化引领、多点联动形成发展合力的空间格局框架，并根据大运河文化影响力，划分大运河文化带的核心区、拓展区和辐射区，清晰构建大运河文化保护传承利用的空间布局和规划分区，为大运河文化保护传承利用指明具体方向。

必须明确的是，开展大运河河北段文化遗产保护工作，首先要处理好保护与利用的关系，要坚持以保护为主、利用为辅的总原则，正确认识运河文化遗产保护与地方经济建设的关系；坚决反对各种利益至上的开发，切不可因追求经济效益对运河文化遗产进行盲目开发，破坏运河生态和历史遗迹。历史经验教训告诉我们，一味重视经济建设，无休止利用生态资源，对历史古迹进行拆毁重建，忽视对生态环境和历史文化遗存的保护，只会自食恶果。对运河文化遗产的保护和传承，本质就是充分发挥运河文化遗产的教育、启迪、激励和凝聚作用，在保护传承的基础上科学合理利用运河文化遗产，实现运河文化遗产资源的可持续发展。[1] 具体在运河遗产保护利用方式方面，保护思路不能仅仅局限在对单一、静态的历史建筑及文物保护上，而要将保护范围扩展至对历史遗产所处的整体环境、民众生活方式、地域文化和历史文化的保护上，将运河文化遗产作为"活的遗产"来展示，从历史文化底蕴和地域特色中汲取遗产现有的发展动力，以达到融合创新的目的。

二、科技贯通，文化数字化

进入 21 世纪，全球迎来信息化技术大变革，在这一过程中文化遗产保护的各个层面都已采用各种先进技术，很多文化遗产保护已经实现了数字化的新突破，如故宫博物院的"数字故宫"工程，新的科技时代都为河北的大运河物质文化遗产保护与开发带来新的要求和机遇。在大运河河北段的物质文化遗产保护过程中，应当充分利用现代科技手段，保持"科技"这一关键元素贯通大运河沿线物质文化遗产保护性开发的所有环节，坚持文化数字化之路。

近年来，互联网、大数据、云计算、人工智能、区块链等技术加速创新，日益融入经济社会发展各领域全过程，数字经济发展速度之快、辐射

---

① 胡梦飞：《徐州运河文化遗产的保护与开发》，《湖北职业技术学院学报》2016年第 3 期。

范围之广、影响程度之深前所未有，正在成为重组全球要素资源、重塑全球经济结构、改变全球竞争格局的关键力量。党的十八大以来，以习近平同志为核心的党中央高度重视数字化发展，明确提出建设数字中国。"十四五"规划明确提出发展数字经济，并作出具体部署。2022 年 1 月，国务院又印发了《"十四五"数字经济发展规划》。这是党中央站在全局高度，科学把握发展规律，着眼实现高质量发展和建设社会主义现代化强国作出的重大战略决策。当前我们已进入大数据时代，数字化技术的发展为大运河的传承与保护提供重要的发展机遇，大运河生态文化发展必须紧握"数字中国"建设机遇，将"科技+文化"作为大运河的基本保护性开发原则，坚持数字赋能发展理念，建立物质文化遗产数字化保护典范。河北大运河物质文化遗产保护中，应当着力构建"数字运河"大运河文化智慧数据平台，全面搜集、管理和展示大运河文化、水利、生态等多方数据，提供大运河物质文化遗产保护性开发的综合解决方案。这样不仅能够提高大运河物质遗产保护性开发的科学性，同时能够利用现代数字技术手段对大运河文化遗产进行实时监控并提供相应决策，而且最大限度地挖掘大运河文化遗产的独特价值。此外，人工智能和万物互联的发展，还可通过虚拟现实、3D 建模等技术为用户构建全新的体验式场景，针对不同用户画像，推送精准方案，提升民众旅游体验，让民众足不出户感受运河的魅力，多方位展示大运河文化之美。

三、文旅融合，强化文化消费

早在 20 世纪 80 年代，国内已有学者关注到文化与旅游的关系，于光远认为"旅游是经济性很强的文化事业，又是文化性很强的经济事业"，[1]章采烈指出"文化是旅游业发展的灵魂，旅游文化与旅游活动的关系，就是旅游理论与旅游实践的关系"。[2] 2018 年，文化和旅游部的组建，使"文

---

[1]　于光远：《旅游与文化》，《瞭望周刊》1986 年第 6 卷第 14 期。
[2]　章采烈：《论旅游文化是旅游业发展的灵魂》，《上海大学学报（社会科学版）》1994 年第 1 期。

旅融合"成为政策出台和学界研究热议话题。不过传统的文化遗产若想借助旅游产业实现多元利用，现代文旅产业化的融合是必然之路，这主要体现在"文化消费"成为现代文旅产业中的重要核心吸引力和消费环。文化消费是指用文化产品或服务来满足人们精神需求的一种消费，主要包括文化娱乐、体育健身、旅游观光、文化衍生品等方面。

目前在大运河河北段沿岸文旅融合发展过程中，文化底蕴成为旅游目的地吸引力的关键组成部分，当越来越多的游客去某地参观"文化"，对文化资源进行可参观性生产便显得格外重要。在大运河河北段沿岸对文化资源的可见性生产主要包括三种形式：第一种是利用博物馆进行文化遗产的展示，如当前已建设有大名县雕刻博物馆、雄县德韵博物馆、沧州博物馆等，是记录运河文化故事、传承文化遗迹的重要载体；第二种是通过遗址类文化遗产展示当地历史的发展特色，如马厂炮台遗址、峰峰矿区磁州窑富田遗址、宋辽边关地道遗址等；第三种就是以历史街区和运河古村落为载体进行综合展示，运河流淌发展至今，沿岸也有着随运河兴起就出现的历经千年发展的古村落，如廊坊胜芳古镇、雄县王村、邢台仓上村等，是展示运河文化的活态资源。文旅产业的本质就是面向游客消费的文化展示产业，① 文旅消费以游客情感认同为基础，将文旅资源与个人文化需求进行联通对接，使这种"文化体验"能够作为商品被出售。如何强化游客的文化体验，满足游客的文化需求和深度参与感，是未来大运河河北段物质文化遗产保护性开发需要思考的问题。

四、多措并举，活化非遗点睛

根据联合国教科文组织 2003 年第 32 届大会通过的《保护非物质文化遗产公约》中的定义：非物质文化遗产指被各群体、团体、个人视为其文化遗产的各种实践、表演、表现形式、知识体系和技能，以及有关的工具、实

---

① 张朝枝、朱敏敏：《文化和旅游融合：多层次关系内涵、挑战与践行路径》，《旅游学刊》2020 年第 35 卷第 3 期。

物、工艺品和文化场所。各群体和团体随着所处环境、与自然界关系和历史条件的变化，使这种代代相传的非物质文化遗产不断得到创新，同时使他们自己具有一种认同感和历史感，从而促进了文化的多样性，激发了人类的创造力。① 从运河非物质文化遗产研究看，当前学界对大运河非物质文化遗产概念的界定并无统一标准，李永乐、杜文娟认为运河非物质文化遗产由大运河生产、生活方式孕育而产生，其内容反映了大运河生产、生活方式，或者其形成、传播依赖于运河环境，② 这种观点强调运河对非物质文化遗产生成和传播的影响。在顾希佳的观点看来，大运河非物质文化遗产是指在大运河流域广大民众中间世代相承的、与这一带群众的生活密切相关的各种传统文化表现形式，③ 这种观点强调运河非遗与沿岸百姓生活的关系。

在大运河蜿蜒流淌的历史中，沿线形成了各具特色带有运河特点的非遗文化，如运河号子、酿酒工艺、吴桥杂技、沧州武术等，大运河沿岸非物质文化遗产是大运河文化中的重要组成部分，是展现大运河河北段历史文化的"活化石"，凝结着大运河文化的精华，蕴含着丰富的历史底蕴和教育价值，既是运河沿线经济发展、社会变迁、文化交流的重要见证，又是独具地域特色的文化资源。物质文化遗产与非物质文化遗产之间的保护性开发，虽然从根本上就不用领域的两种文化资源应用，但是绝不是割裂的关系，而是相辅相成、互相促进的关系。物质文化遗产实际是承载非物质文化遗产的基底，而非物质文化遗产又能将相对沉默的物质遗产活化点睛。

对于非物质文化遗产的活化利用，首先就是要建立一套完整的保护机

---

① 白硕：《大运河沿岸非物质文化遗产现状、问题与对策》，《人口与社会》2018年第 34 卷第 6 期。

② 李永乐、杜文娟：《申遗视野下运河非物质文化遗产价值及其旅游开发——以大运河江苏段为例》，《中国名城》2011 年第 10 期。

③ 顾希佳：《杭州运河非物质文化遗产》，杭州：杭州出版社 2013 年版，第 1~10 页。

制，不仅要对非遗项目本身进行保护，还要对非遗项目所依托的自然环境、非遗传承人、手工技艺等进行整体性保护，促进非遗的活态传承与可持续发展。其次，在非物质文化遗产旅游开发方面，将非物质文化遗产文化魅力与物质文化遗产有机结合，就要构建一套较为完善的大运河河北段非物质文化遗产资源旅游开发适宜性评估体系，合理确定开发层次和保护级别，突出发展重点，充分体现当地非物质文化遗产特色和文化传统，适应非物质文化遗产传承规律和旅游市场需求。如霸州市胜芳古镇适宜性结合胜芳音乐会这一非遗元素，发展文旅项目，获得了较好的经济和社会效益；衡水老白干酒文化旅游景区展示衡水老白干酒酿造工艺，既传承了非遗文化，又提高了品牌的知名度和美誉度，这些都可作为有益实践。最后，还需要深入挖掘运河非遗 IP，合理研发非遗文创产品。一方面，需要梳理非遗文化与漕运发展、沿岸人文风俗、运河变迁等的关系脉络，提炼非遗文化与运河发展的联系和地域独特性，培育运河非遗 IP。另一方面，开发特色文创产品是提高运河非遗知名度、延伸非遗文化产业链、促进非遗资源创造性转化的有效实践。对非遗文创产品的开发科还可结合运河特色非遗 IP，在提炼出最具非遗核心价值和地域独特性的文化符号基础上，进行文创产品的创意阐释，提高资源转化率和利用率。

五、反对同质，深挖区域特色

在党的十九大报告中，习近平总书记指出，走中国特色社会主义道路就是要坚定文化自信，坚持百花齐放、百家争鸣，对中国优秀传统文化进行创新与转化。当前对运河沿岸物质文化遗产的保护与开发，就是要把对运河的保护与对地域文化的挖掘紧密结合起来，深入挖掘区域特色，展现运河文化的独有性和地方特殊的文化底蕴。但从当前对大运河河北段沿岸物质文化遗产的开发利用来看，开发手段较为单一，多以博物馆陈列、设立物质文化遗产保护范围、对古迹修葺维护等为主，资源利用率不够，对地方历史文化挖掘不深，仍存在很大局限性。

大运河纵贯南北，在千里沿岸留下了一系列具有区域特色的文化遗产，在这其中逃离不出几大主体文化遗产类别，很多地区的民风民俗虽然几乎相近，但是却分属两省。对于中国大运河沿岸特色物质文化遗产的保护性开发，各省、市均在提出各自的想法，但是不可否认的是，有部分雷同之处。在大运河河北段物质文化遗产保护性开发过程中，应当坚持反对同质化原则。该原则主要体现在两方面：一是就需要对物质文化文化遗产进行深入挖掘，结合具有区域历史文化元素，为物质文化遗产的传承发展赋能；二是从全省角度整体审视大运河河北段沿线物质文化遗产，对于同质性过高、开发意义不大的物质文化遗产项目以保护为主，突出开发具备大运河河北段文化特色的物质文化遗产项目，切忌出现全面抓、全不精的局面。

六、重点鲜明，突出精品品牌

《大运河文化保护传承利用规划纲要》明确指出，到 2050 年把中国大运河塑造成具有国际影响力的"千年运河"文化品牌，打造"千年运河"文化旅游品牌体系，加强品牌的国际化传播。建构"千年运河"国家文旅品牌形象，实质就是文旅品牌形象塑造主体如何通过"讲"故事和"讲好"故事。"对于促进中国大运河文旅品牌形象传播，具体可从两个方面着手：一是'千年运河'国家文旅品牌形象的自我塑造，这需要从大运河文化基因中寻求；二是'千年运河'国家文旅品牌形象的社会公众的认知建构，这需要从社会的文化认同分析。"①

品牌在树立河北运河文旅形象、吸引游客参观、提高市场竞争力方面具有极其重要的作用，大运河文化品牌的形成，与大运河本身所蕴含的独特的文化价值和深厚的历史文化底蕴密不可分。大运河文化品牌的塑造，离不开向传统文化寻求创新和发展的动力。运河文化品牌的建设也应该有空间和地域上的差别，各地的运河文化品牌建设应突出特色，寻找差异

---

① 秦宗财：《新时代"千年运河"文旅品牌形象塑造》，《江西社会科学》2021 年第 41 卷第 1 期。

性，这是对中国大运河文化品牌建设的有益补充。① 从运河分布地域性来看，大运河河北段作为京杭大运河中的重要组成部分，既有着其空间分布和发展历程的特殊性，也存在运河文化整体所拥有的共性。因此在大运河河北段物质文化遗产保护性开发中，应该建设具有明确河北特色的运河项目，突出构建运河文旅精品项目。

七、带状构建，联动集群发展

中国大运河是典型的带状文化遗产，所以对于大运河河北段物质文化遗产的开发必须遵循带状构建，联动集群发展的原则。2017 年 9 月，中国传媒大学发布了《大运河文化带调研报告》，对大运河文化带内涵进行了界定，即以大运河文化为内核，以保护、传承、利用为主线，以带状地理空间为载体，以区域交通束(航运、高速、高铁等)为基础，以沿线城镇为发展主体，集遗产与生态保护、展示与爱国教育、创意与休闲游憩、经济与社会发展等多种功能于一体的综合型带状功能区域。随后，2018 年 2 月，《中国大运河发展报告(2018)》中指出，所谓大运河文化带，即以运河文化保护、传承、利用为指导，以运河水工遗存、附属设施和相关遗存为基础，以运河物质遗产和非物质遗产为主要对象，以运河文化产业和文化事业为主要载体的带状功能区域。尤其是《京津冀协同发展规划纲要》颁布后，京津冀协同发展上升为国家战略，而大运河文化带的打造，可成为京津冀协同发展的重要纽带。从地理位置来看，大运河贯穿北京、天津、河北三地，流淌着京津冀三地共同的文化基因，也承载着京津冀文化保护、传承、利用的重担。"大运河京津冀段沿线城市，运河河段同属海河流域，有着相似的气候条件和人文环境，三地协同推进大运河文化带建设，实现集群发展，对促进沿岸经济发展、文化融合、水资源保护利用方面有着重要意义。"②

---

① 刘毅飞：《超级 IP 视角下常州运河文化品牌的塑造》，《常州工学院学报(社科版)》2021 年第 39 卷第 3 期。

② 吴欣：《中国大运河发展报告(2018)》，北京：社会科学文献出版社 2018 年版，第 209 页。

第二节　廊坊市

一、廊坊市大运河物质文化遗产资源构成分析

调研整理廊坊市物质文化遗产共计 12 处，统计其所属类别、所在区域、保护等级等信息，可用表 10-1 展示。

表 10-1　　　　　　　　廊坊市大运河物质文化遗产分布

类别	文化遗存	所在区域/地点	等级
运河本体类	北运河	廊坊市香河县	世界文化遗产
水利设施类	红庙村金门闸	廊坊市香河县	全国重点文物保护单位
	北运河土门楼枢纽	廊坊市香河县	无
建筑类	胜芳张家大院	廊坊市霸州市	河北省级文物保护单位
	胜芳王家大院	廊坊市霸州市	河北省级文物保护单位
	胜芳杨家大院	廊坊市霸州市	无
	文昌阁	廊坊市霸州市	无
宗教类	龙泉禅寺	廊坊市霸州市	河北省级文物保护单位
	宝庆寺	廊坊市香河县	无
古村镇类	王家摆村	廊坊市香河县	无
	红庙村	廊坊市香河县	无
古墓群类	王家摆村墓群	廊坊市香河县	无

（一）物质文化遗产分类

廊坊市物质文化遗产分类含运河本体类、水利设施类、建筑类、宗教类、古村镇类、古墓群类 6 个类别，统计 6 个类别具体分布比例，如图10-1所示。

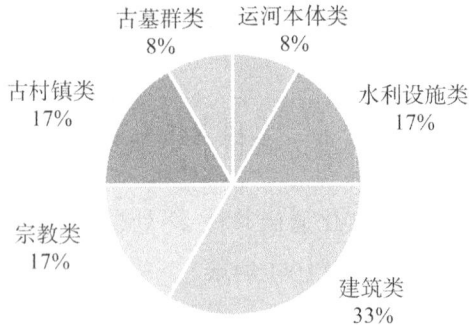

图 10-1　廊坊市物质文化遗产分类

从廊坊市物质文化遗产分类来看，不同类别差异性显著，且占比有明显规律性。建筑类所占比例最高，为 33%；其次是水利设施类、宗教类和古村镇类，均为 17%；古墓群类和运河本体类占比最少，均为 8%。在分布数量上，水利设施类、宗教类和古村镇类三者分布数量相同，古墓群类和运河本体类二者分布数量也相同。从不同类别占比比例来看，分布占比呈等比例减少趋势，即水利设施类、宗教类和古村镇类占比是建筑类的一半，而古墓群类和运河本体类占比又是建筑类的四分之一，是水利设施类、宗教类和古村镇类的二分之一。

(二)物质文化遗产地域分布

从廊坊市物质文化遗产地域分布来看，主要集中在香河县和霸州市两个区域，统计两个地区不同类别物质文化遗产的具体分布情况，如图 10-2 所示。

从两地物质文化遗产分布数量和不同类别来看，香河县分布数量较多，有 7 处，且类别较为多样，分布数量较为平均，均为一处或两处，差异较小。霸州市整体分布数量较香河县更少，有 5 处，且仅有两个类别分布，为建筑类和宗教类，但两个类别分布数量差异较为明显，建筑类分布有 4 处，宗教类仅 1 处。

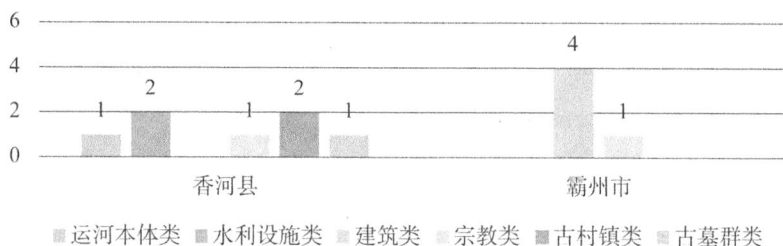

图 10-2　廊坊市物质文化遗产地域分布

（三）物质文化遗产保护等级

1. 物质文化遗产保护等级占比

廊坊市物质文化遗产保护等级分为国家级及以上文物保护单位、省级文物保护单位和其他类别三类，统计不同保护等级占比差异，可用图 10-3 表示。

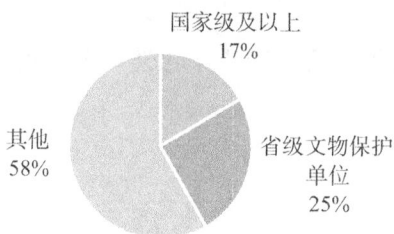

图 10-3　廊坊市物质文化遗产保护等级占比

整体来看，廊坊市物质文化遗产保护等级较低，其他类别占比 58%，占整体比重一半以上；而国家级及以上为 17%，占整体比例不到五分之一；省级文物保护单位为 25%，仅占四分之一，国家级及以上和省级文物保护单位两者总和不及其他类别占比。

2. 不同类别物质文化遗产保护等级分布

通过统计廊坊市不同类别物质文化遗产的保护等级情况，如图 10-4 所示，也可看出明显差异性。

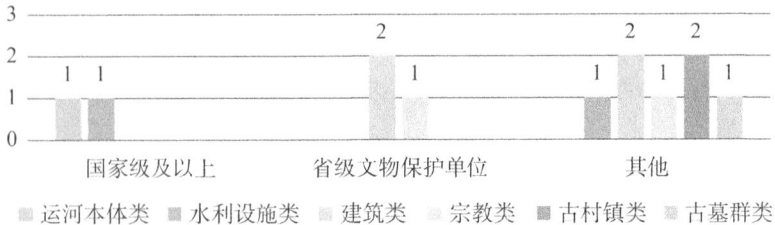

图10-4　廊坊市不同类别物质文化遗产保护等级分布

从图10-4可以看出，运河本体类和水利设施类保护等级较高，均有国家级及以上物质文化遗产分布；建筑类和宗教类都是一半为省级文物保护单位，一半尚无保护等级；古村镇类和古墓群类的物质文化遗产均尚无保护等级。从不同保护等级的分类来看，国家级及以上和省级文物保护单位均有两个类别分布，而其他保护等级中有五个类别分布，由此也可看出廊坊市物质文化遗产整体保护等级偏低的问题。

3. 不同地域物质文化遗产保护等级分布

统计香河县和霸州市两地物质文化遗产分布的不同保护等级，如图10-5所示。

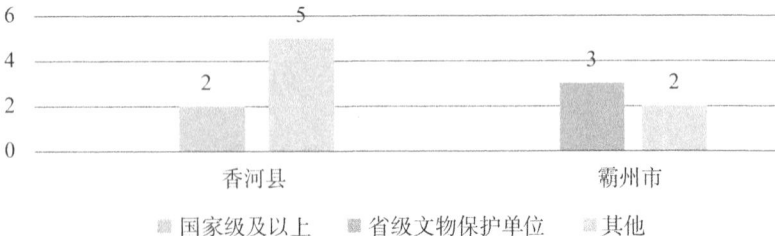

图10-5　廊坊市不同地域物质文化遗产保护等级分布

由香河县和霸州市两地物质文化遗产保护等级分布来看，两地均有两种保护等级分布，香河县有两处国家级及以上物质文化遗产分布，但其他尚无保护等级的物质文化遗产分布也最多，有 5 处。霸州市分布有省级文物保护单位和其他两种物质文化遗产保护等级，其分布数量也较为平均，省级文物保护单位有 3 处，其他类别有两处。

二、大运河廊坊段物质文化遗产保护性开发策略

（一）对接京津，联合打造北运河龙头文旅品牌

早在 2017 年 3 月，北京市通州区、天津市武清区、河北省廊坊市就已经联合成立了"通武廊旅游合作联盟"，共同推进"通武廊运河旅游带"建设。2018 年 6 月，廊坊市启动了《廊坊运河文化带发展研究报告〈廊坊大运河（香河段）保护传承利用实施规划〉》编制工作。2021 年 6 月，北运河廊坊段旅游通航。与此同时，北运河北京段实现同步通航。按照规划，2022 年 6 月，京冀运河将实现互联互通，河北人坐船去北京、北京人泛舟游河北将成为现实。从廊坊市地理位置来看，这里地处京津冀城市群核心地带，西邻北京，东邻天津，三地成一条直线，廊坊与京津两地距离各为 60 千米。而北运河又是沟通京津两地和廊坊的运河河段，北运河自北京市昌平区发源，流经廊坊市香河县、天津市武清区，最终汇入海河。在廊坊段的物质文化遗产保护性开发中，首先应当确立对接京津的策略，并且要弄清自身定位。廊坊段中主要与京津相连的是香河段，但是香河段可供重点开发的物质文化遗产项目较少，除了北运河段，只有红庙村金门闸一处物质文化遗产，且破坏程度严重，可开发性不足。廊坊段应当充分将北运河段作为运河项目的主体和重点打造，而且以毗邻的京津运河文旅发展规划为主要指导，以服务京津运河文旅市场为导向，错位发展，才能改善北运河在京津冀三地中的物质文化遗产较少的劣势。对北运河廊坊段运河水质的综合整治和生态恢复，目前为改善北运河沿岸生态环境，廊坊政府已在岸线修复、防洪工程和湿地建设上投资近 910 万元，用于水质提升的资金专款也有 1000 余万元。具体工作主要通过清理河道树障垃圾、加强水质环境监测、加大湿地和绿色生态廊道建设、建设运河生态公园等措施，形成运河生态环境治理保护的长效管理机制，加强科学规划、全面整理，逐渐恢复运河沿岸区域生态环境，调节运河水文气候、维护生物多样性。只有

在北运河全力打造发展符合京津现代文旅产业方向的相关项目，才能充分发挥廊坊段具有的天然地理优势，加强与京津两地的沟通对接，构建京津冀协同发展格局，形成合力，形成河北大运河的龙头文旅品牌。

（二）胜芳建筑类文化遗存丰富，形成"水上水下"双轮文旅线路

在廊坊市霸州市胜芳镇分布有众多建筑类文化遗存，这类文化遗存在廊坊市整体文化遗存分布中占比也最高，达到33%，其中王家大院、张家大院、杨家大院及文昌阁保存相对完整，老城区街巷以穿心河为中心，四向伸延，曲折幽深且密如蛛网，并且全镇毗邻运河。依水而建的古老民居，至今仍给人以时空倒流之感。经商、渔猎、苇编，是胜芳几百年来的最主要生活内容。胜芳的整体运河商贸水镇格局基础是整体大运河河北段内最好的，是廊坊市物质文化遗产的重要特征。如果说北运河是廊坊段的水上龙头品牌，那胜芳应当成为水下古代运河古镇的重要构建载体，可以与北运河形成廊坊的"水上水下"双轮文旅线路，将京津冀尤其是毗邻的雄安新区游客以运河为载体，形成华北北部运河古镇文化中心。

胜芳是大清河乃至海河流域上游各地往来天津的必经之地，水陆交通畅达，文明吸纳通畅，文化积淀深厚。《太平寰宇记》记载："隋大业七年，征辽途经于河口，当三河合流之处，割文安、平舒二邑户于河口，置丰利县。"黄盛璋先生的《永济渠考》中的考证图所标注的丰利县治的位置正处于胜芳。古镇始建于2500多年前的春秋末期，该镇的水域因位于白洋淀东部，故称东淀，相传乾隆皇帝曾微服私访，在胜芳留下了"胜水荷香，万世流芳"的批谕。胜芳系由一古老小渔村发展而来，明初大移民后，胜芳人口激增，旋即商贾云集，店铺林立，迅速发展成为华北商贸和文化重镇；清前期既已十分繁荣，富甲一方，谚称"南有苏杭，北有胜芳"。《文安县志》载："文邑市唯胜芳最盛，水则帆樯林立，陆则车马喧阗，百货杂陈，商贾云集，列为直隶六镇之一。"对于双轮文旅线路的打造，首先就是在保护运河自然景观的基础上，充分挖掘利用古村镇的文化特色，建设集中展示运河生态和风俗民情的地标景观。在这个过程中，应秉持"以水为魂，以史为根，以文为韵"的原则，充分贯彻绿色发展的生态理念，全面凸显胜芳自身建筑类文化遗产优势，将胜芳运河文化、码头文化、渔猎文

化，结合中幡、胜芳镇南音乐会、景泰蓝烧制技艺等非遗元素融入其中。在整体发展战略上，向北打造与京津北运河相通，向南与雄安新区大清河白洋淀相通的文化旅游精品线路，并通过完善村镇之间交通运输网、游客集散中心、民宿酒店等系列公共基础设施的建设，构建以运河文化为核心的现代文旅水镇。

（三）文化遗存开发空间大，可引入文旅强势品牌联合开发

廊坊市历史悠久，据《廊坊市志》记载："现境域夏商处冀州之地，战国秦汉于蓟燕之野，晋唐属幽州之域，元明清为京畿要冲。"历史上，廊坊市长期地处中原文化与北方游牧文化的沟通要道。在东周时期，廊坊市是燕、赵、齐三国的接壤之地；在宋辽金时期，成为草原帝国与中原政权的对峙边界，到解放战争时期，这里曾有多位共产党将领在此指挥战斗。得于地理位置之便，廊坊市历史文化底蕴深厚，历史遗存"纵向不断代、横向有内容"。历史遗存是一笔无价的财富，是一个民族薪火传承的根基所在，有着充分的开发空间，只有加强对历史文化遗存的保护利用，扶持开发优势项目，才能做好廊坊大运河文化的保护与传承。

从廊坊段物质文化遗产保护等级分布来看，尚无保护等级的遗产占整体的多数，为58%，想要文化遗产长远发展，就需要对文化遗产实施专项保护，挖掘遗产自身的历史文化，对周边遗存景观进行联合开发，提高文化遗产保护等级。在具体实施过程中，廊坊市应在充分勘察现有物质文化遗产的基础上，依据现状评估结论制定具体的保护措施，对于保存状况较差的文化遗产实施保护修缮工程，排除建筑险情，不随意拆毁破坏陈列设施等。在现有保护措施基础之上，对当地历史文化遗迹蕴含的文化价值进行深挖，扶植发展名气大、文化底蕴深厚的优势项目，发挥其带头示范作用，辐射周边小众景点，科学规划整体布局，将公园、小镇、码头、遗址等进行连接。同时，由于廊坊段主要文化物质文化遗产点集中在香河、胜芳两地，其余地区物质文化遗存较少，所以在整体的保护性开发商与其他地区并不占据优势，全域范围内可供开发的物质文化遗产项目极少。但是，廊坊段可以充分利用毗邻京津及雄安新区的区位优势，依托运河沿线良好的生态环境和土地政策优势，引入如万达、华侨城、方特、玛雅、长

隆等强势乐园类品牌，依托大运河打造高端大型户外运河主题游乐类项目，形成借力式发展。

第三节 雄安新区

一、雄安新区大运河物质文化遗产资源构成分析

经调研整理发现，雄安新区物质文化遗产共计 15 处，统计其所属类别、所在区域、保护等级等信息，可用表10-2展示。

表 10-2　　　　　　　　　雄安新区物质文化遗产分布

类别	文化遗存	所在区域/地点	等级
运河本体类	大清河·白沟引河入淀口	保定市容城县	世界文化遗产
	白洋淀	保定市安新县	国家 5A 级景区
建筑类	陈调元庄园	保定市安新县	河北省级文物保护单位
	陈子正故居	保定市雄县	河北省级文物保护单位
	山西村明塔	保定市安新县	县级文物保护单位
古遗址类	宋辽边关地道遗址	保定市雄县	全国重点文物保护单位
	南阳遗址	保定市容城县	全国重点文物保护单位
	上坡遗址	保定市容城县	河北省级文物保护单位
	留村遗址	保定市安新县	河北省级文物保护单位
	梁庄遗址	保定市安新县	河北省级文物保护单位
	晾马台遗址	保定市容城县	河北省级文物保护单位
古村镇类	王村	保定市雄县	无
铸造/雕刻类	雄县南界碑	保定市雄县	县级文物保护单位
古墓群类	李庄头汉墓	保定市雄县	县级文物保护单位

(一)物质文化遗产分类

雄安新区物质文化遗产分类含运河本体类、建筑类、古遗址类、古村镇类、铸造/雕刻类、古墓群类 6 个类别，统计 6 个类别具体分布比例，如图 10-6 所示。

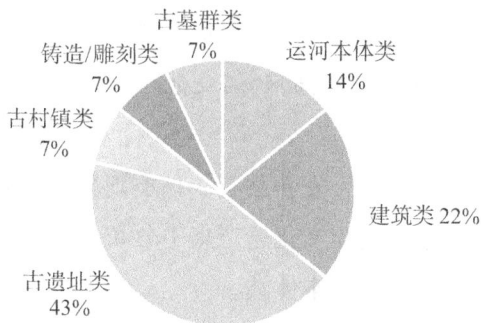

图 10-6　雄安新区物质文化遗产分类

从雄安新区物质文化遗产整体分布来看，各类别之间差异性明显，古遗址类一枝独秀，占比 43%，将近整体的一半；建筑类次之，为 22%。这两个类别总和已将近整体的 70%，而剩余 4 个类别整体占比总和不如古遗址比重高。古村镇类、铸造/雕刻类、古墓群类三者占比相同，均为 7%，其三者总和仅与建筑类占比近似；运河本体占比 14%。

(二)物质文化遗产地域分布

雄安新区包含雄县、安新县、容城县三个县域，统计三地在不同类别中物质文化遗产的具体分布情况，可用图 10-7 表示。

从分布数量来看，三地整体较为平均，数量相差不大，雄县和安新县均有 5 处分布，容城县分布有 4 处。在单个类别分布中，容城县古遗址类分布最多，有 3 处，安新县建筑类和古遗址类分布次之，有 2 处，其他类别均在三地有 1 处分布。在分布类别上，雄县最具分布类别多样性，有除

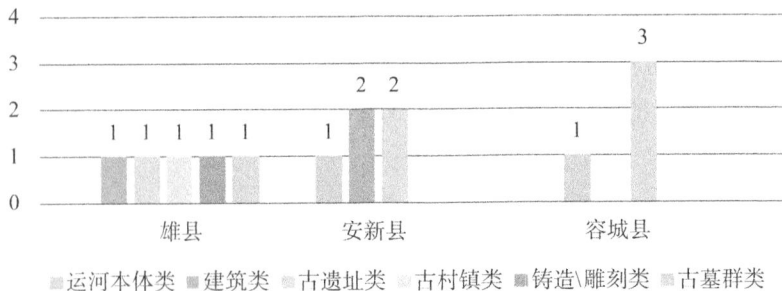

图 10-7　雄安新区物质文化遗产地域分布

运河本体类的 5 种类别分布，安新县有 3 种类别分布，为运河本体类、建筑类和古遗址类；容城县物质文化遗产集中分布在古遗址类，分布类别较少，仅有两种，另一种为运河本体类。

(三)物质文化遗产保护等级

1. 物质文化遗产保护等级占比

雄安新区物质文化遗产保护等级包含国家级及以上文物保护单位、省级文物保护单位、县级文物保护单位和其他类别 4 类，统计不同保护等级具体占比情况，如图 10-8 所示。

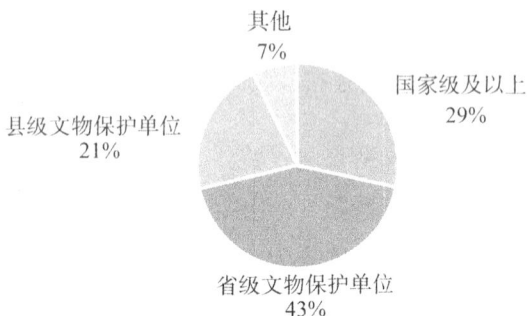

图 10-8　雄安新区物质文化遗产保护等级占比

从雄安新区物质文化遗产保护等级整体来看，省级文物保护单位占比最高，为43%，国家级及以上次之，为29%，两者总和已超70%，由此看出雄安新区物质文化遗产整体保护等级整体较高。此外，县级文物保护单位和其他类别占比较低，分别是21%和7%，两者总和占比仅与国家级及以上占比近似。

2. 不同类别物质文化遗产保护等级分布

统计在不同类别中雄安新区物质文化遗产的具体保护等级情况，可用图10-9表示。

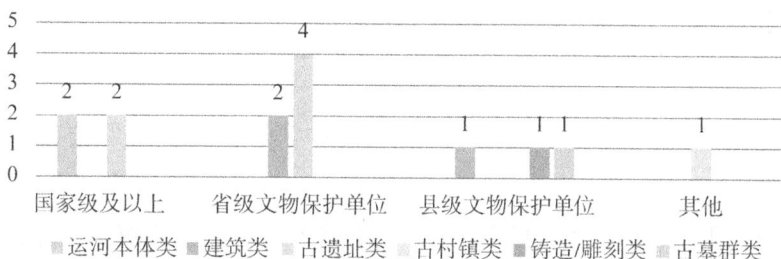

图10-9　雄安新区不同类别物质文化遗产保护等级分布

从不同类别物质文化遗产的保护等级分布来看，运河本体类和古遗址类保护等级较高，均有两处国家级及以上文物保护单位，古遗址类还有其余四处省级文物保护单位；建筑类次之，有两处省级文物保护单位和一处县级文物保护单位；铸造/雕刻类、古墓群类再次，均有一处县级文物保护单位；古村镇类尚无保护等级。在不同保护等级类别分布多样性上，县级文物保护单位分布类别最多，有建筑类、铸造/雕刻类、古墓群类三种不同类别分布；其次是国家级及以上和省级文物保护单位，均有两种类别分布，国家级及以上有运河本体类和古遗址类两种类别分布；省级文物保护单位分布有古遗址类和建筑类；其他类别中，仅有一处古村镇类物质文化遗产分布。在不同类别分布数量上，古遗址类省级文物保护单位分布数量最多，有四处；其次为国家级及以上的运河本体类、古遗址类，省级文物保护单位的建筑类均分布有两处；县级文物保护单位和其他类别中分布的四种类别均为一处。

3. 不同地域物质文化遗产保护等级分布

统计雄县、安新县和容城县物质文化遗产分布的不同保护等级，可用图 10-10 展示。

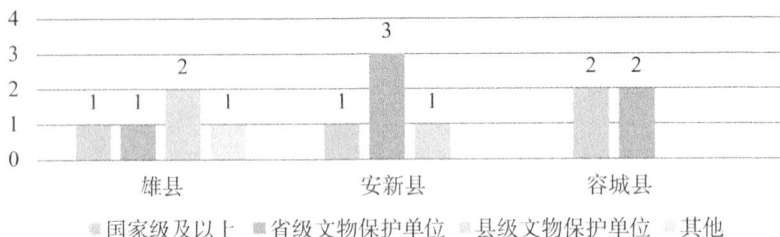

图 10-10　雄安新区不同地域物质文化遗产保护等级分布

整体来看，容城县物质文化遗产保护等级较其他两县更高，分布有两处国家级及以上和两处省级文物保护单位；其次是安新县，物质文化遗产保护等级集中分布于省级文物保护单位，有三处，是所有单个类别中分布数量最多的，此外，还有一处国家级及以上和一处其他类别分布；雄县物质文化遗产保护等级分布最为多样，四个类别均有分布，县级文物保护单位分布两处，其他均分布一处。

二、大运河雄安新区段物质文化遗产保护性开发策略

(一)遗址类型文化遗存丰富，建立国家考古遗址公园群

对于雄安新区的规划建设，习近平总书记多次强调，要在保护弘扬中华优秀传统文化、延续历史文脉的基础上进行有计划的建设。雄安新区规划在内的雄县、安新、容城三地均是千年古县，是历史上燕赵文化和畿辅文化的发祥地，有着丰富的历史资源和文化遗存，遗址类遗产众多，如南阳遗址、宋辽边关地道遗址、晾马台遗址等。根据目前调研统计可知，雄

安新区段运河遗址类物质文化遗产在所有遗产类别中比重最高，占比达43%，且保护等级较高，有着较高的历史文化价值，也是雄安除白洋淀外能够形成另外一个文旅开发的重要支点。但是目前除了宋辽边关地道遗址外，其他遗址目前仍然处在挖掘整理的前期，地面遗址遗存较少，附属的服务设施也存在空白，其知名度较低，需要进行整体规划建设。

早在远古时代，雄安新区范围内便有人类居住，当地科考队员挖掘出多处新石器时代遗址。在商周时期，这里是燕南赵北的标志性区域，受文化习俗和地域特点影响，当地一直保持有慷慨高昂、豪爽侠气的燕赵文化风格。燕赵文化也成为雄安地区历史文化发展的源泉，这一时期的主要思想家传承儒家文化，使燕赵文化带有明显的儒家文化意蕴。在南北宋时期，雄安新区所属地理位置正是大宋与辽国的分界地，常有战事发生，为抵御辽国军队，大宋军队在此地多利用地形之便修建地道军事防御系统，其中以宋辽边关地道遗址最为出名，发展至今成为全国重点文物保护单位。又因元朝在北京定都，在地理位置上，雄安地区距北京较近，当地因此成为畿辅文化的核心区域，由此当地又发展出以"质重朴实"为特色的畿辅文化。为了提高对历史文化遗产的资源利用率，实现价值最大化，就需要以点带面，扩展保护范围，完善对遗址周边村落和历史街区的整体保护，实现整体性发展。所以，基于雄安新区的实际情况，应当着重对雄安境内相关古代遗址进行国家考古遗址公园群的整体打造，对现有遗址进行梳理，重新划定保护范围，进行遗产归类区分，寻找保护与利用兼顾的发展模式——国家考古遗址公园，全面开展遗址保护工作。

国家考古遗址公园，是指以重要考古遗址及其背景环境为主体，具有科研、教育、游憩等功能，在考古遗址保护和展示方面具有全国性示范意义的特定公共空间。首先，在规划与保护过程中，可以将遗址根据功能的不同进行合理分类，如设立科普教育遗址群、生态观光遗址群、历史文化遗址群等，满足游客不同需求。其次，要对雄安新区历史文脉、文化禀赋进行提炼和萃取，让历史文化遗产有机地融入雄安新区的城市发展中，留住和传承雄安新区历史文化记忆。目前，我国重要的遗址类物质文化遗产已经申请国家考古遗址公园的共记36处，其中包括河南安阳殷墟、陕西汉阳陵博物馆、四川三星堆博物馆、圆明园管理处等，其发展模式已经相对成熟，为考古遗址保护和文化推广传承之间搭建了平台，产生了良好的社会影响，并将形成长远的经济效益和社会效益。

(二)"还原"白洋淀，建立国家级生态示范区

白洋淀，属海河流域大清河南支水系湖泊。包括 143 个相互联系的大小淀泊的总称，总面积 366 平方千米，平均年份蓄水量 13.2 亿立方米，是河北省最大的湖泊。位于太行山前的永定河和滹沱河冲积扇交汇处的扇缘洼地上，从北、西、南三面接纳瀑河、唐河、漕河、潴龙河等九条较大的河流入湖，通过湖东北的泄洪闸及溢流堰经赵王新河，汇入大清河。古白洋淀历史已有上万年，发展至明初白洋淀几乎全部干涸，直到后来漕河、白沟河、清水河等九河水汇入，白洋淀才发展有如今的规模，因此还有人说"现今的白洋淀水域本身即是一处大型的古代土建工程遗迹"。白洋淀发展历经历史文化积累，融入多种文化要素，沿岸堤防、水闸等历史文化遗存正是其历史发展的见证，由此也孕育出独具特色的水乡民俗文化，展示出白洋淀原生态和当地百姓社会变迁的发展特点。当前白洋淀是雄安新区分布的重要风景名胜景区，也是大运河河北段沿岸唯一一个 5A 级景区。

《河北雄安新区规划纲要》中提出，雄安新区将构建"北城、中苑、南淀"的空间布局，并明确指出："坚持生态优先。将淀水林田草作为一个生命共同体进行统一保护、统一修复。通过植树造林、退耕还湿、水系疏浚等生态修复治理，强化对白洋淀湖泊湿地、林地以及其他生态空间的保护，确保新区生态系统完整，蓝绿空间占比稳定在 70%。"白洋淀作为"南淀"的主体，是整个雄安新区的环境支撑区。纵观世界著名城市地区的规划实践，生态支撑区已经越来越成为一个区域生活品质的代表性指标。"白洋淀作为华北平原独特的水文湿地，是人与自然和谐共处、相融相济的生态遗产，注重自然与人文景观共融，通过生态修复、蓄水涵养等，突出淀水特色，打造水韵苇海的文化生态景观，是雄安文化遗产环境保护的重要内容。"[1]所以，"生态"是白洋淀利用与开发的出发点。而目前白洋淀

---

[1] 田林、马全宝：《雄安新区文化遗产的保护利用与活力复兴》，《人民论坛》2018 年第 24 期。

景区内的景区类型相对繁杂，部分淀内村落还处在原始的粗放发展环境，并未开始全面治理，所以白洋淀历史文化遗存应当注重的核心策略是"还原"。

在我国生态文明建设的大背景下，白洋淀应当率先积极践行"绿水青山就是金山银山"的发展理念，实行生态修复。还原策略首先在于恢复白洋淀的原始生态环境，基于水污染治理的生态基础工作，在这方面雄安新区管委会已经取得了一定成效。同时应当放弃大部分人造景点，将原生白洋淀自然景观作为核心进行展示。规避传统景区开发的各种条条框框，在保障基础服务设施的条件下尽量将白洋淀开放给公众，使其真正成为河北的"黄石公园"，成为人民的休闲地、度假地和放松地，而不是"旅游目的地"。生态文化是生态文明建设中的重要一环，而真正白洋淀内原生的生态文化则是产生在生活于此的人民中间。统筹建设淀区水村，白洋淀区域人们长期依水而居。可以以水为生，利用便利的水陆交通条件，发展码头集镇进行商贸往来。还可以将水上村落进行复原，令水乡面貌和文化重现，形成河北地区极其缺少的水乡共融景观。此外，在抗日战争时期，白洋淀地区战事四起，白洋淀人民积极抗日，其中涌现出一批与敌军浴血奋战的英雄人物，留下了许多可歌可泣的英雄事迹。对于白洋淀地区的红色文化，应当采取"专区、专点、专展"的形式，在一个典型区域进行集中多元化展示，如建设"雁翎队红色淀区""红色水镇""红色水上露天电影院"等专题项目，使得红色文化成为镶嵌在白洋淀绿色湖面上的一颗红宝石。综合以上元素，积极申请建设国家级生态示范区，实施可持续发展战略，全面解决当前我国农村生态环境问题、实现区域经济社会与环境保护协调发展问题，以白洋淀作为模板，提供真正代表未来之城对于文化遗产保护的"雄安方案"。

（三）构建大清河入淀口国际创意湿地公园，形成雄安北部新生态文化支撑区

大清河，中国海河流域支流之一，又称上西河，因相邻的永定河、滹沱河两河均为多沙河流，而居中的大清河，河水清澈，因而得名。历史上，大清河中下游洪涝灾害频繁，随着中华人民共和国成立后的多年治理及气候变化导致的流量缩减，大清河成为保定、东淀农业区的主要灌溉水

源，也是白洋淀补水的重要来源。20 世纪 60 年代以前，大清河是保定地区至天津的主要航道，航运价值很大，是白洋淀北部的重要生态支撑区。大清河作为海河流域五大水系之一，分为南、北两系，白洋淀属大清河南支水系湖泊。根据目前的调研情况，大清河入淀口生态基底良好，周边村庄、设施较少，具备建设湿地文化公园的基础。但是雄安作为中国的千年大计，正在创造未来之城的模板，所以对于雄安新区来说，其大运河物质文化遗产保护需要含有"不创新不雄安"的基因。所以，大清河入淀口可以基于其生态环境优势，创新打造国际创意湿地公园，与白洋淀传统生态环境区共同支撑雄安新区蓝绿交织、清新明亮、水城共融愿景，突出其连接大运河的文化属性，将大运河文化基因赋能在大清河入淀区域内，构建雄安新区北部的新生态文化支撑区。

现代文化创意产业是以"科技"为核心支撑的。在大清河入淀口打造雄安国际创意湿地公园，应当强化文化与科技融合实质是产业的融合，文化产业依托高科技产业的技术手段或产出结果，以拓宽传统文化产业的表现形式和传播手段，提升文化产业的服务水平，催生新的文化产品、新的文化产业业态，实现具有国际示范效应的生态、文化、科技、创意完美融合体。尤其是雄安新区受到北方气候制约，秋冬季节景观环境不适宜大规模出游，而在此可以利用科技手段，打造世界首个人工智能季节主题功能区，利用技术手段将四季长远地保存在公园内，令来访的公众能够随时感受雄安新区四季运河风貌，实现对自然气候造成不利影响的"逆袭"，让世界感受雄安的文化与科技魅力。为丰富沿岸生态廊道植物群落，可对沿岸不同河段制定不同植物群落构建方案，合理布局湿地资源，提高区域生态调节功能，打造数字化的高品质景观效果。包括运用现代数字科技打造河谷科技文化创意数字景观带、森林文化科技创意营地、人工智能季节主题功能区、主题科技桥带、主题休憩及共享空间，完全突破自然条件限制，利用生态基底构建数字湿地形态。同时，科技创意手段可以结合其他文化遗产元素在数字景观上的运用和表达，将历史中大清河作为漕运枢纽、商贸码头的人文风景全面进行虚拟重构，形成"时光倒回"的空间胜景，构建集文化传播、自然生态、休闲康体为一体的新型生态文化公共空间。

第四节　沧州市

一、沧州市大运河物质文化遗产资源构成分析

调研整理沧州市物质文化遗产共计 39 处，统计其所属类别、所在区域、保护等级等信息，可用表 10-3 展示。

表 10-3　　　　　　　　　　沧州市物质文化遗产分布

类别	文化遗存	所在区域/地点	等级
运河本体类	南运河	吴桥、东光、南皮、泊头、沧县、沧州市区、青县等县市	世界文化遗产
水利设施类	东光连镇谢家坝	沧州市东光县	世界文化遗产/全国重点文物保护单位
	周官屯水利穿运枢纽	沧州市青县	全国重点文物保护单位
	捷地分洪闸设施	沧州市沧县	河北省级文物保护单位
	青县铁路给水所	沧州市青县	河北省级文物保护单位
	连镇铁路给水所	沧州市东光县	无
	南运河北陈屯枢纽	沧州市市区	无
建筑类	沧州旧城	沧州市沧县	全国重点文物保护单位
	清风楼	沧州市市区	省级旅游风景区
	孙福友故居	沧州市吴桥县	河北省级文物保护单位
	澜阳书院	沧州市吴桥县	河北省级文物保护单位
	正泰茶庄	沧州市市区	河北省级文物保护单位
	杜林石桥	沧州市沧县	河北省级文物保护单位
	沧州文庙	沧州市市区	河北省级文物保护单位
	吕宅	沧州市市区	市级文物保护单位

续表

类别	文化遗存	所在区域/地点	等级
古遗址类	马厂炮台及军事遗址	沧州市青县	全国重点文物保护单位
	海丰镇遗址	沧州市黄骅市	全国重点文物保护单位
	苦井甘泉遗址	沧州市吴桥县	市级文物保护单位
	沧州市面粉厂旧址	沧州市市区	市级文物保护单位
	东光码头沉船遗址	沧州市东光县	县级文物保护单位
	东空城遗址	沧州市青县	县级文物保护单位
	幞头城旧址	沧州市市区	无
	军桥旧址	沧州市市区	无
宗教类	泊头清真寺	沧州市泊头市	全国重点文物保护单位
	清真北大寺	沧州市市区	河北省级文物保护单位
	东光铁佛寺	沧州市东光县	河北省级文物保护单位
	水月寺	沧州市水月寺街	市级文物保护单位
	二郎岗永清观	沧州市东光县	县级文物保护单位
铸造/雕刻类	沧州铁狮子	沧州市沧县	全国重点文物保护单位
	孙膑石牛	沧州市吴桥县	河北省级文物保护单位
	南皮石金刚	沧州市南皮县	河北省级文物保护单位
	捷地石姥姆座像	沧州市沧县	县级文物保护单位
	捷地乾隆碑	沧州市沧县	县级文物保护单位
古墓群类	纪晓岚墓	沧州市沧县	全国重点文物保护单位
	赵兵部墓	沧州市青县	市级文物保护单位
	大邵庄汉墓群	沧州市青县	县级文物保护单位
	刘焘墓	沧州市市区	县级文物保护单位
古村镇类	兴济镇	沧州市沧县	无

(一)物质文化遗产分类

沧州市物质文化遗产分类含运河本体类、水利设施类、建筑类、古遗址类、古村镇类、宗教类、铸造/雕刻类、古墓群类 8 个类别，统计 8 个类别具体分布比例，如图 10-11 所示。

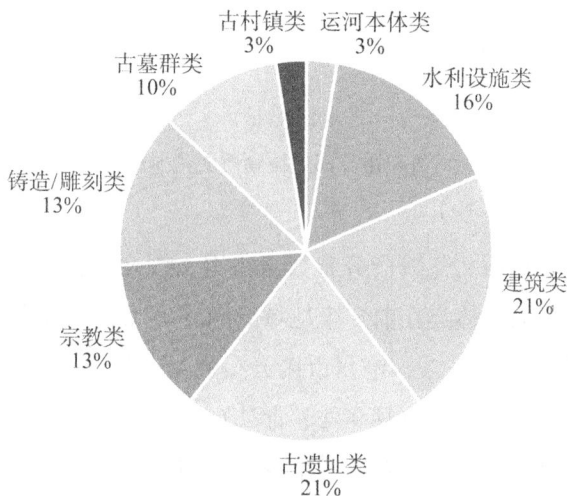

图 10-11　沧州市物质文化遗产分类

从整体分布来看，各类别分布较为平均，没有单个类别集中占比较高的情况，多为两个或三个类别之间分布占比较为相同。古遗址类和建筑类占比最高，均为 21%，古村镇类和运河本体类占比最低，均为 3%，四个类别总和将近 50%。其余四个类别占比差异性不突出，古墓群类占比较低，为 10%，水利设施类占比较高，为 16%，剩余铸造/雕刻类和宗教类两个类别各占比 13%。四个类别平分整体另外一半，也说明沧州市物质文化遗产分布较广，不同类别间占比呈正态分布，有明显规律性。

（二）物质文化遗产地域分布

1. 不同地域物质文化遗产分布数量

大运河沧州段物质文化遗产分别分布在吴桥县、东光县、南皮县、泊头市、沧县、沧州市市区、青县、黄骅市 8 个地域，统计不同地域物质文化遗产分布数量差异，可用图 10-12 展示。

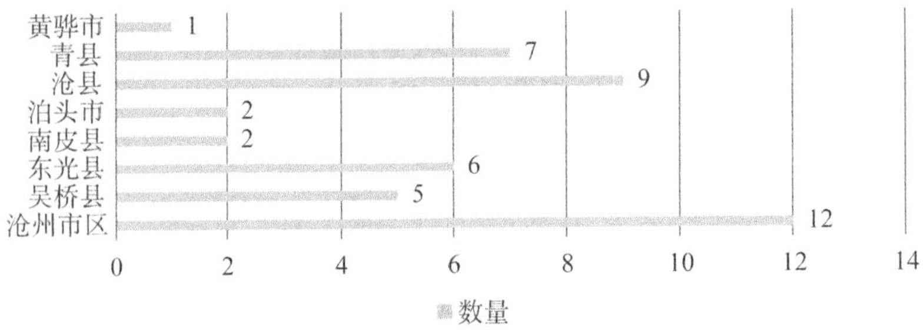

图 10-12　沧州市不同地域物质文化遗产分布数量

从不同地域物质文化遗产分布数量来看，因南运河流经除黄骅市的 7 个地域，因此运河本体类在前 7 个地域分布各一处，总体数量与之前统计 39 处略有差别。此外来看，沧州市区分布数量遥遥领先，有 12 处物质文化遗产分布；其余依次为沧县 9 处、青县 6 处、东光县 6 处、吴桥县 5 处；泊头市、南皮县、黄骅市分布数量最少，前两地各自分布有 2 处，黄骅市仅 1 处。

2. 不同类别物质文化遗产地域分布

统计各地域物质文化遗产不同类别分布的具体情况，可用图 10-13 展示。

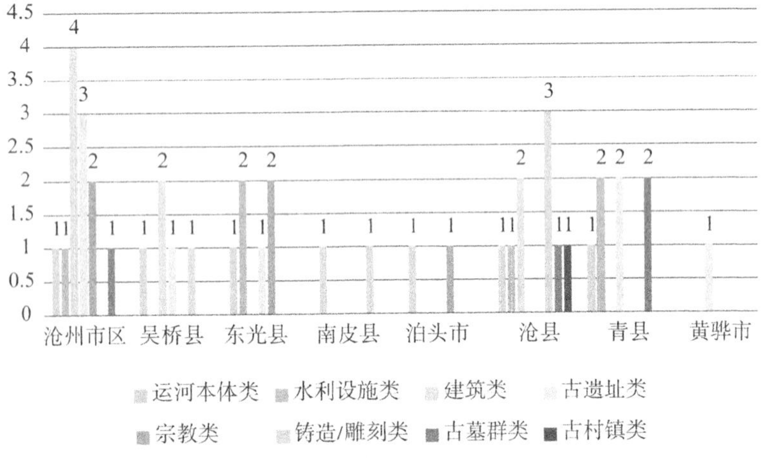

图 10-13　沧州市不同类别物质文化遗产地域分布

246

从不同类别分布数量来看，各类别在不同地域分布数量较为平均，多分布一处或两处，分布数量最多的是沧州市区建筑类 4 处。此外，沧州市区古遗址类和沧县铸造/雕刻类各 3 处，其他均为一两处或尚无分布。在不同地域分布类别多样性上，沧州市区和沧县分布类别多样性最多，均有 6 种类别分布；其次为吴桥县、东光县、青县，均有 4 种类别分布；南皮县、泊头市、黄骅市最少，仅一两种类别分布。此外，从不同类别在不同地域的分布来看，运河本体类即南运河在除黄骅市的 7 个地域均有分布，各为 1 处；水利设施类集中分布在东光县和青县，均有 2 处分布，沧州市区和沧县均分布 1 处；建筑类遗产分布也较为集中，仅分布在沧州市区、吴桥县、沧县，沧州市区分布 4 处，其余两地分布 2 处；古遗址类分散分布在 5 个地域，吴桥县、东光县、黄骅市各分布 1 处，青县 2 处，沧州市区 3 处；宗教类、铸造/雕刻类、古墓群类均分布在 3 个地域，宗教类在沧州市区、东光县、泊头市，铸造/雕刻类在吴桥县、南皮县、沧县，古墓群类在沧州市区、沧县、青县；古村镇类仅在沧县有 1 处分布。

（三）物质文化遗产保护等级

1. 物质文化遗产保护等级占比

沧州市物质文化遗产保护等级含国家级及以上、省级文物保护单位、市级文物保护单位、县级文物保护单位和其他 5 个类别，统计 5 个类别保护等级占比情况，如图 10-14 所示。

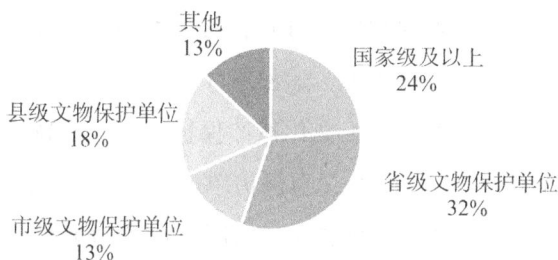

图 10-14 沧州市物质文化遗产保护等级占比

从分布比例来看，沧州市物质文化遗产整体保护等级较高，国家级及以上占比24%，省级文物保护单位占比32%；其他几个保护等级中，县级文物保护单位占比较高，为18%，市级文物保护单位和其他均占比13%。

2. 不同类别物质文化遗产保护等级分布

统计不同类别物质文化遗产具体保护等级情况，如图10-15所示：

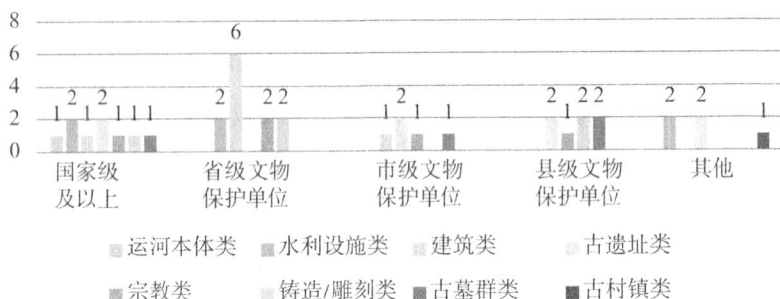

图10-15 沧州市不同类别物质文化遗产保护等级分布

从不同类别物质文化遗产保护等级分布数量来看，建筑类省级文物保护单位分布数量一枝独秀，有6处，其他类别中不同保护等级分布仅有一两处，分布数量较为平均。从不同保护等级分布类别来看，国家级及以上物质文化遗产保护单位分布类别最具多样性，有除古村镇类的7种类别分布；省级、市级、县级文物保护单位均有4种类别分布；其他保护等级为3种，由此也看出沧州市整体物质文化遗产保护等级较高。不同类别中基本均有国家级及以上文物保护单位分布，其他类别分布较少。在对不同类别物质文化遗产保护等级分析上，运河本体类仅南运河1处，为国家级及以上文物保护单位；水利设施类文化遗产保护等级也较高，有2处国家级及以上、2处省级、2处其他类文物保护单位分布；古遗址类文化遗产次之，有2处国家级及以上、2处市级、2处县级、2处其他类文物保护单位分布；建筑类文物保护单位较为集中，集中分布于省级文物保护单位，国家级及以上和市级文物保护单位都仅1处；此外，宗教类、铸造/雕刻类、古墓群类均有 1 处国家级及以上文物保护单位分布，其他省级、市级、县级分布不等；古村镇类保护等级最低，目前尚无保护等级。

3. 不同地域物质文化遗产保护等级分布

经统计大运河沧州段流经 8 个地域物质文化遗产保护等级具体分布情况，可用图 10-16 展示。

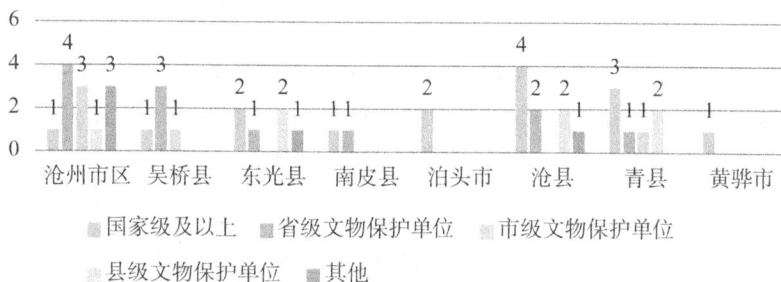

图 10-16　沧州市不同地域物质文化遗产保护等级分布

从不同地域物质文化遗产保护等级整体来看，沧县物质文化遗产保护等级最高，有国家级及以上物质文化遗产 4 处，省级、县级文物保护单位各 2 处，尚无保护等级单位 1 处；其次为青县，含国家级及以上文物保护单位 3 处，省级、市级文物保护单位各 1 处，县级文物保护单位 2 处；东光县、泊头市文物保护等级也较高，泊头市 2 处物质文化遗产均为国家级及以上文物保护单位，东光县也有 2 处国家级及以上文物保护单位，其他省级、县级、其他类别文物保护单位也均有分布；沧州市区、吴桥县、南皮县、黄骅市都仅 1 处国家级及以上文物保护单位分布，相较其他地域文物保护等级较低。

从不同地域物质文化遗产保护等级分布多样性来看，沧州市区保护等级分布类别最多，含国家级、省级、市级、县级、其他 5 种类别，省级文物保护单位分布数量最多，有 4 处，在单个类别中与沧县国家级及以上文物保护单位分布并列最多；东光县、沧县、青县保护等级分布类别也较多，均有 4 类分布，东光县和沧县尚无市级文物保护单位分布，青县尚无其他类别文物保护单位分布；此外，吴桥县有国家级、省级、市级3类文物保护单位分布；南皮县有国家级和省级两类文物保护单位分布；泊头市和黄骅市仅国家级及以上一类文物保护单位分布。

二、大运河沧州段物质文化遗产保护性开发策略

(一)强化运河根本为基础，逐步实现区内互联

沧州市作为运河河段流程最长的城市，全长215千米，占据京杭大运河整体的1/7，与其他流经区域不同，作为河北段最具有运河文化基因的沧州市，其运河物质文化遗产保护性开发的基础首先应该为运河的治理与通航。大运河河北段大部分位于黑龙港及运东平原，属于典型的资源型缺水地区，多数年份干旱缺水。特别是20世纪80年代以来，由于人类活动和气候变化影响，地表水量锐减，部分河段常年断流，这是大运河河北段物质文化遗产保护性开发面临的基本问题之一。从大运河河北段整体来看，都存在着水资源承载能力不足、河道内生态用水难以持续保障、遇连续枯水年保障能力严重不足等突出问题。大运河沧州段经历漫长的历史变迁，河道走向、水质情况已发生重大变化，改革开放初期，曾因追求经济效益导致水质污染、乱占土地、乱丢垃圾等现象时有发生。根据《河北省大运河文化保护传承利用实施规划——河道水系治理管护专项规划》中提供的数据，主要流经沧州的南运河水资源条件较差，河道径流主要承接卫运河来水，由于水质、管理等多种因素，四女寺枢纽基本未向南运河分水，常年处于断流状态。南运河作为引黄济津、位山引黄等工程的输水河道，输水期间河道内有水。根据近10年来数据，沧州市安陵水文站总径流量为18.5亿立方米，其中引水总量为14.2亿立方米，污水排放总量为4.3亿立方米。

大运河既是承载大运河文化的基础物质载体，也是实现生态保护与经济发展协调统一的重要媒介，所以基于大运河河北段的整体发展着眼，沧州段应该作为全省大运河复航的重点进行打造。根据河北省交通部门提出的通航功能定位，通航需水量按照Ⅵ级航道等级的标准进行计算。根据

《内河通航标准》(GB50139—2014), VI级通航要求的航道标准为: 天然河流航道宽度30米、水深1.0~1.2米, 弯曲半径180米; 运河等限制性航道宽度20米、水深2.0米, 弯曲半径110米。结合河北省大运河各段河道实际情况, 北运河、卫运河、卫河、赵王新河及大清河按照天然河道航道标准, 南运河按照限制性航道标准计算通航需水量。在此基础上, 当地相关部门可进行沧州段范围内的整体建设规划, 合理安排运河文化廊道空间结构, 综合休闲娱乐、文化教育、生态保护、旅游观光等功能于一体。不仅需要着眼于文化传承与生态保护, 还需要重视文创产业发展, 彰显运河文化公园的经济价值, 为区域经济发展注入新的活力, 全面开展大运河文化带建设, 推出文化遗产保护示范项目, 树立传统文化品牌; 推出传统文化数字体验场景; 布局特色博物馆; 搭建传统文化精品线路, 构建起文化旅游、文博衍生、数字历史文化等创造性转化产业集群; 持续提高公共文化服务水平, 推动城乡公共文化设施一体化建设, 建设城市书屋、流动美术馆、非遗传习所等一批"小、特、精"的特色文化空间, 实现沧州段运河文化空间的全域覆盖。

(二)市区历史遗存丰富, 重点建设运河文化精品廊道

大运河沧州段南起吴桥县, 流经东光县、南皮县、泊头市、沧县、沧州市区等地, 最终至青县李又屯村北流出。在调研过程中, 沧州段的运河物质文化遗产达39处, 占河北段整体物质遗产点的60%, 是河北段的精华所在。所以, 沧州段大运河物质文化遗存的主要特征是数量多, 且位于市区, 这在整个河北段中都是唯一的, 也是沧州段重要的保护性开发基础。

在对沧州段沿岸物质文化遗产的保护上, 当地政府目前已采取系列措施, 进行大运河沧州段全线遗产考古勘察, 对保护现状较差、损毁明显的历史遗存进行集中性保护与修复。此外, 积极开展沧州博物馆的建设筹划, 开设专门的大运河文化展厅, 利用传统和现代化科技手段向公众展示运河沿线遗址、出土文物、民俗文化等, 是传承和发扬运河历史文化的有益实践。但从历史遗存的保护管理现状看, 效果不甚理想, 经历史积年消

耗、风化和损毁，运河沿岸仅水工设施遗存、碑刻、古建筑类保护较好，但遗址类遗产保存现状较差，多处遗址仅剩余柱顶石、残碑和柱座。针对物质文化遗产的开发利用，当地政府需找好文化遗产保护与开发的平衡点，对于历史文化资源的开发进行适宜性评价和可行性论证。对于保护现状较差的物质文化遗产如水月寺、幞头城旧址、东光码头沉船遗址、沧州旧城遗址等，需坚持保护先行的原则，并加强数字化管理员与监控，运用科技手段强化遗产保护性开发。而像一些运河水利、军事设施如捷地分洪设施、连镇谢家坝，马厂炮台及军事遗址等，因其所在地较为偏远，交通不便，重点还在于保存历史原貌，不适宜进行旅游开发。

依靠博物馆中的运河展厅展示大运河文化是远远不够的，运河物质文化遗产保护性开发也必须"可观、可感"。围绕"活化"大运河文化，沧州段首先应当利用成熟的市区配服务体系，打造一条现代运河航运文旅线路，参考天津海河、苏州运河航运等成熟水上文旅线路，重点构建市区内的运河航运文旅线路。将目前市区内保护条件较为好的建筑类遗址、运河本体类遗址充分利用，形成沧州段物质文化遗产保护性开发的主阵地。其次，在运河航运沿岸，应该利用现有的运河桥梁、建筑为主要节点，构建沿岸运河文化长廊体系、运河休闲街区，保留老驳岸、老码头原貌，修旧如旧。最后，若想点亮沧州段整体的运河物质文化遗产保护，必须下大功夫针对有较为集中的物质文化遗产区域，重点利用市区庙堂、运河水街、非遗文化街等形式，如沧州文庙、清真北大寺、沧州面粉厂旧址、正泰茶庄、清风楼、军桥等，采取"再活化"策略进行整体打造。在此基础上，充分保留周边老宅、老街巷，进行历史人文修复，发展特色游、特色民宿等旅游业态，汇集相声曲艺、非遗体验、中华老字号等文化业态，定期举办文化体验、民俗活动表演、运河游船等活动等，将最具有河北段区域特色的沧州运河古城风貌整体传承保护下来，形成城市运河文化精品廊道。

(三)多点重现运河小镇，全面增强运河文化体验

自东汉末年曹操开凿白沟起，大运河沧州段已有上千年的发展历史，区域内的民众生活和社会生产都已带有明显的运河特征，沧州的发展也与

运河密不可分。随着运河兴起而产生的沧州武术、吴桥杂技、船工号子等，都是沧州宝贵的文化财富，利用好这些珍贵的文化遗产，提取其代表性的运河符号，挖掘其深厚的历史文化底蕴，打造特色文旅小镇，对运河沿岸文化遗产的传承保护利用具有重要意义。

而且目前，沧州市大运河沿线已重点打造了一部分文化名镇，初步形成了"一线多珠"的发展格局，即以大运河为轴线，串联沿线各区县的文化特色小镇。其中包括集杂技演绎观摩、互动体验、教学培训、观光游览于一体的吴桥杂技文化名镇，拥有万亩生态林带的东光生态文化名镇，全方位展示古沧州历史风貌和铁狮特色文化的沧州旧城遗址与铁狮文化名镇，弘扬运河经典地方风味美食的兴济运河小吃名镇，多次荣获"中国红木家具之乡""中国运河古家具文化之都"等荣誉的青县红木文化名镇，以及泊头手工业名镇、沧州武术文化名镇7个特色名镇。在此基础上，还可以进一步挖掘和筛选特色文化突出的城镇和重要景观节点，如捷地分洪闸、东光谢家坝段"最美运河"等，列入大运河精品旅游线路建设项目库，进一步推动"一线多珠"格局的协同发展。

而在这其中，"武术之乡"与"杂技世界"是代表整个大运河河北段的重要标签，全部集中在沧州段内，所以这两个区域文化重点将成为沧州段运河物质文化遗产主要承载的内容。历史上，因运河漕运发展，沧州"居九河之险，通八省之衢，辖漕运之咽喉"，成为多地商品货物运输的必经之地，因此需要雇佣习武人士为镖师以保证物品及人身安全。据《沧县志》描述："白山黑水之间，尤为吾沧镖客肩摩之地，是亦沧人之特色也。"沧州人多有尚武风气，到明清时期，沧州就出过近两千名武进士或武举人，由此也推动了沧州武术文化的传承发展。沧州目前有多种不同种类非遗武术的传承，如燕青拳、劈挂拳、杨氏青萍剑、戳脚翻子拳等，它们构成了沧州武术的基础和发展脉络。所以，目前沧州已经在重点打造沧州武术文化小镇。此外，吴桥杂技也是沧州特色的文旅发展项目，司马迁《史记》中记载，"蚩尤氏头有角，与黄帝斗，以角抵人，今冀州为蚩尤戏"，由这场发生在古冀州的蚩尤和黄帝的战争演化的"角抵戏"成为杂技的雏形，而吴桥县就位于古冀州。历史上，吴桥杂技的发展传播也与运河息息相关，漕运的兴盛使杂技艺人得以向人口密集、经济发达的地区表演谋生,历史运河沿线大城市也曾成为艺人活动聚集地,也被称为"杂八地"。当前吴桥县发展出吴桥杂技大世界旅游项目,已发展成为运河沿线较为成熟的4A级景区,集休闲娱乐、杂技表演、戏剧歌舞、动物参观、文物展览于一体,展现了杂技艺术的独特魅力和文化风采。

第五节　衡水市

一、衡水市大运河物质文化遗产资源构成分析

调研整理衡水市物质文化遗产共计12处,统计其所属类别、所在区域、保护等级等信息,可用表10-4展示。

表 10-4 　　　　　　　　　**衡水市物质文化遗产分布**

类别	文化遗存	所在区域/地点	等级
运河本体类	南运河	故城、景县、阜城	世界文化遗产
	卫运河	故城县	世界文化遗产
水利设施类	郑口挑水坝	衡水市故城县	全国重点文物保护单位
	华家口夯土险工	衡水市景县	世界文化遗产/全国重点文物保护单位
	戈家坟引水闸	衡水市阜城县	无
建筑类	庆林寺塔	衡水市故城县	全国重点文物保护单位
	开福寺舍利塔	衡水市景县	全国重点文物保护单位
古遗址类	山西会馆遗址	衡水市故城县	无
宗教类	十二里庄天主堂	衡水市故城县	河北省级文物保护单位
古村镇类	白草洼村	衡水市景县	无
古墓群类	封氏墓群	衡水市景县	全国重点文物保护单位
	高氏墓群	衡水市景县	全国重点文物保护单位

（一）物质文化遗产分类

衡水市物质文化遗产含运河本体类、水利设施类、建筑类、古遗址类、宗教类、古村镇类、古墓群类 7 个类别，统计各类别具体占比情况，可用图 10-17 展示。

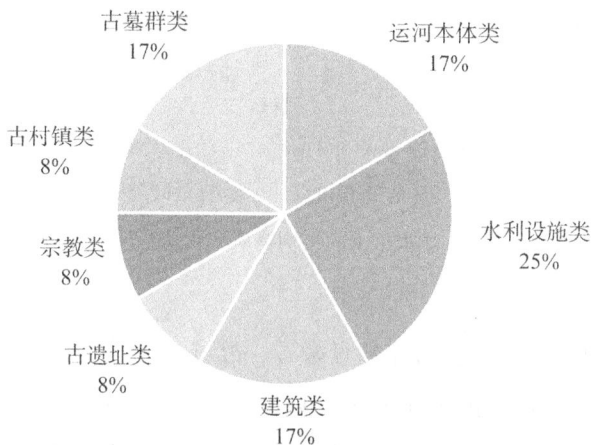

图 10-17 衡水市物质文化遗产分类

从不同类别占比来看，不同类别分布较为平均，单一类别中水利设施类占比最高，为 25%。其他多个类别占比多出现比例相同情况，如运河本体类、建筑类、古墓群类均占比 17%，古遗址类、宗教类、古村镇类均为 8%。古遗址类、宗教类、古村镇类三者占比总和与水利设施类相似，均分整体的 1/4，而其占比总和又是运河本体类、建筑类、古墓群类三者总和的 1/2，即运河本体类、建筑类、古墓群类三者总和平分整体剩余的 1/2。

（二）物质文化遗产地域分布

大运河衡水段流经故城县、景县、阜城县三个地域，统计三地物质文化遗产不同类别分布情况，如图 10-18 所示。

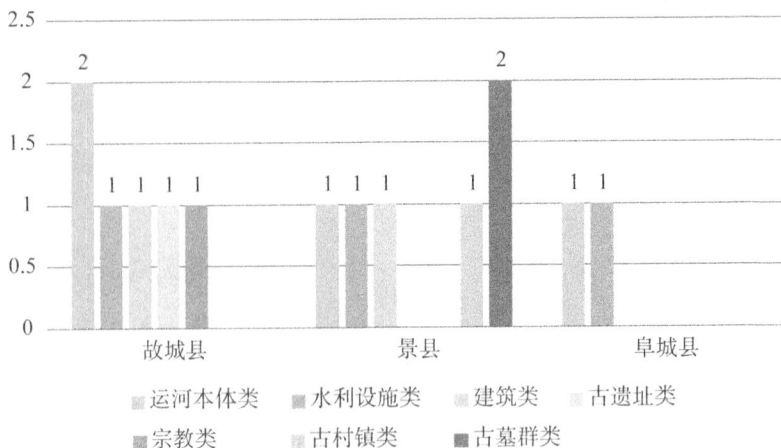

图 10-18　衡水市不同类别物质文化遗产地域分布

从三地物质文化遗产分布数量来看，故城县和景县分布数量相同且最多，均有 6 处，阜城县分布数量较少，仅 2 处。衡水市境内流经南运河、卫运河两条河段，南运河流经故城、景县、阜城三地，卫运河仅流经故城县，因此运河本体类故城县分布有 2 处，景县、阜城县各 1 处。在其他类别中，景县古墓群类也分布有 2 处，其余类别在三地仅分布 1 处或尚无分布。从三地物质文化遗产分布类别来看，故城县和景县均有 5 种类别分布，而阜城县仅有两种类别分布。除运河本体类外，水利设施类遗产在三地也均有分布；建筑类遗产在故城、景县两地分布；其他类别古遗址类和宗教类在故城县有分布，而古村镇类和古墓群类分布在景县。

(三)物质文化遗产保护等级

1. 物质文化遗产保护等级占比

衡水市物质文化遗产保护等级分布国家级及以上、省级文物保护单位和其他三种类别，统计三种物质文化遗产保护等级占比，可用图 10-19 展示。

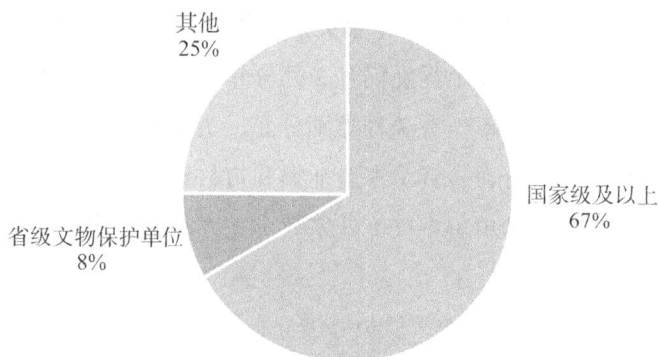

图 10-19　衡水市物质文化遗产保护等级占比

整体来看，衡水市物质文化遗产保护等级分布较为单一，仅有三种保护等级分布，但保护等级高，国家级及以上占比 67%，占整体比例的 2/3；省级文物保护单位占比 8%，两者总和已占整体的 3/4；其他类别保护等级占据 25%，是整体的另外 1/4。

2. 不同类别物质文化遗产保护等级分布

统计不同类别物质文化遗产具体保护等级情况，如图 10-20 所示。

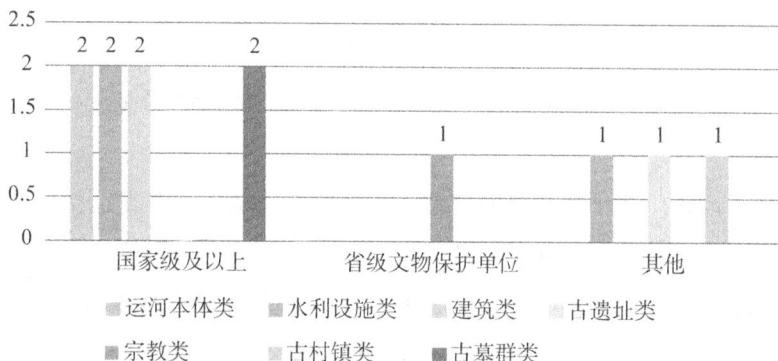

图 10-20　衡水市不同类别物质文化遗产保护等级分布

从不同类别物质文化遗产保护等级来看，国家级及以上文物保护单位分布类别多样且数量多，有运河本体类、水利设施类、建筑类、古墓群类 4 种类别分布且数量均为 2 处，4 个类别保护等级均较高，其中运河本体类、建筑类和古墓葬类 3 个类别仅有 2 处分布且均为国家级及以上保护等级；其他类别文物保护单位有 3 种类别分布，为水利设施类、古遗址类和古村镇类，均为 1 处分布，其中古遗址类和古村镇类仅 1 处分布且均无保护等级；省级文物保护单位中仅 1 处宗教类遗产分布，也仅 1 处没有其他保护等级分布。

3. 不同地域物质文化遗产保护等级分布

统计故城、景县、阜城三地物质文化遗产保护等级具体情况，可用图 10-21 展示。

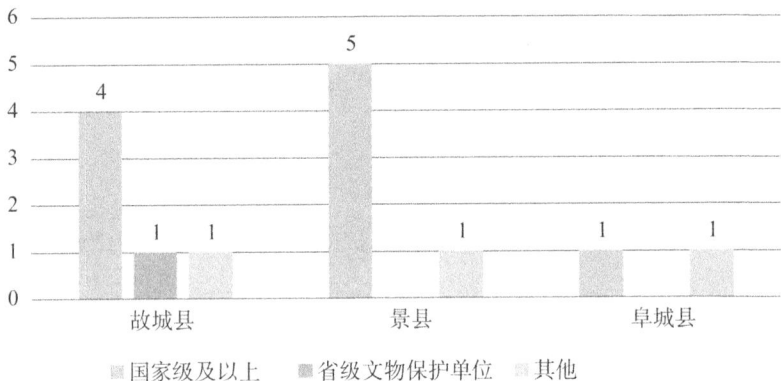

图 10-21　衡水市不同地域物质文化遗产保护等级分布

从三地物质文化遗产保护等级分布来看，故城县三个类别保护等级均有分布，国家级及以上分布最多，有 4 处，省级文物保护单位和其他均有 1 处分布；景县国家级及以上文物保护单位分布相较其他两地分布最多，有 5 处，此外其他类别保护单位还有 1 处分布；阜城县有国家级及以上和其他类别各 1 处分布。对三地物质文化遗产保护等级排序，景县遗产保护等级最高，故城县次之，阜城县最低。

二、大运河衡水段物质文化遗产保护性开发策略

(一)高等级水利设施类物质文化遗产以保护为主导

通过对衡水市运河沿岸物质文化遗产资源构成分析，可看出大运河衡水段沿岸物质文化遗产主要特征为分布数量少，但是分布集中且保护等级高，又以水利设施类遗产分布数量最多。其中以郑口挑水坝和华家口夯土险工为代表，作为全国重点文物保护单位，两处水利遗产更是代表了当地古代人民治水智慧的最高成就，也是整个大运河河北段最为精华的水利设施类物质文化遗产。如今随着社会的变迁，衡水段运河虽已不复水利运输功能，但沿岸物质文化遗产却是运河仍然发挥着防汛、排涝的重要作用，对于这些重要的水利设施类物质文化遗产，由于地处偏远，交通、区位条件均不占优势，故应该以保护和维护其现有水利功能为主导，使其成为大运河衡水段的标志性活化地标。

目前，景县、故城县和阜城县三县都成立了大运河保护管理委员会，负责当地运河河段的管理、保护工作，积极推进运河文物资源调查，梳理大运河沿线重点文物抢救保护项目，集中修缮、整治了一批具有典型运河遗产价值的文物点。同时重点加强了对文化遗址周边的环境整治，开展周边运河重点遗址的卫生清洁工作，还加强了对运河沿岸建设活动的管控，严格履行审批手续，控制建筑的风格、体量等。在具体文化遗产保护管理项目上，如景县对于华家口夯土坝开展的系列保护管理措施，针对坝体整体下沉、木桩糟朽、下部淤积、多处开裂，局部开始分化酥碱等问题，当地相关部门在坝体保护加固过程中通过采用糯米、石灰夯筑工艺"修旧如旧"，为防止遗址被蓄意破坏，还在坝体上安装了监控摄像头，最大限度地保存险工的原真性与完整性。

(二)改善运河生态，重点发展卫运河生态旅游产业

根据河北省住建厅发布《河北省城镇体系规划(2016—2030年)》，规划确定衡水市为生态宜居的滨湖园林城市，促使衡水市准确定位，抓住机遇加快发展绿色经济。衡水市分布有国家级自然保护区衡水湖，又有故

城、景县、阜城三县大运河分支卫运河汇入，因而有条件打造生态宜居城市，发展绿色经济。由此便需要充分利用衡水市自身现有的自然和水利资源，扩展衡水湖绿色生态廊道，改善运河水利生态，推动卫运河沿岸生态旅游观光项目的开发打造，完善相关配套基础设施建设，将绿色生态有效融入城市经济发展建设。故城县于2015年已建设完成运河风情公园，立足"运河风情文化展示、县城居民休闲娱乐"定位，将公园打造成一个运河文化气息浓郁、运河景观优美、适宜县城居民休闲的运河文化游览区，成为大运河河北段沿线较为综合的大型运河文化主题公园。在此基础上，其他地区运河文化公园的建设可进行再延伸、扩展和深化，打造集休闲娱乐、文化展示、观光旅游等各种功能为一体的运河生态景观。

发展卫运河沿岸生态旅游观光项目，可通过打造运河特色养殖、特色垂钓、特色采摘等旅游项目，加之完善相关服务和基础设施保障，吸引周边游客观光体验。当前三县已建成的生态旅游项目中，包含故城县东大洼农业休闲观光区、以岭康养庄园以及阜城县刘老人百年梨园景区，主要发展项目为农业观光和康养娱乐，且景区等级均为3A及以下，旅游项目较为单一，规模较小，难以形成知名度和影响力较高的的品牌。因此，在此基础之上，未来生态旅游项目可朝多元项目体验、打造水上娱乐设施、改造运河景观、扩大项目规模等思路发展。

（三）以大运河文化为基础，串联周边遗产文旅线路

大运河衡水段沿岸全国重点文物保护单位分布集中水利设施类、建筑类、古墓群类三个类别，几处国家级物质文化遗产均有着悠久的历史和较高的历史文化价值，如庆林寺塔和开福寺舍利塔都是始建于北宋初期的寺庙古塔，建筑工艺精致独特，典藏佛经佛像等文物，对研究宋代建筑和佛教文化都有着较高的价值。南北朝时期的高氏墓群、封氏墓群见证着历史上一个家族的兴衰演变，所出土的文物是研究其所处时期政治、经济、文化的珍贵实物资料。这些类别的遗址通常带有较强的文化属性，易于进行现代文旅产业化的开发，但是需要以大运河这个大 IP 进行拉动，以点带面，串联沿线其他中小遗址景点，打造运河精品历史文化游线路。如华家口夯土险工作为世界文化遗产点，受到不少游客关注，景县可以华家口夯

土坝景点开发建设为重点，将周边高氏墓群、封氏墓群、开福寺舍利塔等历史遗产资源有效整合，推出带有景县历史特色的精品旅游路线，还可以发展周边运河古村镇白草洼村特色乡村游，提供特色农家菜和民宿等旅游服务，丰富游客体验，延长文旅产业链。故城县可通过郑口挑水坝为主体打造运河文旅品牌，串联周边山西会馆遗址、庆林寺塔、十二里庄天主堂等文化资源，发展故城特色运河遗产游。以衡水本地深厚历史文化底蕴为依托，深入挖掘当地董子文化、运河文化等元素，借助文化体验游、研学游、健康游、乡村游等方式，打造精品文化旅游线路，全方位展示衡水的历史文化风采，为衡水文旅产业的发展起到推动作用。以此为鉴，运河沿岸三个县域可充分利用当地运河文化元素，再结合当地特色的非遗文化和历史文化，发展乡村文旅产业，打造特色文旅发展品牌。

第六节　邢台市

一、邢台市大运河物质文化遗产资源构成分析

调研整理邢台市物质文化遗产共计 19 处，统计其所属类别、所在区域、保护等级等信息，可用表 10-5 展示。

表 10-5　　　　　　　　邢台市物质文化遗产分布

类别	文化遗存	所在区域/地点	等级
运河本体类	卫运河	临西、清河	世界文化遗产
	永济渠	临西县	世界文化遗产
水利设施类	油坊码头	邢台市临西县	世界文化遗产/全国重点文物保护单位
	朱唐口险工	邢台市清河县	全国重点文物保护单位
	尖冢码头	邢台市临西县	无
	丁家码头	邢台市临西县	无
	渡口驿码头	邢台市清河县	无

续表

类别	文化遗存	所在区域/地点	等级
古遗址类	临清古城遗址	邢台市临西县	全国重点文物保护单位
	贝州故城遗址	邢台市清河县	全国重点文物保护单位
	陈窑窑址	邢台市临西县	河北省级文物保护单位
	杜村遗址	邢台市清河县	河北省级文物保护单位
	龙潭寺遗址	邢台市临西县	市级文物保护单位
	益庆和盐店旧址	邢台市清河县	无
宗教类	八里圈清真寺	邢台市临西县	河北省级文物保护单位
	元侯祠	邢台市清河县	世界文化遗产/县级重点保护文物
	崇兴寺	邢台市清河县	无
古村镇类	仓上村	邢台市临西县	无
铸造/雕刻类	拆堤开沟碑	邢台市清河县	无
古墓葬类	冢子村古墓	邢台市清河县	河北省级文物保护单位

（一）物质文化遗产分类

邢台市物质文化遗产含运河本体类、水利设施类、古遗址类、宗教类、古村镇类、铸造/雕刻类、古墓群类 7 个类别，统计各类别具体占比情况，可用图 10-22 展示。

整体来看，不同类别占比差异性较为显著，头部效应明显，古遗址类和水利设施类较其他类别占比较高，分别为 32% 和 26%；宗教类和运河本体类次之，分别是 16% 和 11%，二者总和仅与水利设施类分布数量相近；古村镇类、铸造/雕刻类、古墓葬类占比最低且比例相同，均为 5%，三者总和不足整体五分之一，仅与宗教类占比相似。

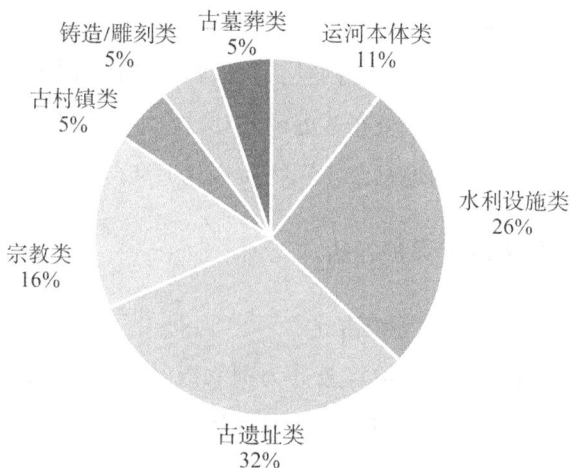

图 10-22　邢台市物质文化遗产分类

（二）物质文化遗产地域分布

大运河邢台段流经临西县和清河县两个县域，统计两地不同类别物质文化遗产具体分布情况，可用图 10-23 展示。

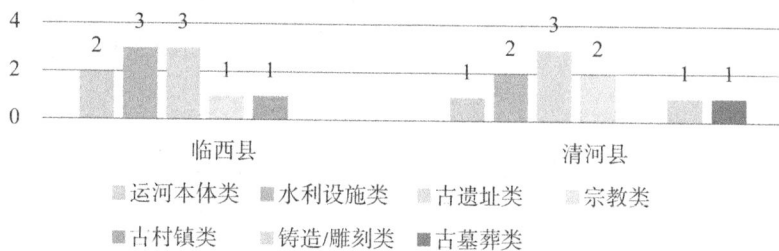

图 10-23　邢台市不同类别物质文化遗产地域分布

从两地物质文化遗产分布数量和类别来看，两地分布数量均等且分布类别多样性也相近，临西县有除铸造/雕刻类和古墓葬类的 5 种类别分布，清河县有除古村镇类的 6 种类别分布。具体从两地不同类别分布数量差异

263

来看，也没有较大差异性，单个类别在不同地域分布数量最多为 3 处，分别是临西县水利设施类、古遗址类和清河县古遗址类；因卫运河流经临西和清河两地，而永济渠分布在临西县，所以临西县运河本体类分布有 2 处，清河县 1 处，其他不同类别分布 2 处的物质文化遗产分别是清河县水利设施类和宗教类；此外，两地剩余类别物质文化遗产分布都仅有 1 处。

（三）物质文化遗产保护等级

1. 物质文化遗产保护等级占比

邢台市物质文化遗产保护等级分为国家级及以上、省级、市级、县级文物保护单位和其他五种类别，统计五种物质文化遗产保护等级占比，可用图 10-24 展示。

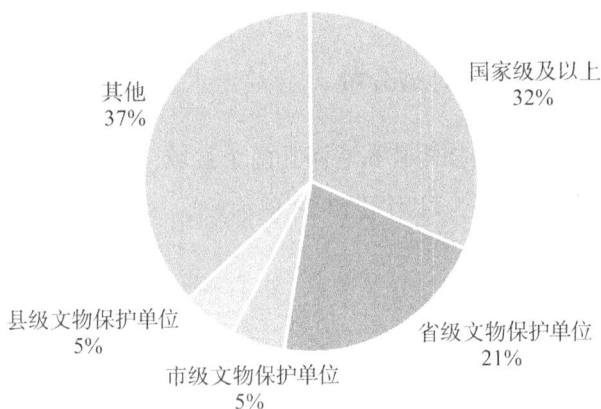

图 10-24　邢台市物质文化遗产保护等级占比

从物质文化遗产不同保护等级具体占比来看，保护等级集中分布在其他类别和国家级及以上两个类别中，分别占比 37% 和 32%，两者总和已占据整体比例近 70%；市级和县级文物保护单位分布最少，均占整体 5%；省级文物保护单位占比 21%。国家级及以上和省级文物保护单位总和占比为 53%，与市级、县级、其他类别文物保护单位总和占比 47% 相似，两大类别分别代表较高保护等级和较低保护等级，近似平分整体一半，说明邢台市物质文化遗产保护等级分布较有规律性。

2. 不同类别物质文化遗产保护等级分布

经统计，不同类别物质文化遗产保护等级分布具体情况，如图 10-25 所示。

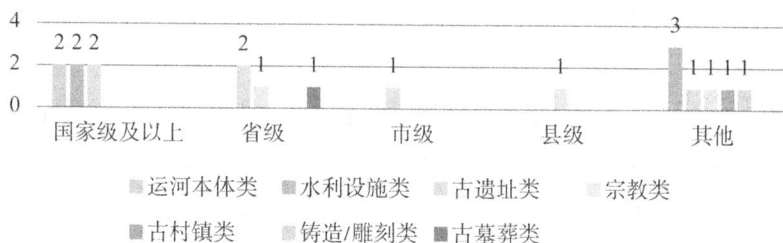

图 10-25　邢台市不同类别物质文化遗产保护等级分布

在 19 处物质文化遗产中，其他保护等级分布数量最多，有 7 处，其中水利设施类有 3 处分布，为单个类别保护等级中分布数量最多的 1 类；其次为国家级及以上有 6 处分布，省级 4 处，市级和县级均为 1 处。从分布多样性来看，其他保护等级有除运河本体类和古墓葬类的 5 种不同类别分布，相比其他保护等级最具分布类别多样性；国家级及以上有和省级文物保护单位均有 3 种类别分布；市级和县级各 1 种类别，共计 13 种分布类别。具体从不同类别保护等级来看，运河本体类保护等级最高，2 处均为国家级及以上文物保护单位；古遗址类次之，有 2 处国家级、1 处省级、1 处市级文化遗产；其次为水利设施类，2 处国家级及以上文物保护单位和 3 处其他保护等级；宗教类和古墓葬类有省级文物保护单位分布再次；古村镇类和铸造/雕刻类保护等级最低。

3. 不同地域物质文化遗产保护等级分布

经统计，临西县和清河县两地物质文化遗产保护等级具体情况，如图 10-26 所示。

整体来看，临西县和清河县均有四类保护等级分布，且不同保护等级

265

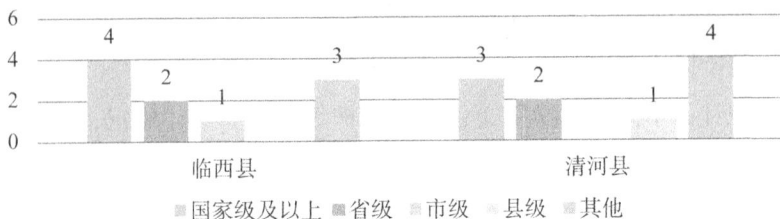

图 10-26　邢台市不同地域物质文化遗产保护等级分布

分布数量均为 1、2、3、4 数量分布，有着较强的规律性，仅在数量分布保护等级类别上存在差异。临西县物质文化遗产保护等级整体略高于清河县，两地均有 2 处省级文物保护单位，临西县有 4 处国家级及以上文化遗产分布，清河县有 3 处；其他保护等级分布的比较中，临西县分布 3 处，清河县有 4 处；此外，临西县有 1 处省级文物保护单位，清河县为 1 处县级文物保护单位。

二、大运河邢台段物质文化遗产保护性开发策略

(一)重点打造永济渠遗址生态文化公园，形成区域文旅新支撑

大运河邢台段自清末以后改造较少，河道、堤防等水利设施基本保持原貌，自然原生的河岸景观与传统农业时代的田园风光亦较好延续，原真呈现了漕运时代的运河景观和北方平原田野景观格局。"河—滩—堤—林—田—草"特色突出，形成了蓝绿交织、天人相谐的景观特点。永济渠南段自沁河口向北，经今河南、河北、山东等地域，抵今天津市。自隋朝开凿永济渠后，历代帝王屡有修浚，水流走向和河流名称也常有变化。永济渠本是为当时经济和军事发展需要而开凿的人工运河，但其经漫长的历史发展，已成为南北水路交通大动脉，承担起军事运输、南北交流、商贸往来等多项功能，给沿线居民的生活发展带来深刻变化。虽然永济渠大部分已不复存在，仅在邢台段还有少部分未断流，是整体大运河中少有的古老遗址。邢台段应当首先做好永济渠遗址的整体考察和保护工作，挖掘其

历史发展中的文化底蕴，恢复沿岸生态环境，深入开展永济渠物质文化遗产资源调查，围绕河工文化、商贸文化、营城文化、原生景观等历史文化价值特色，利用遥感等现代技术，对运河及相关物质文化遗产进行信息数据采集、梳理鉴定，甄别大运河遗产及关联资源，完善永济渠相关文化遗产名录。全力打造永济渠遗址生态文化公园，形成区域文旅新支撑。

（二）强化遗址类文化遗存考古发掘，重点规划古城遗址文旅项目

邢台市历史悠久，秦汉时期属巨鹿郡，隋唐宋金时期称邢州，元明清时期称顺德府，至今已有 3500 多年的建城史，为河北省最古老的城市，悠久的历史造就了邢台深厚的历史文化底蕴和丰富的文化遗产遗存。自大运河开凿由南向北流经邢台临西、清河两县，给沿岸留下了丰富的历史文化遗址，如古城遗址、古村落遗址、寺庙遗址、商铺遗址等。据调研结果，古遗址类遗产较其他类别分布数量最多，且临清古城遗址、贝州故城遗址均为全国重点文物保护单位，在城镇空间结构的塑造中起到了决定性作用，如今沿线的城镇体系仍能体现出运河对其空间结构的影响，而其承载的营城文化别具特色，有较高的历史文化价值。

大运河邢台段是邢襄文化、齐鲁文化等多元文化交融互动的空间，是南来北往文化交流的重要节点。这也是因为运河河道距市区距离较远，受城市化影响较小，没有经过过度的开发和人为破坏，较完整地保存和还原了历史遗址的原真面貌，许多遗址类遗产也得以存留至今。当前发展邢台运河文旅产业，可重点从历史文化遗址的保护开发入手，加强对历史遗存的考古挖掘，规划不同古城遗址间的旅游路线，整合相关历史文化资源，发展特色文旅项目。首先，邢台段沿岸历史遗存丰富且文化价值高，如建于北魏时期的临清古城遗址有着丰富的地下文物埋藏，曾出土过宋代六大瓷系、五大名窑中的大部分瓷器，是研究冀南平原旧城面貌、风土人情和城市发展的重要资料。诞生于宋代的贝州故城遗址与历史名人窦太后、王则、崔浩等都有着较深的渊源；还有因龙潭寺遗址中"潭"字命名的非遗文化临西潭腿、由陈窑窑址发展出现的邢窑陶瓷烧制技艺等。因此应在加强对历史遗址的考古挖掘保护基础上，充分利用古遗址背后丰富的非遗文化

和名人故事，整合联动发展遗址游和文化游，以差异化定位，打造具有地域特色和历史文化的文旅品牌。其次，开展主题鲜明的历史文化旅游专线，串联周边遗址景点及具有历史文化内涵的旅游景区如临西县万和宫、吕玉兰纪念馆，清河县华夏张氏祖庭、武松公园等，打造精品旅游路线，提升城市文化底蕴，传承发展运河文化。

(三)集中打造相关运河商贸古镇特色文旅线路

历史上，邢台市也曾因其地理位置"依山凭险，形胜之国，当四方之冲"，成为运河沿岸商贸往来的重要枢纽城市。如今调研可查的大运河邢台段码头遗址便有油坊码头、尖冢码头、丁家码头、渡口驿码头等几处，多码头类遗产也成为邢台市区别于其他运河沿岸城市物质文化遗产分布的一大特点。其中又尤以油坊码头最为出名，它是明清时期较有名气的水陆码头和物资集散交流中心，如今已成为世界文化遗产和全国重点文物保护单位。当前挖掘大运河邢台段沿岸物质文化遗产特色价值，挖掘码头遗址背后蕴含的人文风情和商贸文化，打造运河码头特色商贸古镇旅行线路可成为一种差异化发展路径。

因运河码头建设而发展起来的商贸古镇如油坊码头所在的油坊古镇，是河北清河、威县、南宫、故城以及山东高唐、夏津、武城等地的商品集散地，因地处水陆交通要道，历史上往来船只众多，被誉为"北方的小上海"。尖冢码头所在地尖冢镇，历史上商贾云集，多家百年商号在此设点经营，民间素有"一京二卫三尖冢"之称。此外还有运河古村镇仓上村，历史上是国家粮仓重地，又得于运河发展之便，发展成为当地重要的商贸集市，并衍生出码头文化和商贸文化。当前发展商贸古镇文旅品牌，首先需要对当地分布的历史码头遗址、沉船遗址、商铺遗址等进行集中勘察和保护，划定保护范围，大体恢复其历史原貌。在此基础上，挖掘历史遗址背后所蕴含的商贸文化、风土人情及因码头发展、文化交流出现的非遗文化如临西乱弹、尖冢手工空心挂面制作技艺、武松与武大郎的传说等，通过设立博物馆的形式将其进行可视化呈现和沉浸式体验，吸引游客参观，传承运河古镇商贸文化。此外，结合古镇自然景观，发展特色乡村风光游，打造运河垂钓、游船等特色旅游项目，丰富游客体验，提高文旅线路吸引力。

第七节　邯郸市

一、邯郸市大运河物质文化遗产资源构成分析

调研整理邯郸市物质文化遗产共计23处，经统计，其所属类别、所在区域、保护等级等信息，如表10-6所示。

表10-6　　　　　　　　　　邯郸市物质文化遗产分布

类别	文化遗存	所在区域/地点	等级
运河本体类	卫河	魏县、大名、馆陶	世界文化遗产
	卫运河	馆陶县	世界文化遗产
水利设施类	大名龙王庙卫河码头	邯郸市大名县	市级文物保护单位
建筑类	大名府明城墙	邯郸市大名县	河北省级文物保护单位
	山陕会馆	邯郸市临漳县	县级文物保护单位
古遗址类	大名故城遗址	邯郸市大名县	世界文化遗产
	邺城遗址	邯郸市临漳县	全国重点文物保护单位
	宣圣会旧址	邯郸市大名县	河北省级文物保护单位
	明大名城址	邯郸市大名县	河北省级文物保护单位
	徐万仓遗址	邯郸市馆陶县	无
宗教类	大名天主堂	邯郸市大名县	全国重点文物保护单位
	金北清真寺	邯郸市大名县	市级文物保护单位
	龙王庙	邯郸市大名县	市级文物保护单位
	大名清真东寺	邯郸市大名县	无

类别	文化遗存	所在区域/地点	等级
古村镇类	金滩镇	邯郸市大名县	省级历史文化名镇
	龙王庙镇	邯郸市大名县	无
铸造/雕刻类	五礼记碑	邯郸市大名县	全国重点文物保护单位
	狄仁杰祠堂碑	邯郸市大名县	全国重点文物保护单位
	罗让碑	邯郸市大名县	河北省级文物保护单位
	马文操神道碑	邯郸市大名县	河北省级文物保护单位
	朱熹写经碑	邯郸市大名县	河北省级文物保护单位
	沙圪塔诚碑	邯郸市大名县	河北省级文物保护单位
古墓群类	万堤墓葬群	邯郸市大名县	河北省级文物保护单位
	郭彬墓	邯郸市大名县	河北省级文物保护单位

(一)物质文化遗产分类

邯郸市物质文化遗产分类含运河本体类、水利设施类、建筑类、古遗址类、古村镇类、宗教类、铸造/雕刻类、古墓群类8个类别，8个类别具体分布比例，如图10-27所示。

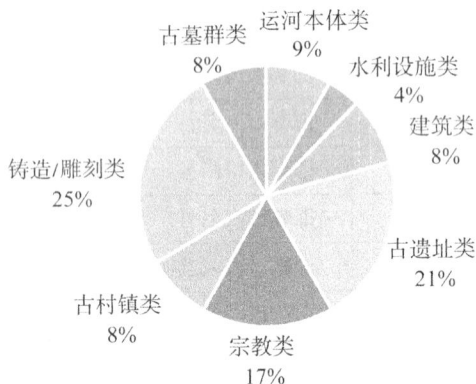

图10-27 邯郸市物质文化遗产分类

整体来看，各类别物质文化遗产分布占比两极分化现象较为明显，各类别中以铸造/雕刻类和古遗址类占比较高，分别是 25% 和 21%，两者占比总和将近整体一半，铸造/雕刻类占比最高也是邯郸市相较于其他市区物质文化遗产分布的一大特色；其次是宗教类，为 17%；而剩余 5 个类别占比均在 10% 以下，其中运河本体类占比 9%，建筑类、古村镇类、古墓群类 3 个类别占比相同，均为 8%，水利设施类占比最少为 4%，五者总和仅与宗教类和古遗址类两者总和占比接近。在占比分布上，古遗址类、宗教类、建筑类和水利设施类总和为 50%，而剩余的铸造/雕刻类、运河本体类、古墓群类和古村镇类平分整体剩余的 50%。

（二）物质文化遗产地域分布

大运河邯郸段物质文化遗产分布在大名县、馆陶县、临漳县三个县域，经统计，三地物质文化遗产分布具体情况，如图 10-28 所示。

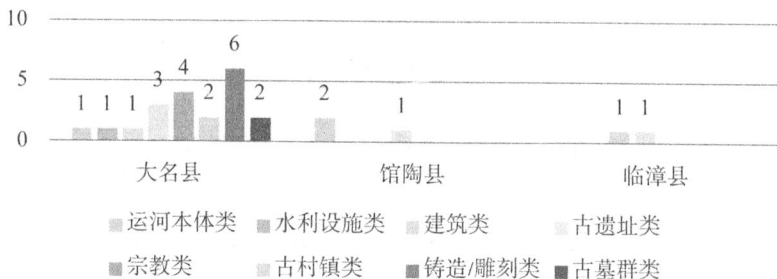

图 10-28　邯郸市不同类别物质文化遗产地域分布

从整体分布来看，大运河邯郸段物质文化遗产集中分布在大名县，总计有 20 处，涵盖整体八大类别，其中分布数量最多的类别为铸造/雕刻类，有 6 处；其余依次为宗教类 4 处，古遗址类 3 处；古村镇类、古墓群类各 2 处；剩下运河本体类、水利设施类和建筑类三种类别均为 1 处。而馆陶县和临漳县物质文化遗产分布较少，分别有 3 处和 2 处，且均是两种类别分布；馆陶县为运河本体类和古遗址类，临漳县分布有建筑类和古遗址类。从不同类别物质文化遗产分布来看，三地均有古遗址类遗产分布。

(三) 物质文化遗产保护等级

1. 物质文化遗产保护等级占比

邯郸市物质文化遗产保护等级分为国家级及以上、省级、市级、县级文物保护单位和其他 5 种类别，经统计，五种物质文化遗产保护等级占比，如图 10-29 所示。

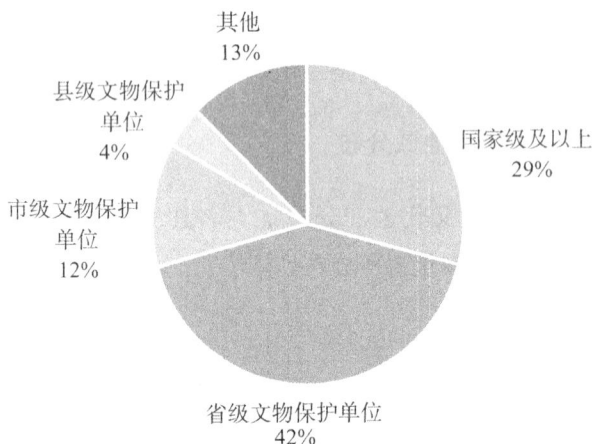

其他
13%

县级文物保护
单位
4%

市级文物保护
单位
12%

国家级及以上
29%

省级文物保护单位
42%

图 10-29　邯郸市物质文化遗产保护等级占比

整体来看，邯郸市物质文化遗产保护等级较高，占整体比重最多的为省级文物保护单位，为 42%，其次是国家级及以上占 29%，两者总和已超整体的 70%。此外，其他类别和市级文物保护单位占比相似，为 13% 和 12%，县级文物保护单位占比最少，为 4%，三者总和仅与国家级及以上文物保护单位占比相同。

2. 不同类别物质文化遗产保护等级分布

经统计，不同类别物质文化遗产保护等级分布具体情况，如图 10-30 所示。

从不同类别物质文化遗产保护等级分布数量来看，省级文物保护单位中铸造/雕刻类分布最多，有 4 处，其他单个类别保护等级分布均为 1 处或

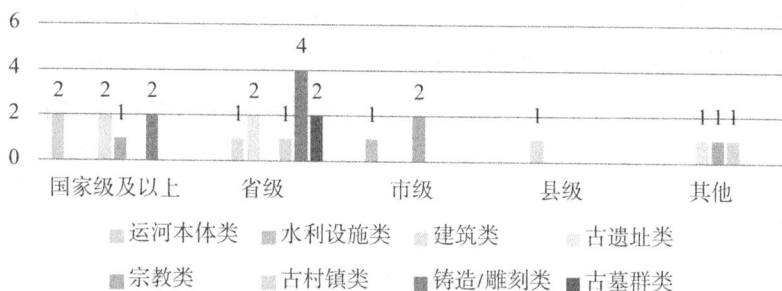

图 10-30　邯郸市不同类别物质文化遗产保护等级分布

2 处，有 6 种类别为 2 处，8 种类别为 1 处，共计 15 种类别。从类别多样性来看，省级文物保护单位分布类别最多，有建筑类、古遗址类、古村镇类、铸造/雕刻类、古墓群类五种类别，此外国家级及以上有 4 种类别，其他类别为 3 种，市级文物保护单位为 2 种，县级为 1 种，呈依次递减趋势。从单个类别保护等级来看，运河本体类保护等级最高，2 处均为国家级及以上文物保护单位；其次为铸造/雕刻类，有 2 处国家级文化遗产和 4 处省级文化遗产；古遗址类再次，分别为 2 处国家级、2 处省级和 1 处其他类别；宗教类、古墓群类、建筑类、古村镇类、水利设施类保护等级依次降低。

3. 不同地域物质文化遗产保护等级分布

经统计，不同地域物质文化遗产保护等级分布具体情况，如图 10-31 所示。

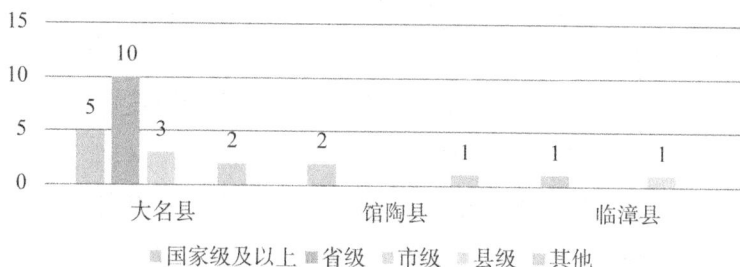

图 10-31　邯郸市不同地域物质文化遗产保护等级分布

从三地物质文化遗产保护等级分布情况来看，三地均有国家级及以上物质文化遗产分布，是三地物质文化遗产保护等级分布的相同之处，大名县分布数量最多，有 5 处。其特殊性体现在省级和市级文物保护单位仅分布于大名县，且相较其他类别大名县省级文物保护单位分布数量最多，有10 处，而县级文物保护单位仅分布于临漳县。

二、大运河邯郸段物质文化遗产保护性开发策略

（一）以大名府为核心，打造河北"大运河文化首都"

大名县目前有明清时期保存相对完好的大名府古城，亦有已经基本成为遗址的北宋大名府故城遗址。大名府故城地处邯郸市大名县，历史悠久深厚，2005 年被中华人民共和国国务院公布为第六批全国重点文物保护单位。大名府历经东晋十六国至明朝 9 个朝代，曾有 7 次作为陪都，是历代郡、州、府、路、道治所在地。自隋朝开凿大运河，故城便成为永济渠沿岸的重要节点城市，得益于漕运发展，城市人口增加，城市发展进程也得以加快。唐德宗建中三年（782），改称大名府。至北宋时期，宋仁宗将大名府故城扩建为东京陪都，重修内外城门，作为与辽对战的前线阵地。明朝因黄河泛滥，大名府被洪水冲刷，另在西南方修建新城，但其地下遗址类型丰富、保存完整，极具考古挖掘价值。至清朝，大名府故城成为直隶省的总兵驻地，管辖一州六县。深厚的历史底蕴和丰富的历史文化遗存使大名府故城发展延伸出许多特色历史文化，如陪都文化、藩镇割据文化、碑刻文化等。大名府故城遗址内建筑基址、宫舍布局、街区民房大多保存完好，出土过黄釉注壶、青瓷碗、白釉黑花罐、白釉黑花灯型器、石刻神佛像、石刻、旗杆座等文物。

历史上，大名县人才辈出，又因地理位置重要，多有名人在此建功立业，除狄仁杰外，宋朝先后有韩琦、吕夷简、寇准、包拯、蔡京五位宰相曾在此主政，还有祖籍大名的名将潘美，骁勇善战，军功卓著，备受统治者重用。城内的大名石刻博物馆，馆内现存石刻 200 多件，其中以五礼记

碑、狄仁杰祠堂碑、朱熹写经碑、罗让碑、马文操神道碑等为代表，多碑刻类文化遗产也成为邯郸市相较于河北省其他城市大运河沿岸物质文化遗产分布的一大特点，且碑刻遗产保护等级较高，均为全国重点文物保护单位或省级文物保护单位，有着极高的历史文化价值和艺术价值。如全国重点文物保护单位五礼记碑为唐代书法家柳公权撰写，书法笔力遒劲，内容涉及当时政治史实，为研究唐朝与藩镇及领邦关系提供重要史料。狄仁杰祠堂碑记录了狄仁杰任魏州刺史时期巧设计谋抵抗契丹军队的伟大政绩。魏州人民感念其恩德，特立祠堂以表怀念，碑文为研究此段历史提供有价值的资料。当前提炼大名府故城历史文化价值，可从馆藏碑刻文物背后蕴含的历史文化故事入手，借助新媒介技术手段，创新历史文化表现形式，通过制作趣味互动短视频展示人物故事、运用数字技术全景呈现碑文书法等方式，让历史文物和其背后的名人文化故事"活"起来。

因此，在当前发展大名府故城文旅产业，可将衙署文化作为当地区域特色重点展示，辅之介绍由衙署文化衍生出的名人官员从政业绩和人文故事，挖掘建筑背后的文化底蕴，增强景点吸引力。当前邯郸市打造运河发展名片，挖掘运河沿岸文化遗产所蕴含的历史文化，发展特色文旅产业，可以以大名府故城为核心，打造成为邯郸"运河文化首都"。依托其蕴含的丰富古城综合文化，一方面，对古城进行整体标识系统创建和统一规划，深入挖掘和恢复在古城已经消失和损坏的重要物质文化遗产，重新进行保护和包装，参照平遥古城、丽江古城等进行高标准景区式创建。另一方面，全面将其运河基因激发，打造中国运河古都文创园区、中国运河古城博览馆、北宋运河商业街等丰富多样的公共文化空间，让运河文化基因形成古城的恒温陪伴。同时，随着计算机、卫星遥感、地理信息系统及三维重建等技术的快速发展，我国数字考古呈现加速发展态势。数字考古的理论研究与技术方法日臻成熟，取得了一系列标志性成果。目前我国已为越来越多的文物和古迹建立起数字档案，故宫博物院数字文物库、中国国家博物馆数字展厅等相继建成并投入使用。数字考古技术的成熟为遗址类文化遗产保护性开发提供了重要技术支撑，同时现代的数字遗址保护已经开始在国内外普遍应用，前文已叙，本节不再赘述。所以大名府故城遗址可以构建大型的数字考古遗址公园，建立大名府故城数字文物库，重新利用数字技术将北宋时期的运河都城进行全面恢复，使其成为大运河河北段遗址类物质文化遗产的第一重镇。其中可以利用虚拟城墙技术将故城遗址范围鲜明地展现在世人面前，还可以利用数字技术在夜晚构建大型运河主题数字灯光实景演出，通过立体浮雕、全息投影等方式，展现故城的四季变换，通过现代音响设备重现号子响亮、人生鼎沸的都城之音。这些措施的主旨在于利用数字技术在原地遗址上全面"复活"北宋大名府，使大名府故城遗址成为河北运河文化主秀场。

（二）创建御河生态休闲度假综合区

大运河卫河段流经邯郸市魏县、大名县、馆陶县三地，属海河水系五大河流之一。历史上卫河是从魏县境内西南经东北穿境而过的母亲河，前身为隋朝永济渠，明代以来，由于黄河北侵，漳河南迁，泥沙淤积，卫河曾多次由北向南迁移，至民国初年，又因河床淤积，年久失修，河道一度堵塞，到20世纪60年代，水量减少，基本断航。为保护运河生态，发展卫河沿岸生态旅游产业，邯郸市于2020年审议通过《关于加快大运河文化保护传承利用的决议》，其中就提到"要加快推进大运河水系生态修复和沿岸绿化工程，保证大运河常年通水，改善大运河生态环境，建设大运河绿色生态廊道，使之成为游客观光旅游的长廊，让生活在大运河边上的群众能够享受到大运河综合保护的成果"。该决议的提出也让运河水资源生态修复和绿色生态廊道建设提上议程，为沿线生态环境改善及精品生态水网旅游观光项目的培育提供政策支持。"御"字专用于皇帝有关的词语，而卫河在明朝之前至隋朝，却被称为御河。这是因为隋炀帝所开凿的大运河，就是今天的卫河、卫运河以及南运河段，当时被称为"永济渠"，由于隋炀帝通过这条运河进行了"御驾亲征"高丽，因此就留下了"御河"一名。目前在邯郸的大运河物质文化遗产保护性开发的相关规划中，这是被忽略的一个重要文化突破点。

目前邯郸市已建设有漳河旅游度假区、涉县清漳河国家湿地公园、漳河生态科技园等生态休闲旅游综合区。漳河作为卫河支流，是河南省安阳市和河北省邯郸市的分界线。河流源出晋东南山地，向东流至馆陶入卫河。目前，漳河沿岸建设的生态旅游项目可作为大运河卫河段生态项目发展的主力。而对于目前邯郸已经在卫河、漳河等地的建设基础，应当强化"御河"的文化概念，将河北发展较少的隋文化进行充分打造，营造具有隋代历史文化感觉的运河生态休闲区，深入发掘永济渠遗址的相关文化层，形成御河沿岸生态休闲度假区。隋朝虽然存在时间较短，但在中国历史上却是一个重要的承前启后的朝代，隋文帝与隋炀帝共在位38年，在这38年中，中国的政治、经济、军事、文化等各方面均得到巩固和发展，而现在的京杭大运河真正贯穿南北也始于隋代永济渠。这对于大运河物质文化遗产保护性开发来说，具有重要的历史价值。强化"御河"的概念，实际上就是在强调"隋文化"的概念，以隋文化为主要吸引点，让人们在"周秦汉唐"之外，向公众灌输河北有浓郁的"隋文化"基因。通过雅俗共赏的机制，从民间民俗文化和学术研究两个方面，通过媒体、学术研讨等各种方式，让大运河河北段蕴含的隋文化与大运河这个国家级 IP 紧紧相连，在邯郸段掀起"大隋风云"的风暴，让更多人了解到邯郸的隋文化底蕴。同时注意统筹发展卫河沿线生态水网沿岸乡村游、自然景观游、运河水文化游、观光农业游等，发展采摘农业、康养休闲、水上娱乐等特色项目，完善相关基础设施建设，构筑"游、行、食、宿、娱"一条龙水利旅游服务，形成独具特色的生态水网文化景观旅游线。

（三）突出三国古运河文化品牌，差异化发展运河文旅线路

在目前公众认知中，中国大运河起源于隋代的永济渠，但是实际上中国大运河的建设真正起点是在东汉末年的三国时期，而且其发源可以说就在今河北邯郸的邺城。在黄河以北，以都城邺城为中心，曹操修建了南通黄河北达边境的漕运系统。比如汉建安九年(204)他在黄河支流淇水(今河南淇河)上修建拦水坝，截住淇河水，迫使其流入白沟。这样，白沟水源

增加，流量增大，向东北方向延伸，联通洹水（安阳河）等河流，成为黄河以北的运粮要道。建安九年后，他又修建了利漕渠，连接漳水和白沟，进一步提升了白沟的通航能力。自此以后，白沟成为南通黄河并转江淮，北通海河流域而达幽蓟的水上交通要道，已经形成隋唐大运河之永济渠或者今天京杭大运河之南运河的雏形。此外，曹操还修建了睢阳渠、平虏渠、泉州渠、新河等运河，进一步完善了黄河以北的漕运系统。

在我国目前的文旅产业发展格局中，三国文化一直是强势的文化主题，仅仅一个存有争议的曹操墓，就掀起了当地的文旅产业发展旋风。而在无可争议的邯郸邺城，浓郁的三国曹魏文化在河北的整体文旅版图中却少有提及，远不如河南、湖北等省份。根据目前调研的情况，除铸造/雕刻类文化遗产外，邯郸段中大运河古遗址类文化遗产在整体物质文化遗产分布中也占有较大比重，除大名府故城遗址外，邺城遗址也作为全国重点文物保护单位享有盛誉。历史上的邺城，曾先后作做过曹魏、后赵、冉魏、前燕、东魏、北齐六个朝代的都城，有着"三国故地、六朝古都"之美誉，拥有灿烂辉煌的历史文化。作为六朝古都，邺城在我国城市建筑史上也有着辉煌地位。全城强调中轴安排，王宫、街道整齐对称，结构严谨，分区明显，这种布局方式承前启后，影响深远，堪称中国城市建筑的典范。此外，在东魏北齐时期，邺城还是中国佛教文化中心，周边分布的大量佛教寺庙遗址和佛造像文物，对研究历史佛教文化发展具有极大价值。历史上邺城曾以著名的西门豹治邺而家喻户晓，又以曹操营建的"铜雀三台"而闻名于世，成为政治、军事、经济、文化融合的中心。目前邯郸市临漳县已经制定《邺城遗址保护总体规划》，规划建设邺城博物馆，用于收藏和展示邺城出土文物，适时建设集历史文化遗存修复、生态湿地、乡野体验为一体的生态旅游项目，发展以邺城遗址的主线，以邺令公园、鬼谷子文化园、漳河生态科技园等文化生态园区为特色的文旅发展路线。可以说，其文旅产业发展基础相较于河北段沿线其他县级区域已经相当具有优势。因此，邯郸段大运河物质文化遗产应当充分利用邺城遗址和漳卫运河文化遗产，挖掘其历史文化价值，打造邯郸市特色运河文旅品牌——"三国古运河",并作为未来发展的重要方向之一。突出强化三国古运河、古遗址文旅项目建设,加强对运河沿线三国历史文化遗产活化保护与利用,切忌全而不精,应专注于培育重点邺城遗址的现代文化旅游项目开发,构建浓郁的三国风情古运河旅游体系,丰富古运河文旅消费产品,改善旅游发展环境,推动文旅与相关产业融合,形成整体大运河沿线唯一的"三国古运河"差异化文旅品牌。

参 考 文 献

期刊

[1]姜师立：《大运河活态遗产保护与利用探析》，《中国名城》2016年第9期。

[2]王健、王明德、孙煜：《大运河国家文化公园建设的理论与实践》，《江南大学学报(人文社会科学版)》2019年第18卷第5期。

[3]吴秋丽、李杰、吴志浩：《后疫情时代河北大运河文旅融合创新路径探析》，《今古文创》2020年第19期。

[4]李麦产、王凌宇：《论线性文化遗产的价值及活化保护与利用——以中国大运河为例》，《中华文化论坛》2016年第7期。

[5]张志平、商建辉：《人工智能时代大运河文化遗产的保护、传承与利用》，《文化学刊》2019年第10期。

[6]周国艳、潘子一、时雯：《大运河保护和传承利用的相关研究回顾与现实困境》，《中国名城》2020年第3期。

[7]奚雪松、陈琳：《美国伊利运河国家遗产廊道的保护与可持续利用方法及其启示》，《国际城市规划》2013年第28卷第4期。

[8]陈红玲、郑馨、赵赞：《我国文化和旅游产业融合效率的时空动态演化及其驱动机理》，《资源开发与市场》2021年第9期。

[9]王学思：《文化和旅游部发布〈关于促进文化和旅游结合发展的指导意见〉》，《中国旅游报》2019年第2期。

[10]袁志超、李欣：《融合理念下的文旅产业发展研究——以河北省为

例》，《东方企业文化》2015 年第 8 期。

[11]肖潇、于秀萍、李维锦：《文旅融合视域下沧州段大运河的旅游开发策略》，《沧州师范学院学报》2019 年第 35 卷第 4 期。

[12]孙威、林晓娜、马海涛等：《北京运河文化带保护发展的国际经验借鉴研究》，《中国名城》2018 年第 4 期。

[13]周峨春、闫妍：《大运河文化与生态融合保护制度及其实现》，《河南财经政法大学学报》2020 年第 2 期。

[14]王健、王明德、孙煜：《大运河国家文化公园建设的理论与实践》，《江南大学学报（人文社会科学版）》2019 年第 18 卷第 5 期。

[15]徐宁、张丽云、栗志强、乔良、石佳玉：《河北大运河文化旅游资源保护与开发对策研究》，《中国集体经济》2020 年第 9 期。

[16]黄杰：《建设大运河文化带的历史价值、时代意义与可借鉴的国际经验》，《档案与建设》2019 年第 2 期。

[17]白云扬：《隋唐大运河历史价值及其文化遗产保护》，《长江大学学报（社会科学版）》2012 年第 35 卷第 7 期。

[18]罗衍军：《"第五届运河学论坛：文化视野下的大运河研究"学术研讨会综述》，《运河学研究》2018 年第 2 期。

[19]王福梅：《妈祖文化在东南亚华人中的文化认同价值与路径研究》，《妈祖文化研究》2021 年第 1 期。

[20]岳广燕、藏明：《从宗教融合的视角看大运河文化的开放性和包容性》，《中国宗教》2020 年第 8 期。

[21]王为国、吴永发：《京杭大运河对苏州人居环境的影响研究》，《中国名城》2020 年第 12 期。

[22]王军伟：《京杭大运河与华北茶文化的传播》，《炎黄地理》2020 年第 4 期。

[23]沈琪：《京杭大运河对我国经济发展史的影响》，《科技经济市场》2017 年第 1 期。

[24]陈丽娜、史佳林、李瑾：《大运河天津段沿线现代农业规划开发思路

与对策研究——以天津静海段为例》，《天津农业科学》2020 年第 26
卷第 1 期。

[25] 阎金明：《京杭大运河经济功能回顾与前瞻》，《城市》2018 年第
12 期。

[26] 张朝枝、郑艳芬：《文化遗产保护与利用关系的国际规则演变》，《旅
游学刊》2011 年第 26 卷第 1 期。

[27] 连冬花：《大运河遗产保护与利用协同的路径探析》，《系统科学学
报》2016 年第 24 卷第 2 期。

[28] 王丽萍：《文化线路：理论演进、内容体系与研究意义》，《人文地
理》2011 年第 26 卷第 5 期。

[29] 张维亚、喻学才、张薇：《欧洲文化遗产保护与利用研究综述》，《旅
游学研究》2007 年第 2 期。

[30] 唐晓岚、张佳垚、邵凡：《基于国际宪章的文化遗产保护与利用历史
演进研究》，《中国名城》2019 年第 9 期。

[31] 冯伟民：《向意大利学习——意大利文化遗产的保护与开发措施分
析》，《旅游时代》2005 年第 5 期。

[32] 郝士艳：《国外文化遗产保护的经验与启示》，《昆明理工大学学报
(社会科学版)》2010 年第 10 卷第 4 期。

[33] 王吉美、李飞：《国内外线性遗产文献综述》，《东南文化》2016 年第
1 期。

[34] 张如彬：《美国的历史文化遗产保护及其与其它发达国家的发展比
较》，《中国名城》2011 年第 8 期。

[35] 张顺杰：《国外文化遗产保护公众参与及对中国的启示》，《法制与社
会》2009 年第 32 期。

[36] 路方芳：《日本历史文化遗产保护体系概述》，《华中建筑》2019 年第
37 卷第 1 期。

[37] 苑利：《日本文化遗产保护运动的历史和今天》，《西北民族研究》
2004 年第 2 期。

［38］张朝枝、保继刚：《美国与日本世界遗产地管理案例比较与启示》，《世界地理研究》2005 年第 4 期。

［39］王星光、贾兵强：《国外历史文化遗产保护机制及其对我国的启示》，《广西民族研究》2008 年第 1 期。

［40］李模：《南非世界文化遗产的保护和管理》，《西亚非洲》2009 年第 1 期。

［41］贾娜：《浅析基层博物馆人才队伍现状及建设策略》，《文物鉴定与鉴赏》2021 年第 2 期。

［42］杨茜：《文旅融合背景下大运河沧州段文化艺术资源的开发路径研究》，《今古文创》2021 年第 44 期。

［43］胡梦飞：《山东省大运河国家文化公园建设路径与策略研究》，《华北水利水电大学学报（社会科学版）》2021 年第 37 卷第 6 期。

［44］吴秋丽、李杰、吴志浩：《河北省大运河文化带的内涵及建设路径》，《沧州师范学院学报》2020 年第 36 卷第 3 期。

［45］胡梦飞：《徐州运河文化遗产的保护与开发》，《湖北职业技术学院学报》2016 年第 19 卷第 3 期。

［46］邝泽钜：《大数据技术在水利信息化中的应用展望》，《黑龙江水利科技》2021 年第 49 卷第 1 期。

［47］李亚娟、保秀芳、张金芳、贾冬青：《大数据时代大运河生态文化发展策略研究——以沧州段为例》，《中国商论》2021 年第 6 期。

［48］于光远：《旅游与文化》，《瞭望周刊》1986 年第 6 卷第 14 期。

［49］章采烈：《论旅游文化是旅游业发展的灵魂》，《上海大学学报（社会科学版）》1994 年第 1 期。

［50］傅才武：《论文化和旅游融合的内在逻辑》，《武汉大学学报（哲学社会科学版）》2020 年第 73 卷第 2 期。

［51］张朝枝、朱敏敏：《文化和旅游融合：多层次关系内涵、挑战与践行路径》，《旅游学刊》2020 年第 35 卷第 3 期。

［52］白硕：《大运河沿岸非物质文化遗产现状、问题与对策》，《人口与社

会》2018 年第 34 卷第 6 期。

[53]李永乐、杜文娟:《申遗视野下运河非物质文化遗产价值及其旅游开发——以大运河江苏段为例》,《中国名城》2011 年第 10 期。

[54]言唱:《大运河非物质文化遗产的活态保护与活化利用》,《海南师范大学学报(社会科学版)》2020 年第 33 卷第 3 期。

[55]秦宗财:《新时代"千年运河"文旅品牌形象塑造》,《江西社会科学》2021 年第 41 卷第 1 期。

[56]刘毅飞:《超级 IP 视角下常州运河文化品牌的塑造》,《常州工学院学报(社科版)》2021 年第 39 卷第 3 期。

[57]刘涛:《廊坊市大运河文化带发展现状与策略研究》,《旅游纵览》2020 年第 17 期。

[58]辛瑾、王琳、栾传红、王爱民:《北运河的记忆——北运河的历史与文化》,《档案天地》2020 年第 6 期。

[59]魏占杰、马景文:《雄安新区规划建设中的历史文化遗产保护问题研究》,《中共石家庄市委党校学报》2018 年第 20 卷第 11 期。

[60]田林、马全宝:《雄安新区文化遗产的保护利用与活力复兴》,《人民论坛》2018 年第 24 期。

[61]大清河流域生态廊道构建技术研究课题组:《构建生态廊道 探寻大清河生态复苏之策》,《中国水利》2021 年第 16 期。

[62]廖珍梅、杨薇、蔡宴朋、王烜、熊文抒:《大清河-白洋淀流域生态功能评价及分区初探》,《环境科学学报》2022 年第 42 卷第 1 期。

[63]范周:《雄安新区研究的新理论增长点——基于文化、产业、民生的现实维度》,《山东大学学报(哲学社会科学版)》2017 年第 5 期。

[64]刘恩彤:《我国历史文化遗产整体保护策略探索》,《西安建筑科技大学学报(社会科学版)》2018 年第 37 卷第 1 期。

[65]石佩玉:《沧州大运河特色文化产业发展路径及对策研究》,《文化学刊》2019 年第 10 期。

[66]肖潇、窦兴斌:《大运河文化带(沧州段)资源的保护策略》,《荆楚学

术》2018 年第 22 期。

[67]朱小芳：《大运河沧州段国家文化公园建设研究》，《文化创新比较研究》2020 年第 28 期。

[68]王从：《经济欠发达地区生态宜居城市建设研究——以衡水为例》，《智库时代》2019 年第 15 期。

[69]张国勇：《隋唐大运河邢台段河道考古调查与勘探简报》，《运河学研究》2019 年第 2 期。

[70]刘大群：《大运河线性文化遗产的旅游开发——以邢台运河旅游开发为例》，《中国名城》2009 年第 11 期。

著作

[1]朱运海：《汉江流域非物质文化遗产保护性旅游开发研究》，武汉：华中科技大学出版社 2017 年版。

[2]董文虎等：《京杭大运河的历史与未来》，北京：社会科学文献出版社 2008 年版。

[3]顾希佳：《杭州运河非物质文化遗产》，杭州：杭州出版社 2013 年版。

[4]吴欣：《中国大运河发展报告（2018）》，北京：社会科学文献出版社 2018 年版。

学位论文

[1]秦建军：《大运河沧州段文化遗产保护利用研究》，华中师范大学 2020 年硕士学位论文。

[2]文涵：《大运河大名段建筑文化遗产调查研究》，河北工程大学 2019 年硕士学位论文。

[3]张华锋：《线性文化遗产保护评价体系研究——以京杭大运河京津冀段、京承古御道为例》，河北师范大学 2019 年硕士学位论文。

网站

[1]《中共中央办公厅 国务院办公厅印发〈大运河文化保护传承利用规划纲要〉》，新华网，http://www. gov. cn/xinwen/2019-05/09/content_5390046. htm。

[2]《中央有关部门负责人就〈长城、大运河、长征国家文化公园建设方案〉答记者问》，新华网，http://www. gov. cn/zhengce/2019-12/05/content_5458886. htm。

[3]《中共景县县委关于巡视整改进展情况的通报》，http://www. hebcdi. gov. cn/2021-11-24/content_8675201. htm。

[4]《三城市争相牵头大运河申遗》，新华网，http://news. sohu. com/20070620/n250685582. shtml。

[5]《流动的文化———大运河文化带非遗大展暨第四届京津冀非遗联展落幕》，光明网，http://difang. gmw. cn/bj/2018-06/15/content_29289585. htm。

[6]《习近平出席全国生态环境保护大会并发表重要讲话》，新华网，http://www. gov. cn/xinwen/2018-05/19/content_529211 6. htm? allContent。

[7]《大运河精神的时代价值》，北京日报网，http://www. chinareform. net/index. php? m=content&c=index&a=show&catid=61&id=31679。

报纸

陈彬：《水专项支撑白洋淀——大清河生态廊道构建综合示范》，《中国科学报》，2021年11月2日。

会议论文

刘洋、王威：《后申遗时代线性文化遗产保护管理实施对策——基于京杭大运河京津冀段》，《中国特色社会主义制度和国家治理体系显著优势（下）》，2020年。